U0556123

中国易学文化传承解读丛书

释易精解

——外应八卦奇门六壬预测实例剖析

马 明 著

中国商业出版社

图书在版编目(CIP)数据

释易精解 / 马明著. —北京：中国商业出版社，2012.3

ISBN 978-7-5044-7585-5

Ⅰ.①释… Ⅱ.①马… Ⅲ.①周易—研究 Ⅳ.①B221.5

中国版本图书馆CIP数据核字（2012）第026401号

责任编辑　许延平

中国商业出版社出版发行
010-63180647　www.c-cbook.com
(100053 北京广安门内报国寺1号)
新华书店总店北京发行所经销
北京明月印务有限责任公司印刷

*

710×1000 毫米　1/16 开　20.5 印张　293 千字
2012 年 5 月第 1 版　2012 年 5 月第 1 次印刷
定价：45.00 元

****

(如有印装质量问题可更换)

《中国易学文化传承解读丛书》
出版前言

中国传统文化以诗、书、易、礼、春秋为源头经典。《三字经》上曾讲"诗、书、易，礼、春秋，号六经，当讲求"，又说"有连山，有归藏，有周易，三易详"。在这六种（其中礼，有周礼、礼记二种）经典中，又以易经为最重要的经典。儒家将其列为群经之首，道家将其列为三玄之冠。因此，武汉大学哲学学院博士生导师唐明邦教授将易经称之为"中华文化的源头活水"。

易经文化的传承，一向分为两大部分，一部分是义理的传承，主要从哲学、政治学、社会学、伦理学等人文科学的方面进行阐释、发挥；另一部分就是数术的传承，主要从未来学、预测学、咨询文化的角度进行阐释、发挥，乃至创新、改造。

该套丛书，虽然也有部分文章着重从义理方面进行阐发解读，但大部分著作主要是从数术角度进行传承，进行解读。这十几部书涉及到数术中的绝大部分种类，既有古代称之为"三式"的太乙、奇门、六壬，又有八卦、六爻、梅花易数以及四柱命理等，都是作者近几年最新的研究和实践成果。

数术文化，源远流长。中华传统文化从本质上讲是一种没有宗教的文化（所谓本土宗教道教，也是在佛教等外来宗教传播的形势下，才以道家老子为鼻祖而新创的一种宗教），而易经数术文化在中国历史上在一定意义上发挥着"准宗教"的作用，起着抚慰广大人民心灵的作用，换言之，发挥着社会心理学的作用。这就是它"野火烧不尽，春风吹又生"，能够顽强生存下来，得到持久传承的原因。即使到现代科学如此昌明的今天，有人称之为电子时代，信息化社会，但它不仅未能消亡，反而仍然在生生不息地传承着。

当今社会上人们虽对数术文化有着不同见解和看法，但大多数人对其并不十分了解。

为了使广大读者能够深层次地了解传统文化中的数术文化，以便独立地确定自己的意见和见解，我们出版了这部"中国易学文化传承解读丛书"。参与解读的作者给出的都是个人研究的心得和实验的成果，正确与否，只是一家之言，一得之见。广大读者可以从中辨别真伪，或赞同，或批判，或质疑，或否定。

本丛书的很多内容讲的是预测及占筮技术。对此，我们比较赞同著名作家柯云路先生的观点，他在给本丛书之一的《梅花新易》一书的序中写道："占筮技术在当今的实际应用则是该谨慎的。一个，是因为这种占筮技术本身的作用还是有其限度的，现代人该更多依靠科学决策。另一个，这一行良莠不齐，很容易给各种江湖骗子可乘之机。所以，对于一般大众来讲，我的告诫常常是：命一般不算，起码要少算。算错了，被误导，就真不如不算，那很有损害。而要真正使自己活得好，倒是该从大处掌握《易经》中的道理，那就是乾卦讲的'天行健，君子以自强不息'，还有坤卦讲的'地势坤，君子以厚德载物'。大的道理是十分简易的，再加上做事中正，为人诚信，与时偕行，知道进退，《易经》的大道理就都有了。"

目 录

前　言 ·· (1)

上篇　梅花外应六爻预测

第一章　易经答问 ·· (2)
第二章　梅花外应基础 ··· (32)
第三章　梅花外应预测技巧 ···································· (48)
第四章　梅花外应、六爻实例剖析 ··························· (51)

中篇　奇门遁甲

第一章　年家奇门的起局方法及预测方法 ················ (64)
第二章　月家奇门的起局方法及预测方法 ················ (67)
第三章　日家奇门太乙起局法 ································ (69)
第四章　时家奇门起局法 ······································ (82)
第五章　奇门占断基础知识 ··································· (95)
第六章　吉凶格局 ·· (106)
第七章　综合实例剖析 ··· (134)

第八章 课堂问答及实例解答 ················· （169）

下篇 大六壬

第一章 大六壬的起局方法 ················· （209）
第二章 大六壬占断基础知识 ················· （234）
第三章 大六壬课堂综合实例剖析 ··············· （279）

后　记 ···························· （315）

前　言

　　中华民族的传统文化源远流长，宏深博大。而其中贯穿历史悠久，影响深广，蕴含丰富，充满魅力思想的就是《易经》与《道德经》。这两部哲学经典，"以其人格之伟大，思想之精深，虽枭牢百代，仍独步千古。几千年来，百家群籍，浩如烟海，沿流溯源，几乎无不以此二书为其根本。"他们的宽厚恢宏，慎微细密是中华民族观察认识世界的智慧结晶，影响着中国人民的性格与情操，影响着中国几千年的文化传统和思维特质。

　　读《易经》不能不读《道德经》，同样，读《道德经》也离不开《易经》。它们互补互进，分别从阴阳与有无仰观俯察，揭示物质的现象与根本之间的哲学联系，并最终合二为一。从三千年的文化史来看，"易学"与"道学"息息相关，并互为依存。易学的发展与延续也与道家人物关系密切，很多有名的道学家，同时也是易学家。尤其是今天，"易"与"道"更是密不可分，太极、八卦仿佛已成为道家的象征。

　　在此，作者建议凡是学易者应多读《道德经》和《佛经》，学《道德经》的哲学思想，学《佛经》的因果思维以之修身养性，这样方能达到《易经》的至高境界……

上 篇

梅花外应六爻预测

第一章 易经答问

一、《易经》与《易传》说

1.《周易》是一本书吗？

它不只一本。据《周礼》记载，易经原来有三本，有说即夏代的《连山》，殷代的《归藏》和周代的《周易》。它们的首卦分别是艮、坤和乾，表现了不同时代的人们对《易》的理解和独特的尊崇对象。以山为首的《连山易》，据说由炎帝，即神农氏，连山氏所作，故又称神农易，连山易。它重艮尊山，有山叠山重之象，象征当时洪水泛滥，原始部落的古人住在南方高山密林中，狩猎为生，靠山防洪的蒙昧生活。而《归藏易》以坤为首，则有注重母系血统的含义。据说它由黄帝、即归藏氏所作，故又称为归藏易，黄帝易。它重坤尊地，寓意万物始于土地，归藏于土地，象征人民已经移居平原，开发了农业。由于《连山》和《归藏》早已经失传，其精义也基本继承和保存在《周易》里，所以现在通称的《易经》，一般指的就是周文王整理过的《周易》，它重乾尊天，寓意遵天重君，象征人类已经进入父系社会，建立起等级森严的上尊下卑的礼仪制度。

2. 什么是"易"？

有人说"易"通"翼"，"易"就是飞鸟的双翼。有人说"易"通"蜴"，易就是像变色蜥蜴一样善变。其实"易"的意思有三个。一是"变易"。"易"的上面是"日"字，下面是"月"字，以日月升落，阴阳交合表现宇宙和人世的无穷变化，这就是"易变"，"变易"。二是"不易"，即万物的"变易","易道"的规律，本身是永恒不变的。三是"简易"，易变的道理并不复杂，而是简易明白的。如万物的阴阳对立，乾坤的刚健柔顺等，将这一道理和规律运用于各个领域，就向人显示了"简易"，"易简"的存在。

3. 为什么说《易经》是中华文化源头？

易经文化系统是东方文化的精华，文字可考的就已有约五千年左右的历史，是中华文化百家学说的思想宝库。而与西方的两千多年的圣经文化系统比较，东方的易经文化系统，显然要悠久而绵厚得多。可以说，源远流长丰厚华美的中华文化，其最初源头正是古老而博大精深的《易经》。

4. 为什么说《易经》是中华百科全书？

《易经》内容广博宏大，无所不备，既有天道规律，地道法则，也有人道准则。经数千年的大圣先贤们的精研阐述，易经文化今天已经成为内涵丰厚，精思善辨，包含东方哲学、政治学、经济学、法学、美学、军事学、伦理学、修辞学、人才学、决策学、管理学、旅游学、中医学、植物学、养生学、有机建筑学（风水学）、武术学、气功学等在内的大文化系统，发展起以易理派、象数派为代表，分化成科学派、气学派、心学派、理学派乃至于奇门遁甲，大六壬等众多的学派和学说，深刻影响了中国从官方到民间的思维方式，道德心理和风俗习惯，对世界文化作出了巨大贡献，成为了解中国文化和历史所不可或缺的精神支柱。

5. 为什么君子要以《易经》为行动指导？

易家认为，从伏羲黄帝、孔子，古人三番五次地考察卦象变化，穷极易卦象数，于是写成了天地大文章《易经》。它的易理是需要极深钻研探察微妙的宝藏，深奥而能通达天下的志向，微妙而能成就天下的事务，神奇能不急迫而迅速，不行动而到达。它创立卦象以说尽原意，设立卦爻以说尽事情真伪，撰写系辞以说尽变化，会通各卦以说尽利害，将穷极天下的奥秘保存于易卦中,将鼓舞天下的行动信息保存于卦辞中,将万物化生裁制保存于卦变中。所以,君子要以《易经》为行动指导,将易理推广于变化中,不多言而诚信忠实,保存美好的德行。

6.《易经》是君子的伟大事业!

易家认为,一阴一阳,相生相灭,相辅相成叫做"天道",能继承天道行事的就是"善",能成就阴阳变化的就是"天性";丰富万有的叫做"伟大事业",天天自新上进的叫做"盛大美德",化生生命的叫做变易,形成卦象的叫做"乾",仿效天法的叫做"坤",穷极象数预知未来的叫做"占",通晓变易道理的叫做"事",阴阳变化难以测定的叫做"神";易德被仁义者称为"仁德",易理被智慧的人称为"知识"。《易经》主张君子要设法显示出易卦的仁义美德,鼓动催生万物而不要消极等待,与圣人一同去发扬盛大美德,这伟大的事业也就至善至美了。所以就《易经》是君子的伟大事业!

7. 什么是《易经》的总纲?

正如孔子所说:"乾坤是以《易经》的入门总纲,抓住这个总纲,就可以知道,乾是阳刚之物,自强不息;坤是阴柔之物,厚德载物。阴阳两物合德互补,就有了刚柔合体的物象,以体现出天下的造化,以通达神明的易德。易卦的名称虽然杂多,但不超越物象,而且可以稽查物象的基本种类。《易经》彰显以往的历史教训并预察未来,显露微妙的道理并阐明它的幽秘精华"。易卦的名称虽小,但所取的类别、深旨却很远大,具有哲学意义。它的《卦辞》很文雅,《爻辞》曲折而中肯,所要喻指预测的事情多而且很隐蔽。它靠乾坤美德以普济人民的修养行为,以明天下积善行恶的所得所失。

8.《易经》是谁写的?

现在通称的《易经》,即《周易》,包括《易经》的经文和解经的《易传》两个部分。《易经》的卦辞说是周文王在囚居羑里时所写的,河南安阳的殷故都,至今还保存着"文王演易处"。而"爻辞"据说是周公写的。至于《易传》，著名历史学家司马迁在《报任安书》中认为，是由孔子所写（见《史记·孔子世家》）。但《易传》所说，《易经》所依据的八卦，早在远古时代就已经由人类始祖伏羲所发明了，时间比至今约4500年的神农时代还早得多。而从《易传》本身的各篇内容看，在卦序排列，卦义阐析方面，互相矛盾处很多，文化也很不一致。这一点早已经为历代许多学者指出。所以《易经》绝非一人所作。

再从《易经》由简古的卦辞、爻辞构成的经文，以及解经的象辞、文言、象传以至系辞、说卦的多层结构及其包罗万象的丰富内容看，也不可能于一时一地由一人完成。它实际上是数以千百计的众多卜巫史官，千百年来洞察自然人世之变后的集体智慧结晶。以后才经过周文王加工后在孔子主持下，像编写《诗经》那样，由其学生或后人反复改定基本定型的。这一点可以依《易传》直接引用孔子论易的话看出来。从这个意义上说，与其主观划定《易经》的作者为伏羲、神农、黄帝、周文王、周公或孔子，还不如将其"作者"笼统称为"易家"为好。因为从《易经》的精深广博思想看，它虽被儒家尊为六经之首，其实绝非儒家一家思想，而是涵盖百家，对道家、墨家、法家、兵家、名家、阴阳家、杂家等都产生了深刻影响的中华文化思想源头，称其众多作者为"易家"，是当之无愧，名副其实的。

9.《易经》是怎样写成的？

《系辞》说，远古包羲氏（伏羲氏）统治天下的时候，他仰头观望星象，俯首观察大地，从鸟兽的花纹，生活的环境，身边的各种事物，外界的诸多物象中受到启发，创作出"八卦"的图形，用它来通向神明的易德，模仿万物的种种情状，以后神农氏、黄帝、尧舜等相继作了帝王后，也从各卦尤其是乾坤两卦中得到了丰富启示，他们代代相传，通晓历史制度的变化而对《易经》加以改进，使人民适宜它，从而使天下得到很好的治理。

10.《易经》就是算命吗？

《易经》长期以来被当作中国的经书、史书、农书、医书、卜书，是古人根据历史经验总结，推断吉凶的预测学，不是所谓的算命。但由于《易经》的简古深奥，"文化大革命"极左思潮对中国优秀文化的排斥，以及江湖骗子的丑恶表演，使得一些人以为学《易经》，就是算八字，看面相骗钱财，甚至产生《易经》是犯罪的教科书的错觉。可见正确地普及易学知识，还《易经》以应有的地位，在倡导以德治国的当前是何等重要。另一方面，这也可视为对研易学易用易者的响亮警钟。它说明在由卦象、卦辞、卦义、卦德所构筑的易经文化系统中，正确把握易德才是最根本的。

11.《易经》与历史有联系吗？

《易经》可作为历史哲学来读，它与中国早期历史有密切的关系。除了前面所说的各卦与人类劳作、制度的关系外，它还曲折反映了当时的历史背景。正如易家所说：《易》书的兴起，正当殷朝衰败的末世，周朝盛德光大而崛起的时期。它描述的是当时周文王与商纣王之间的事情，所以它的《卦辞》具有危机感。它反映了深刻的历史规律教训，明白它的道理，能使危险者平复忧患，使改变易德者倾覆。易理之道十分广大，对事物的发展自始至终保持警惧忧患心态，显示出历史演变之道。

12. 古人研究《易经》的易理是为什么？

易家所说，古人将万物的精义化入神奇的易理，这是为了学以致用。利用易理来安身，以尊崇易德天道。通过易卦明白易理，以往的日子以及未来的事情，都或许能知道它。穷尽了神奇的易理而知道事物的变化，就可以进入发扬光大易德的盛世。

13.《易经》为什么能有预测作用？

易家认为，《易经》以天地变化的规律为准则而且相一致，所以它能包含天地变化的规律道理。仰观天空通晓天文，俯察大地明白地理，所以能知道幽暗光明的奥秘；它追索万物的原始状态再返回到万物的终结，所以知道万物更新死生的学说；它知道精气聚集而变为物体，游魂消散而变为虚无，所以知道鬼神的变化情状；它的卦理与天地暗合，所以不会违背天的变化规律；它知道如何周济万物而不会有过错，行动自如而不流入歧途，乐于接受天道规律而知道万物命运；它安于乡土而敦行仁义，所行能广爱大众，包含天地的变化而不过分，精细成就万物而不遗漏任何一种，通晓昼夜更替的道理而知道其中奥秘，所以阴阳神奇却没有具体的变化方法，易卦微妙而没有固定僵化的体例；这就是《易经》有预测作用的原因。

14.《易经》包含有哪些圣人之道的内容？

《易经》包含有圣人之道的四项内容：言论者崇尚它的卦辞，行动者崇尚它的变化，制器者崇尚它的卦象，卜筮者崇尚它的占卜。

15.《易经》由几个部分组成？

《易经》包括了经文和《易传》两个部分，其中经文由卦、爻、卦名、卦辞、爻辞等几个部分所组成。

16.《易传》为何叫"十翼"？

《易传》是解释《易经》经文的，是经文的进一步阐析和发挥。它内含七篇十个部分，彼此互相呼应连贯，犹如给深奥的《易经》插上翅膀，令其展翅高飞一样，所以被人美称为"十翼"。它们分别是：

1.《文言》；2.《彖传上》；3.《彖传下》；4.《大象传》；5.《小象传》；6.《系辞传上》；7.《系辞传下》；8.《说卦传》；9.《序卦传》；10.《杂卦传》等。因此，"十翼"是由七篇《易传》组成的，只是《彖传》、《系辞传》《象传》一分为二后才成为十个部分的。

17.《易传》的作者是谁？

《易传》的作者，有人认为是孔子。但从传文风格看，真正由他一人完成的大概只有《文言》、《彖传》和《象传》，而且很可能是对前人研易心得的归纳总结。至于《系辞传》，里面掺杂有许多后人引用孔子的话，显然是他们之下研究《易经》的学生增加的，而《说卦传》、《序卦传》和《杂卦传》风格不一，前后矛盾，举例驳杂，后人多有关存疑，显然也不会出自孔子一人之手。综上所述，笼统把《易传》的作者定为易家比较妥当，因为它凝结了孔子生前身后的许许多多的研易专家的心血，但以孔子贡献为最大。

18.《易传》"十翼"的成书时间

《易传》"十翼"的成书经历了漫长的改写，增补演变过程。根据记载，孔子对成书贡献最大，他在满50岁的"知天命"之年，曾以极大的热情和"韦编三绝"的苦读，把串联《周易》竹简的皮带都翻断了三次，终于在钻通研透后，把古奥《易经》的哲学含义表述于《易传》"十翼"的《系辞》和《文言》等部分中。其定稿年代约为周代春秋时期。

二、卦爻奥秘与卦序说

19. 什么是"卦"？

"卦"是悬挂展示的意思，与"挂"通而与"卜"有关。"卦"是《易经》系统的基本组成单位，有纯卦和重卦之分。"卦"通常指重卦，由8个纯卦重叠而成，共有64卦，每卦分别上下两卦，由六个具有阴阳性质的"爻"符号来表示，并有自己的"卦名""卦辞""爻辞""卦义"和"卦德"，是古人高度智慧的结晶。其中卦名是64卦的名称，如乾坤泰否等等。卦辞是对64卦不同含义的精炼概括，"爻辞"是各卦六爻的解释，"卦义"是对"卦德"的揭示。易家认为，衡量万物大小的根据在于"卦"，辨别"吉凶"的根据在于"卦辞"。

20. 什么是单卦、重卦和八卦？

"单卦"就是纯卦。纯卦共有八个，简称"八卦"，它们的名称分别是乾、坤、震、巽、离、坎、艮、兑，分别具有健、顺、动、入、陷、丽、止、说的性质，是易卦变化成型的基础，纯卦上下重叠后就成为"重卦"，共组成64个"重卦"。

21. 什么是互卦？

互卦就是卦中有卦。互卦又叫"互体"，是易家出于阐析易理，卦德的需要，对卦象的多重角度的解释，它把上下两个纯卦组成的重卦中的各爻，按照二、三、四爻和三、四、五爻各为一卦的方式重新组合，变成了内含四卦的"互卦"，大大丰富了卦象的卦义的卦德内涵，是别开生面地解卦明德的重要手段。如泰卦之中，除了纯卦乾、坤之外，就还含有兑卦和震卦。

22. 怎样区别阳卦和阴卦？

阳卦多阴爻，阴卦多阳爻，这是因为阳卦是奇数为主，阴卦是偶数为主。怎样看阳卦与阴卦的易德呢？阳卦是一君治理二民，是君子之道。阴卦是二君治理一民，是小人之道。

23. 什么是消息卦？

消息卦是古人对易理的哲学总结，反映了自然和社会演变消长的普遍规律。消息卦共有12个，按照子、丑、寅、卯、辰、巳、午、未、申、酉、戌、亥的地支排列，分别是复临泰大壮夬乾姤遁否观剥坤诸卦，代表了从十一月到十二月，再从一至十月的全年12个月份。这一排列从复卦的一阳初升开始，逐层逐步增多阳爻，到乾卦到达的全阳顶点；然后由姤卦开始，表现一阴由下位初升，逐层而上，逐步增多，到坤卦到达全阴低谷，再由复卦开始生阳，开始第二轮阴阳消长的过程，循环以至于无穷。这就是《易经》生生不息的易理。

24. 什么是"爻"？

"爻"是《易经》的专用符号，是"卦"的组成部分，是运用卦象思维揭开《周易》之谜的钥匙。8个纯卦各有三爻，全经64卦则各有6爻，加上乾坤两卦持有的"用九"，"用六"两爻，共有386爻。"爻"有阳爻（——）和阴爻（— —）之分，哲学含义十分丰富，代表了正质子与负质子，正与误，高与低，黑与白，明与暗，动与静，快与慢，安与危的对立。就人事关系来说，阳爻代表强者，富者，刚者，智者，君子，阴爻代表弱者，贫者，柔者，愚者，小人。阴阳并不一定等于女和男，因为女子在现实社会中也时常占有优势地位。

25. 为什么二爻与四爻的事功不同？

正如易家所说，二爻与四爻的事功相同而地位不同，是因为它们的善德行为不同；二爻往往多得荣誉，四爻往往受惊惧，这是它靠近卦主九五和六五的缘故。柔弱者的运行规律，是不利于远离阳刚者的，所以阴爻的要点是不要有过错；尽量以采用柔和适中为好。

26. 为何三爻与五爻事功相同而地位不同？

正如易家所说，三爻与五爻事功相同而地位不同：三爻往往多凶险，五爻往往多功劳，这是由两爻的贵贱等级所决定的。而对于五爻而言，柔弱的比较危险，刚强的则能胜出。

27. 为什么要给六爻起人名？

这主要是为了人们易德修养和方便。六爻的原来名字，属于阴爻的是初六、六二、六三、六四、六五、上六，属于阳爻的，分别是初九、九二、九三、九四、九五、上九，它们都不像一般的人名，如换上新的普通人名后，则更便于人们角色的投入和易德的修养。

28. 六爻是怎样取名的？

六爻的人名，是根据他们的性格从各自的爻辞中提取出来的。如阴柔一族的初六叫茅菇，六二叫丰其，六三叫甘临，六四叫班如，六五叫黄裳，上六叫井收。阳性一族的初九叫元吉，九二叫田获，九三叫于食，九四叫金矢，九五叫飞龙，上九叫何天。这些名字体现了他们各自的地位、身份、性格，从历史看，这12个姓氏都有真人用过，并非杜撰。

29. 六爻12人的性格与卦有关吗？

是茅菇谨慎恭敬，取于"否"。丰其丰姿内向，取于"丰"。甘临友好待人，取于"临"。班如忧柔寡断，取于"屯"。黄裳虚心宽厚，取于"坤"。井收老实收敛，取于"井"。元吉积极奋进，取于"泰"。金矢刚正率直，取于"噬嗑"。飞龙志气飞扬，取于乾。何天通达识理，取于"大畜"。这些卦名与他们的性格品德是密切相关的。当然这只是就一般情况而言，各人具体的修德方法，还要参照各卦提示。

30. 什么是"位"？

位就是爻在全卦的位置，每卦六爻就有六个位，即初、二、三、四、五上。易家认为，爻的位置十分重要，它是排列万物贵贱的根据，以爻的排列表现出来。圣人的重大宝物叫作"地位"，它要用易德来守住。

31. "位"代表什么？

"位"是易理的重要概念，具体含义众说纷纭。一般认为，前三位分别代表天地人三才，也就是说，初位代表天，代表百姓，象征发端；二位代表地，代表卿大夫，象征进取；三位代表人，代表诸侯，象征小有成就；四位代表臣，代表御前重臣，象征继续前进；五位代表君，代表黄帝，象征较大成就；上位代表退位隐者，代表太上皇，象征结束过去，继往开来。以今天的观点看，上下卦分别代表社会的上下层，其中初位代表普遍人民，二位代表中产阶层，三位代表富裕阶层，四位代表中层官员，五位代表领导阶层，上位代表退休的德高望重者。以发展的眼光看，初位是发端、二位是进展、三位是转折、四位是延续、五位是成功、上位是结束并转变。

32. 什么叫"当位"和"正负"？

"当位"就是爻在全卦的位置很恰当，就是"正"，否则就是"负"。根据易理，六爻的正确位置应该就是一、三、五阳位，二、四、六阴位，也就是说阴爻居阴位，阳爻居阳位才是"当位"，才是"正"，否则就是"不当位",就是"负"。不当往往会有偏差,危险,产生负面影响。特别是阴爻居阳位的各爻,象征能力弱而担当了重任,更要注意积累实力,不断提高。在《易经》中六爻全部当位的卦只有"既济"。所以,各爻都应争取并往当位发展,而不当位的机会也有一半,但只要各爻能修好易德,其负面影响终究是可以化解的。这也正是易德原理通过"几正几负"来揭示卦性的意义。

33. 什么叫"居中"?

二爻和五爻分别居于下卦和上卦的中位,就叫"居中"。居中的各爻地位重要,在上下卦中居于决策的主动地位,故一般只要当位、中正、无偏,都会作出较好的成绩。

34. 什么叫做"比"与"乘"?

阴阳两爻互相贴近,异性相吸,和谐相处,就是"比"。阴爻才疏德薄,却压在实力雄厚的阳爻头上,互相排斥,位置不当,就是"乘",易家认为,凡易卦变化的情势,两爻靠近而不协调相得的则凶险,或者会危害另一爻。

35. 什么叫做"应"?

根据易理,下卦的初六、六二、六三,可以分别与上卦的九四、九五、上九相应。上卦的六四、六五、上六,也可以和下卦的初九、九二、九三相应,有爻相应,异性相对,象征着有人相助,是好的现象。否则就"无应"。

36. 卦和爻位变化说明了什么?

正如易家所说,卦和爻位以刚柔阴阳的杂居变化,说明了万事吉凶的结果。所以六爻间的阴阳爱恶,互相攻守而随之产生吉凶,远近攻取而随之产生悔,各真情伪证互相感应而随之产生利害。

37. 什么是"卦辞"和"爻辞"

"卦辞"是对64卦各自含义的精练概括,"爻辞"是对386爻各自含义的精练概括，两者通常都结合爻、位、应、比、乘等易理来表示判断，取舍。易家认为，圣人见到了天下阴阳的运动，观摩意会后打通它，以推行各种基本的礼仪行为，并联系卦辞来推断吉凶，就产生了"爻辞"。所以《易经》兼取天地人"三才"而将它们重叠起来，以六爻画成一卦而各自成章，每卦中都包含有阴爻与阳爻，重叠应用柔与刚的性质，再系上"卦辞"，"爻辞"而命义它们，易理的运动规律和易德也就在其中了。阐析天下最大的奥秘和变动的断语，这就是《易》评议模拟天道的变化，化促成事物发展变化的"卦辞"，"爻辞"。

38. 怎样理解卦辞、爻辞？

通过研究易理的有关解释，把握卦辞、爻辞中易德的深刻含义，就能理解卦辞、爻辞，以《易经》正确地指导人生，认识社会和自然规律了。卦辞、爻辞除说明本卦本爻的哲学家意义外，一般还都有吉凶悔吝等断语。它们分别表示某一行为将会产生的良好、凶险、后悔、困顿的后果，是产生于《易经》卦爻的运动结果，是古人识卦立德的教科书。"吉凶悔吝"并不是必然的，宿命的，而是能够变通的，可以趋向合适的时机和良好后果的，只要注意贞正决策就可以趋吉避凶。

39. 卦真能推演断定吉凶，产生伟大业绩吗？

易家认为，法则现象没有比天地更大的，变化畅通没有比天地四时更大的，高悬万象照明天下没有比日月更大的，尊崇高贵没有比富贵更大的，准备器物推广应用，创立成熟的思想以为天下锐利武器，没有比圣人更伟大的。探究万物奥秘追索隐秘的道理，钩梭深邃的道理以达到远大的目标，判定天下事物发展的吉凶趋势，能成就天下的伟大事业的没有比易理更博大的了。圣人根据天道制定易理法则，用易卦来仿效它，用卦象揭示它，用系辞告诉人们如何处事行事。卦和卦辞揭示了趋吉避凶的易德规律，所以能下判断，推演断定吉凶，产生伟大业绩。

40. 卦曾给古人哪些启示？

易家说，古人编网狩猎捕鱼，取自于《离》卦。神农氏砍削树木，扭曲木头作为工具来耕田，并教给天下农民，取自于《益》卦。他规定中午为集市交易时间，招来天下的人民，聚集天下的财货，公平交易，互通有无，取自于《噬嗑》卦。黄帝、尧、舜、等帝王垂下朴素的长衣裳，而天下得到很好的治理，取自于《乾》《坤》两卦。此外，古人发明了船只以解决交通困难，这取自于《涣》卦。驯牛乘车，拖引重物，以利于天下人民，这取自于《随》卦。设立大门、敲梆报警，防止侵犯，这取自于《豫》卦。发明舂杵舂米的便利，使人民得到好处，这取自于《小过》卦。发明弓箭这一利器，取自于《睽》卦。发明屋宇，遮挡风雨，这取自于《大壮》卦。树碑装殓，这取自于《夬》卦。可见，卦产生于人类的实践。人反过来给人的实践深刻影响，这就是设卦学易的好处。

41.《序卦传》的卦序排列反映了什么？

《序卦传》是易家对64卦排序逻辑关系的解释，反映了易家对天地万物变化过程的理解。它是《易经》内在思想逻辑性的表现，代表易德的不断修进，体现了易经文化的创世观、宇宙观和道德观。如《乾》、《坤》表示开天辟地，阴阳交合。《屯》卦代表天地屯养万物，《蒙》卦表示万物繁衍之初的蒙昧状态，《需》卦代表万物幼稚期的饮食等等，都有宇宙发展和易德演变的逻辑性。

42. 卦序的排列、体现了易家怎样的历史观？

卦序的排列，深刻地体现了易家对人类由原始共有制走向私有制的社会发展的道德观和历史观。如紧接《需》卦后的《讼》卦，表示人类社会因饮食不足而引起的讼争，《师》卦表示"讼争"引起的聚众征战，《比》卦表示聚众出师的亲比互助，《小畜》卦表示人们亲比互助所需要的畜养和照料，《履》卦表示大家在等级社会的尊卑观约束下，小心履行各项礼仪，《泰》卦表示上下和睦的亨通安泰。由于事物不可能永远康泰，社会的尊卑礼制会产生弊端，所以接着是表示阻滞不通的《否》卦。而万物也不可能长久地阴滞闭塞，所以接着是表示团结共进的《同人》卦，众人同心同德后，迎来了象征盛大丰富的《大有》卦。大有收获而不自满，所以接着是象征谦虚的《谦》卦。谦虚必能安静无忧，所以接着是欢愉快乐的《豫》卦等等。如此推类，发展到了代表人伦之始的《咸》卦后，由于延续人类的夫妇之道不可以不留存久远，所以接着是表示永久的《恒》卦，再一直演变到象征人类在社会实践中都难免犯错的《小过》卦。在易家看来，有小过而能及时修正，人类和万物必能成功过渡彼岸，所以紧接其后的是象征万物圆满成功的《既济》卦。然而，万物变化毕竟是不可穷尽、生生不息的，所以《易经》最后以象征万物重新起步，并未空尽的《未济》来终结，表现了易家远见卓识，与时共进，进化不已的伟大历史观。

43. 卦序运动有几种形式？

如果你把"八卦"的上下两卦的符号，各贴在一个硬币上，上下排列，然后从乾开始研究卦序运动，随着《易经》各卦的排序而依次用相关硬币来推演其符号，就会发现《易经》卦序运动的五种基本形式是：①升（即前一卦的下卦升为后一卦的上卦，如"需"变"讼"）；②降（即前一卦的上卦降为后一卦的下卦，如"屯"变"蒙"）；③定（即前一卦的上卦或下卦在后一卦里不变，如"讼"变"师"）；④转（即前一卦的上卦或下卦变成后一卦的新卦，如"乾"变"坤"）。在这五种变化的基础上，又有"转升"、"转降"、"变升"、"变降"等变化，表现出易理关于事物"转化"、"变动"多于"稳定"，"上升"、"下降"起伏有序的深刻运动观，其各卦上下卦所对应的社会上下层变动，对理解易德暗含的社会进化意义也有微妙的揭示作用。如将这几种变化用曲线符号表示并连接起来，更可看出易理无穷变化的神妙韵律图。

44. 怎样理解各卦的"时"？

《易经》的"时"是一个时间概念，与代表空间的"境"密切相关，表示事物发展的较长时代和某一时期，是人类社会发展的科学总结。从一定社会的政治、经济、文化条件看，任何时代都具有重大的影响。从这一意义看，《易经》的64卦均可以理解为突出某种易德的不同的"时代"，都可以用卦名来命名，从而与自然或社会的一定发展时期相对应。如《乾》代表自强期，《坤》代表德期，《屯》代表初创期、混沌期，《蒙》代表启蒙期，《需》代表养育期，《讼》代表蓄积期，《履》代表履行期，等等。"时"对于个人虽似虚拟时空，但其确定有助于修养易德，暗含了求卦修德人的相关信息。

45. 易家各卦所表示的时代是否是一帆风顺的？

不是，从易理看，各卦所表示的时代大都是有起有落，有盛有衰，有明有暗的，这确也符合人类社会的发展历史和道德现状。在易家看来，自然与人类发展至今的多数时期都是不甚理想，不很圆满，喜忧参半，甘苦皆尝，艰辛曲折，需要深思，修身积德、补救、奋斗的时期。如《否》封闭期，避难期，《同人》团结期，《谦》劳谦期，《随》追随期，《蛊》灭蛊期，《临》临界期，《观》观察期，《噬嗑》法制期，《剥》剥蚀期，《复》复兴期，《无妄》无为期，《大畜》积蓄期，《大过》建筑期，《坎》治水期，《离》光明期，《咸》情感期，《恒》恒常期，《遁》退避期，《大壮》壮大期，《晋》升长期，《明夷》避害期，《家人》齐家期，《睽》睽违期，《蹇》蹇滞期，《解》解放期，《损》减损期，《益》增益期，《夬》除恶期，《姤》姤合期，《萃》萃聚期，《升》上升期，《困》困顿期，《井》修整期，《革》改革期，《震》震荡期；《艮》停滞期，《渐》渐进期，《归妹》和亲期，《旅》迁徙期，《巽》顺利期，《兑》辩说期，《涣》涣散期，《节》节制期，《中孚》诚信期，《小过》纠枉期，《未济》再生期，等等。

46. 易家心中有理想时代吗？

有的易家所追求和赞扬的人类理想时代，对社会而言是易德发扬光大，上下和谐，生活美好，社会稳定，创新立业，文化繁荣的九大时代，对个人而言则是人一生最宝贵的时光。它们分别是《泰》——安泰期，《大有》——富有期，《豫》——安逸期，《贲》——修文期，《颐》——颐养期，《升》——升平期，《鼎》——鼎新期，《丰》丰盛期，《既济》——成功期等，只占64卦的七分之一，为数很少，而且都需要精修易德，才能可持续发展。

三、卦象吉凶与时境说

47. 什么是"卦象"？

卦象就是八个纯卦所代表的天地水火山泽风雷等上下变位，交互构成的景象，共有64种，即一卦一象。"卦象"通过卦象思维，将各个不同的六爻即两个八纯卦象组合，画出的半抽象半具象的图像。它一般通过两个纯卦所象征的自然景象之间的联想，表示抽象的哲学思想或道德准则。如"井卦"的巽下坎上之卦，寓意着"木上有水"，表示"井"的卦象，推出助人为乐的井德；"泰"卦的天地交合之卦象，表示抽象的和泰意义和上下同心的泰德，等等。有的卦象不十分具体，如"鼎"卦，就有鼎足、鼎腹、鼎耳、鼎铉等具体的象征。

48. 什么是卦象思维或线象思维？

卦象思维在哲学上又称之为线象思维，它与人类共有的抽象思维和形象思维并列。它与人类共有的抽象思维并列，中华民族的特有的哲学思维方式，可举一反三，发人深思，明旨达意，为中华文化的开发和繁荣作出了伟大历史贡献。它以卦的阴阳线条构成64种意象，象征复杂多维、变化无穷的自然现象和社会现象，包括人事关系、社会地位、作用功能等等，既形象化又抽象化，既能比较又可联想，具有由浅入深，抽象奥秘，具体可感，宏观壮美，寓意深邃，说服力强的特点，是古人留给我们的宝贵财富。

49."卦象"有什么用？

"卦象"是用来拟象仿照乾坤易理变化的。如坎下坎上的《坎》卦，用六爻画出来就像外刚烈内空虚的火，二者的卦义，都可以从水或火的卦象中推导出来。易家认为，六爻卦象动作于易卦内部，使得吉凶结果显现于事物外部，功劳事业显现于形势变化，圣人见到了天下变化的奥秘，就用卦来比拟它的各种形状内容，象征万物的事宜，因此称之为"卦象"。圣人见到了天下阴阳的运动，用《易》的卦象模拟天道的变化，用爻辞来评议讨论它，就可以促成事物的发展变化。

50."八卦"的卦象代表什么？

"八卦"的卦象是卦象思维的基础。其中"八卦"中乾、坤、震、巽、离、坎、艮、兑的卦象，分别代表天、地、雷、风、火、水、山、泽等八大自然现象，也可以比附人的头、腹、足、股、耳、目、手、口等器官，或大家庭里的父、母、长男、长女、中男、中女、少男、少女等八种成员，以及动物中的马、牛、龙、鸡、豚、雉、狗、羊等等。明白八卦性质和卦象所指，有利于了解卦辞的含义。用《说卦传》的话说，那就是"八卦排成陈列，各种卦象就在其中了；把它们重叠组合起来，384爻就在其中了。刚爻柔爻互相推演，易理变化就在其中了。"

51.怎样处理"卦辞"、"卦义"、"卦象"、"卦德"的关系？

"卦辞"、"卦义"、"卦象"、"卦德"是《易经》的四大组成部分。"卦辞"是根据"卦象"的启示，为说明"卦义"而设立的，"卦德"即易德，是"卦义"的精华，是理解"卦辞"、"卦义"、"卦象"的道德尺度和价值标准。不明白"卦辞"、"卦义"和"卦象"，就不可能全面深入地把握"卦德"；而偏离了"卦德"，对"卦辞"、"卦义"，"卦象"的理解也将是表面的，无价值的，注定失败的。

52. 怎样理解《易经》各卦的"境"？

《易经》的"境"，是个空间概念，主要与各爻的"位"和相互矛盾关系有关。但它既然是表示各卦易德时代的某一发展阶段的特定环境，故也具有时间意义，一般可以用"起始、承续、转折、整合、丰盛、收束"的分期概念，来对应和代表各卦的"初、二、三、四、五、上"等六爻的不同发展阶段，并可简称为某德时代的"起境"、"承境"、"转境"、"合境"、"丰境"或"收境"。掌握易理的"境"概念，并与"时"概念配合为"时境"概念，有利于把握易德的精义，顺应时代和环境的特殊要求，无往而不利。

53. 怎样理解各卦的"时境"与易德的关系？

各卦的"时境"与易德的修养关系密切，如易家为泰卦撰写的《卦辞》《爻辞》，对人们在泰时起境，泰时承境，泰时转境，泰时合境，泰时丰境以及泰时收境中如何修养"泰德"，就都有具体的要求，它既是根据泰德时代的不同环境制定的对策，也是分析各卦各爻（人）的地位、性格、行为后的忠告，具有很强的针对性和适用性。

54.《易经》的测卦，会有几种结果？

《易经》的测卦结果，无非是吉、凶、悔、吝、亨、利、贞、（不）利有攸往等等，其趋势不外是好、坏、不好、不坏，又好又坏，顺利或不顺利等等。

55. 凶、悔、吝、咎、吉、无悔、利有攸往、无咎是什么意思？

凶、悔、吝、咎、吉、无悔、利有攸往、无咎，都是易卦的价值判断和前境预测。在易家看来，"凶""悔""吝""咎"等四种遭遇的产生，是因为不明易理，不修易德，所必然产生的凶险、后悔、困吝、受罚的结果。而"吉"、"无悔"、"利有攸往"、"无咎"等，则就是吉祥，无所后悔，利于顺利前往，无过免罚的意思。换言之，"吉凶"是得失的判断，是"失德"与否的现象。"悔吝"是指小的疵漏，是"忧患"与否的现象。现"无咎"则是指是否善于补救过错。

56. 吉凶、悔吝是如何产生的?

易家认为,天下所有事物的产生,都是由阴阳爻变的易道运动所决定的。"爻"有刚柔和等级的差别,有当位与否的差别,是设卦立德的根本元素,是如何趋向合适的时机的提示;爻的吉凶悔吝,取决于决策是否合时合德合理。因此,吉凶、悔吝,都产生于卦爻的运动,是易道用刚柔相推的方法而生成的各种变化。

57. 人生为什么会有凶险?

用孔子的话说,原因主要有两个。一、安居既得的地位,力图保住现存的利益;二、德行浅薄而地位尊贵,智慧微小而谋划的事情很大,力量弱小而任务很重。这两种人很少有不惹祸的!所以说,凡是动乱的,都有它治理不当的原因。只有修养易德,居安而不忘危险,保存而不忘灭亡,治理而不忘动乱,才能己身安全而国家永保。

58. 什么叫亨、利、贞?

在易家的术语中,"亨""利""贞"除了《文言》的详尽解释外,通常主要指的是"亨通"、"亨久"、"有利"、"顺利"、"贞正"、"正确"的意思。

59.《易经》爻辞的吉、凶、常各有多少?

《易经》各爻的吉凶结果是人们所最关切的,而在全部384爻中,寓意吉祥的有121爻,占,明示凶险的有47爻,占,其余的216爻大部分是非吉非凶、吉凶交半的常爻,占。而用九、用六两爻的前景也很好。可见,在易家眼里,自然和人类社会大都是以常态为主的,特好特坏的情景一来比较少,二来较好的时候也比不好的时候多。这就说明,测卦应该把《易经》各爻辞的吉、凶、常作为修德的参照,而不要以只知道吉凶结果为目的。

60. 怎样看待《易经》各卦的凶吉难卜？

有人甚至因为怕自己测得凶卦而宁可放弃易德修养。其实，从《易经》爻辞的吉、凶、常分布规律看，每个卦的总体上都是以不好不坏的常卦，吉凶交半的常爻为主的，有时则是以吉爻为主的吉卦，完全的凶卦几乎是没有的。如只看卦之卦名，挺吓人的"大过"，卦辞却是"利有攸往，亨"。再看各卦卦辞，有凶的很少，而且即使有凶，其实也是鼓励向上，告诫人不要半途而废的好卦，如提倡助人为乐之井德的"井"卦，就是如此。再从有凶辞的少数几卦分析，其实里面也有许多吉兆，如"归妹"卦辞虽有凶。但初九、六五都是吉，其他几爻是常，只有上六为无攸利，六爻最糟也无一凶字。从这里可以看出，测卦重要的不是看字面的凶吉，而是看如何做才有利易德的修养提高，只要修好易德，自然可以趋吉化凶。如果只看字面吉凶而放弃易德，才会陷入危难的困境。

四、先君子后小人与易德说

61. "易经为君子谋，不为小人谋"，是这样的吗？

这种说法主要是站在修德养性的君子立场上考虑问题，意思是说，为君子设谋的《易经》是不会为小人利用的，小人即使测得了好卦，也无济于他要做的坏事，大可不必得意忘形。这在史书上确有许多实例。不过此话只说对了一半，因为《易经》固然通过对易德的弘扬，为君子的成长和事业的成功谋划，但同时也对小人起规劝、告诫、警醒作用。如果有些本想干蠢事的小人，在了解易理和易德后，能幡然醒悟，改邪归正，那《易经》也就可说是为他们而"谋"了。为全体人类幸福而谋，化小人成君子，正是《易经》修德的根本。

62. 谁是君子，谁是小人？

从《易经》的道理看，君子就是明白易理，诚实高尚，修养易德的好人。小人就是不信易理，心胸狭窄，歪门邪道，不修易德的庸人。而在社会生活中，君子与小人并没有绝对的界限，人们常说的"先小人后君子"，说的就是二者间的转化以及人们对"小人"的默认和对"君子"的向往。因此六爻12人，无所谓谁是君子和小人，也就是说他们的君子或小人的身份是两可而不确定。由于种种主观或客观原因，人们难免在某时某地会做小人，但终归以重做君子为正道，这是人世社会规律所决定的。了解了君子小人之辨，我们既可防止将其简单划入统治者和劳动者的对立两边，以阶级性取代道德性，又可全面理解东方关于性善论和性恶论的偏颇，以及西方强调的人都具有人性和兽性的人性论。正确对待自己以及身边的每个人，明白人既不能是完美无缺的天使，也不会是十恶不赦的魔鬼，防止走向盲从轻信的乐观主义和悲观绝望的厌世主义的两个极端。

63. 为什么说《易经》是"易德精典"？

《易经》阐明了易德的行为准则和基本内容。它作为中华文化的源头，百经之首，可称得上是修身学道的妙典，审时通变的明鉴，为人处世的指南，精神文明的规范，知往察未的神卷，明哲保身的真经。古人说："树德莫如滋，去疾莫如尽。"学习《易经》明道学易，可以日新其德，树立美德，明心养性，去除恶习，不走歪路。所以说《易经》是易德精典，修身宝书，治国哲学。

64.《易经》作为易德宝书有什么用？

正如易家所说：《易经》作为易德宝书，不可远离它胡作非为。易道屡屡迁移，变化运动也从不停止。《易经》各卦六爻周转轮流，上下移动变化无常，刚柔六爻互相变易，不可作为僵化的经典要籍，唯有因时变化才能适应实际需要。要研究精通易理的变化出入，用以测度外界和内心，使人知道畏惧守法又能明白忧患意识。易经的研习，可以使人没有师长保护，却如同在父母身边一样。因此，有兴趣者在初学时就必须认真遵循《易经》的《卦辞》，仔细揣度它的方法原则，而我们既然有了《易经》这样完备的经典，就不能学非其人，学非其德。易道是绝不会虚行一切的，易德的积累使人终身受用无穷。

65. 如何理解《易经》与易德的关系？

易家在《系辞传》里认为，《履》卦，是道德的基础；《谦》卦是道德的把柄；《复》卦，是道德的根本；《恒》卦，是道德的固守；《损》卦，是道德的修养；《益》卦是道德的裕养；《困》卦是道德的辨析；《井》卦是道德的地位境界；《巽》卦是道德的制定和规范。可以说，每一种卦都与易德密切相关。

66. 什么是"易德"？

"易德"是《易经》要义，易卦之魂，学易的根本。偏离了易德，无论是算命还是卜卦，也不论测卦得的结果吉凶如何，都不会对人生和事业有任何正确的指导作用，更不会带来好的结果。因此，学易一定要识德，修德，立德，这才能刚柔适度，中正不偏，修身养志，谦虚谨慎，永远处于不败之地。对于各卦的易德，各人的理解角度会有所不同，需要结合《卦辞》和《爻辞》来深入理解。其中《杂卦传》对易德的精要概括对易学者掌握易德要义，是极有裨益的。

67. 为什么要抓住易德？

归结起来，所谓易德，其实就是由健强之德的"乾"，和顺承之德的"坤"两卦为主导的六十四个卦德。它是易学针对世界万象，人间百态等各种错综复杂的情势所作出的价值判断和道德选择，引导人们趋利避害，解难排忧，养德获吉。可以说学易者抓住了"易德"这一易学精髓，才可能在学易的追求中登堂入室，应用自如，无往不利，逢凶化吉，为开创伟大的易德时代作出贡献。

68. 怎样把握易德？

易德的把握，是在正确运用易理易学，静观默察卦象，辨析玩味卦辞，精研深掘卦义，全面领会卦德的基础上实现的，是古今相通的丰富的社会和人生经验的总结和升华。如果脱离了社会与人生的背景，背离了易德的根本，无论是研易学易用易，都将误入歧途，害人害己，违背易学修身养德，济世为民的伟大宗旨。

69. 学易理明易德有什么好处？

可以借鉴古人智慧，明白天下的道理和万物的规律，不犯错误或重犯错误，可以避免走得太远太过，可以及早复归到正道上来，免得后悔。这就是学易理明易德的用处。

70. 各卦与易德有什么关系？

正如《系辞》所说，《易经》的作者具有忧患意识，所以他所阐析的《履》卦是易德的基础，《谦》卦是易德的把柄，《复》卦是易德的根本，《恒》卦是易德的固守，《损》卦是易德的修养，《益》卦是易德的裕养，《困》卦是易德的辨析，《井》卦是易德的地位境界，《巽》卦是易德的制定和规范。

71. 如何认识易德的性质？

易家在《系辞传》里认为，易德的性质是各个卦不同的，要仔细鉴别，准确认识。如《履》之德，祥和之极；《谦》之德，尊贵而光荣；《复》之德，从小就能辨别事物的发展趋势；《恒》之德，甘心做杂事而不厌倦；《损》之德，注意做事要先难而后易；《益》之德，坚持长久的裕养美德而不设置任何障碍；《困》之德，困而求学，穷而通变；《井》之德，居住在自己满意的场所而及时迁移；《巽》之德，作事妥当而隐蔽，绝不卤莽而张扬。

72. 如何把握易德的行动方式和准则？

《易经》各卦易德均有其特定的行动方式和准则，如易家所言：《履》德以平和心态行动，《谦》德以虚心制定礼仪，《复》德以自知自明为强，《恒》德以一心一德为好，《损》德以远避危害，《益》德以兴利为重，

《困》德以寡义为戒，《井》德以仔细辨义为上，《巽》德以灵活行权为高。这就是说，修养易德不能囫囵吞枣，一天速成，而要经过长期的道德实践和体悟，才能登堂入室，修成正果。

73. 各卦的易德含义是什么？

易卦的易德含义，要根据具体的卦义、时境来理解把握。用《杂卦传》的话说则是：

《乾》卦之德刚健，《坤》卦之德顺柔；《比》卦之德欢乐；《师》卦之德忧愁；《临》、《观》两卦之德义，或者施与或者恳求；《屯》卦之德端倪初见而不失居所；《蒙》卦之德思虑繁杂而很显著；《震》卦之德是万事起动；《艮》卦之德是一切停止；《损》、《益》两卦是易德盛衰的开始；《大畜》之德是适时蓄积；《无妄》之德是无端遭灾而不妄为，《萃》卦之德是聚集；《升》卦之德是升而不落下来；《谦》卦之德是轻己尊人；《豫》卦之德是警戒懈怠；《噬嗑》之德是借食喻争；《贲》卦之德是不要过多润色；《兑》卦之德是喜见会说；《巽》卦之德是驯服隐伏；《随》卦之德是无故追随；《蛊》卦之德整饬治理；《剥》卦之德是提防烂脱剥落；《复》卦之德是迷途知返；《晋》卦之德是追求光明白昼；《明夷》卦之德是谨慎诛杀；《井》卦之德是通井助人；而《困》卦之德是相遇互助；《咸》卦之德表示迅速结合；《恒》卦之德表示永久保持；《涣》卦之德表示分离散开；《节》卦之德表示适度制止；《解》卦之德表示缓解开脱；《蹇》卦之德表示步步艰难；《睽》卦之德表示外拒；《家人》之德内和；《否》、《泰》两德类别性质相反，一个否定，一个肯定。《大壮》之德表示过壮则止；《遁》卦之德表示当退则退；《大有》之德表示众多；《同人》之德表示亲和；《革》卦之德表示除去故弊；《鼎》卦之德表示取纳新法；《小过》之德表示纠枉过正；《中孚》之德表示诚信中直；《丰》之德说明遮蔽是因为茂密过多缘故；亲人寡居在外就是《旅》德的含义；《离》卦表示像火焰一样向上；《坎》卦表示像水流一样向下；《小畜》卦是积累得比较寡少；《履》卦是谨慎不处；《需》卦是不贸然跟进；《讼》卦是争讼而不亲近。《大过》之德是批评颠倒正反，是非不分；《姤》卦之德是巧遇女姤和，柔弱善遇刚强；《渐》卦之德表示女儿思归待嫁，等待男子的行动；《颐》卦之德是涵养正气；《既济》之德是大事已定；《归妹》之德是女儿有了好归宿；《未济》之德表示男子的穷困未展；《夬》卦之德表示冲决突破，象征刚爻和柔爻的决裂。

易卦诸注表明：君子之道长久而宽广，小人之道忧愁而狭窄。

74. 怎样先修一种适合你当前处境的易德？

既然64种易法各有优点，对人人时时都有益，所以原则上任何时候选修任何一种易德都是适合每个人的。但要知道选修哪一种易法最适合当前的你，就不太容易了。目前最好的办法，是用发明《易经》的古人测卦占卜方法来解决，它确能在最短的时间里选出你当下最适合修养的易德。

75. 测卦的目的是什么？

人们通过测卦达到的目的很多，如想知道办事是否成功，人生是否幸福，事业是否顺畅，人际关系如何处理，等等。但所有这些目的的实现都离不开易法。所以测卦的目的是更好更准地理解和学习易法。测卦本身是一种手段，是为了在64卦中，选择和找到最适合自己的处境的一卦。64卦每一卦都是有益于人的，就像64碟好菜上齐的满汉全席，但你不可一口吞下去，只能一盘盘地品尝消化，这就是测卦的点菜。而如果谁对此不以为然，又无法一口吃个胖子，把宠大复杂的易法一天理解消化完，那就怪不得聪明的易家了。

76. 怎样测卦？

古人的测卦或称算卦，方法很多，但一般都是十分隆重的，神秘繁琐的事情。它通常以蓍草五十四根代表天地之数。通过分二、挂一、揲四、归奇这"四营"而成为易爻，经过十八次变化而成为一卦，再从八卦引申而出，经过触类旁通，进一步用六十四卦来延长扩展它的范围，以易理卦象来穷尽天下所有的事情，显现出天道的神奇和伟大德行，使人能运用它而顺应天道得到和谐发展。具体方法可参见《系辞》介绍。今人的简易方法是，用硬币的国徽或图案面代表"阳"，数字面代表"阴"，紧握在食指与拇指间片刻，接受心灵生物微电流信息感应后，抛向空中，待其落地停定后察视它显示的是阳是阴，如此连续抛六次，依次记录，即可得出发卦。再甩出骰子，以朝上一面的数字代表爻位，就可根据卦辞、爻辞、卦象和线象思维的提示下，考虑该卦易德的修养要点了。

77. 可以随便测卦吗？

可以的。如果是为了娱乐，任何人完全可以把测卦当作一种游戏，任意给自己测出这样那样的"卦"以求自娱，哈哈一笑。但是，如果是为了修养易德，指导人生，那就应该以严肃认真的态度来深刻领悟卦义——古人无障碍澄明的智慧。正如《易经》"蒙"卦中所说，"初噬告，再三渎、渎则不告"。只有第一次以诚恳虚心的态度测得的卦，不论卦辞的吉凶常，都认真地领会其深意，修养其易德，持之以恒，才能得到最大的收获。而如果胡乱测卦，只能是"渎则不告"，玩玩可以，要想得到身心与事业收益就难了。

78. 何时测卦为好？

最好在特别的日子，如节庆日，纪念日，生日，喜日，吉日或需要作出重要决定的紧要关头时测卦，这样容易记得牢，用得上，也利于以后再测新卦，益德兴业。

79. 何时可以另测新卦？

一般以一年为宜。因为时间太短往往还不能充分体会出你所得该卦易德的好处。当然如果你觉得该卦对自己特别有帮助，也可以继续延长换新卦的时间。

80. 修一卦就可以积一德吗？

是的，前提是你自己测卦后，能认真按照每一卦的易德来自我修养，自我提高，不断地坚持易法实践，增多美德善行，那就会"日新其德"——不断积累自己的善德了。这就是所谓积德——立德。古人历来把"立德"当做比立言、立功更重要的三大伟业之一，这是极有道理的。

81. 测卦获吉能解决人生问题吗？

测卦不论是否获吉，都可以得到易理关于如何修养易德的真知灼见，有人生指南和心理咨询之用。用它不能取代一切，解决人生的问题。《易经》原来就是古人用来卜卦问事的，其中积累了古人的丰富人生智慧，具有人类源头文化特有的无所遮蔽的澄明洞达，只要能对症下药，因势利导，修养易德，测卦的结果是可以指导许多人生问题。

82. 测卦之后应如何做？

易家认为，圣人以《易》通达天下人的志向，决策天下的事业，断析天下人的疑惑。所以各卦之德方正明智，六爻的意义在变易中贡献出来。圣人以此解卦的方法洗心革面，将卜卦的结果悄悄地退藏于密室内，认易卦的吉凶预兆与人民同忧患，神奇而知道未来结果，智慧而收藏以往的秘密。只有古代聪明睿智、神勇威武而不乱杀伐的伟人能做到这点，这是他明白天道规律，而又考察了人民的缘故。这是他创兴神物以引导人民正确的应用，斋戒崇敬神明伟大的易德的正确做法。

83. 测卦后有逢凶化吉的办法吗？

有，这就是修德，修德是做人的根本，善德修圆满了，自然无灾远祸。在测卦操作中，人们最头疼的就是如何逢凶化吉，趋吉得福，一些算命先生也为此而想出了许多离奇古怪的解脱办法，让被测者破费许多钱财去免灾。其实，最好的逢凶化吉的免灾办法就是探明易理，尽人事而顺天命。所谓"人事"，就是修养易德，发挥人的主观能动性；所谓"天命"，就是不以人的意志为转移的客观环境和客观规律。当然世间有所谓"三分人事，七分天命"的说法，有时修养易德的确也不是万能的。但不修易德却是万万不能的，它不仅使你渡不过难关，甚至会把你的好机会也给砸了，好朋友也给丢了。所以，在任何时间，任何境域里，任何人都要以易德为重，精修苦积自然趋吉化凶。

84. 怎样通过初爻和中爻分析易德？

正如易家所说，《易》是从追索事物的原始直到终结以矛盾运动的本质的。六爻交相混杂，其物象形成的最初原因是难以确知的，但其表面变化则比较容易知道，这是事物的本和末的关系。理解初爻的爻辞后，就可以一直理解六爻的完成和运动的终结了。而如果想通过杂取各类事物的某卦来学习易德，并且想要辨明它的是与非的时候，那就只有它的中爻之义才是最完备的，只要明白中爻意义，把握易德，就能知道事情发展的存亡吉凶。而要知晓易德，只要细观深察各卦的《篆》辞句，就可以懂得过半了。

85. 应该如何理解"乾德"呢？

中国传统文化上至天人观念，阴阳学说，下至风水地理，医药武术，饮食起居，看相算卦，处处都离不开一个"乾"字，而"乾德"就是"自强不息"的伟大的创造精神，就是人的立身本元。用《文言》的话说，乾德无往不利而正确无偏，基本精神就是"元亨利贞"。意思是，它是众善的尊长，嘉美的荟萃，正义的总和，办事的准则。君子以人为本就可以教人，荟萃嘉美行为就是以知仪合礼，施利于人就是以合乎道义，办事正确坚定就足以干成大事。这四种品德就是乾德真义，代表了至高的道，至大的天，至刚的阳，至强的生命创始。

86. 明白乾坤变化有什么用处？

乾坤是《易经》总纲，掌握64卦法的钥匙和标尺。正如易家所说，"乾"是天下最刚健的，乾德的行为永恒而变易，所以知道危险何在。"坤"

是天下之最柔顺的，坤德的行为永恒而简易，所以知道阻碍何在。乾坤变化能说破各人心事，能研究出统治者的忧患何在，能断定天下各类事的吉凶成败，能成就天下事业推动时代前进。所以乾坤变化就像卷云多变，吉祥的好事有祥兆，卦象模拟事物就能知道各种器物的奥秘，占卦问事就能知道未来。

87. 乾坤为什么与易德相关？

"乾"安静时十分专一，他行动时刚直无比，所以发展壮大了无数生命。"坤"呢，她娴静时也会翕合收敛，行动时也开辟扩张，所以广泛化生了天下万物。只要乾德的伟大和坤德的宽广能配合天地，易卦的变通能配合春、夏、秋、冬四时的轮流更替，爻辞的阴阳含义能配合日月的升落盈亏，变易和简易的仁善，也就能配合至高至美的品德了。易家认为，《易经》乾坤所揭示的易德是太伟大了！用它阐明幽远深刻的哲理则不可抵御排斥，用它解释切近现实的道理则静穆而正确，用它阐述天地之间的规律则完备无比。

88. 为什么知易而能明理？

易法的处事准则，是学会易理，知道事物的微妙之处而妥善处理，用孔子的话说，与上层交往不谄媚上司，与下层交往不亵渎别人，这就算是知道了事物的微妙之处了。事物运动的微妙之处就是"机"——预先可以察见的吉祥趋势与端倪。君子要见"机"而动，不等待一天的终结。这就像颜回先生，他有不善的行为，没有不知道的；而他知道了之后，也没有重犯的。所以易德的处世准则，一是不要走得太远太过，要及早复归正道上来，以免后悔莫及；二是要独立独行，刚正不阿，言行一致，争取得到朋友的相助；三是要获得人身安全之后才采取行动，和别人推心置腹后才有所言语，稳定了彼此的交情后才求助于别人，以保证自身安全。如果违反这一准则，在危险的时候相劝，没有交情而求别人帮助，那是什么也得不到的，那伤害可就严重了。所以，明白了易理，修好了易德，掌握了准则，就能无往不利了。

最后要说明的是，易德的功用大小，是与人的地位与作用息息相关的。

这也就是说，易德通过对人的影响而作用于他所面对的私事、家事、公事、国事、天下事，其巨大作用是无论怎样估价也不为高的。

第二章
梅花外应基础

一、太极

太极者,物之始也,天地万物,有生机者,莫不有此极,失其极,即无物。

周子曰:无极而太极,非先有无极而后有太极,无极者乃文词上推而得之,至于有始之时,即有此极之谓。"有极而后分阴阳,有了阴阳,天地才定,山泽通气,雷风相薄,水火不相射。"放之则"大而无外,小而无内"谓之太极。一始一成,无始不能成,无成则无始,北辰者天极;地轴者地极;中央者人极。

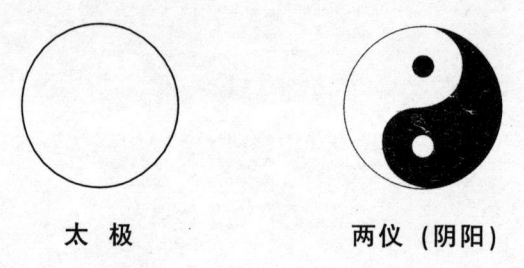

太 极　　　　两仪（阴阳）

二、河图

河图圆,圆者气也,天数五,地数五,天数一三五七九,地数二四六八十;一二三四五为生数,六七八九十为成数。一生一成,造化之机成矣,北方天一生水,地六成之,水无土不成,故一加五为六,所以一六共宗;南方地二生火,天七成之,火无土不成,故二加五为七,所以二七同道;东方天三生木,地八成之,木无土不成,故三加五为八,故三八为朋;西方地四生金，天九成之，金无土不成，故四加五为九，所以四九为友；五十俱为土，同途在中宫，盖五行无土不成，无中央则不能临制四方。

冬令为北方之气而属水，水生春令东方木，木生夏令南方火，火生中央及四维之土，而四维之土，以"未"土为最旺，土生秋令西方之金，而金复生冬令北方之水。四气循环，周流不息，此河图之气，所以圆也。

"春夏为发育之气，秋冬为收藏之气。"此所以十二地支建寅为正月，卯为二月，建辰为三月，巳、午、未、申、酉、戌、亥、子、丑为四、五、六、七、八、九、十、十一、十二月也。此十二地支之五行，亦随河图之五行而定也。

八干辅于支位，五行亦同之。太阳缠丑为冬至，冬至一阳生，为温厚之气盛；太阴缠未为夏至，夏至一阴生，严凝之气始；缠辰为秋分，为严凝之气盛，所以"辰、戌、丑、未为天地四方之气，也为四方之界。"

一六共宗：八宫为北方坎宫和西北方乾宫，含壬子癸戌乾亥；

二七同道：八宫为西南方坤宫和西方兑宫，含未、坤、申、庚、酉、辛；

三八为朋：八宫为东方震宫和东北方艮宫，含甲卯乙丑艮寅；

四九为友：八宫为东南方巽宫和南方离宫，含辰巽巳丙午丁。

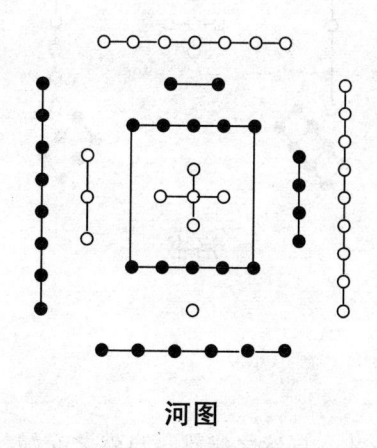

河图

三、洛书

洛书方，方者形，其数对待合十，由河图分布而成，四正一三七九为奇，四隅二四六八为偶，五居中央，纵横十五，为流行之气机。

洛书之载九覆一，左三右七，二四为肩，六八为足，五居其中，这是指每个数的位置，如：九在正南，一在正北，三在正东，七在正西，五居中央，二在西南，四在东南，六在西北，八在东北。由以上九个数的位置来看，一三五七九五个奇数在四正位，二四六八四个偶数都在隅位，奇数代表阳，偶数代表阴，是阳数统领阴数各居其所，所以为数的"用"。而河图生成之数，一三五七九五个阳数，统二四六八十五个阴数同在一方，，这便是数的"体"。——即"河图为体为先天，洛书为用为后天，先天为体，后天为用。"

我们如果拿伏羲河图八卦就知道数即是卦，卦即是数，而数即是方位，尤其河图的数和卦，与洛书的数和卦完全相同，它的方位次序，也无区别。

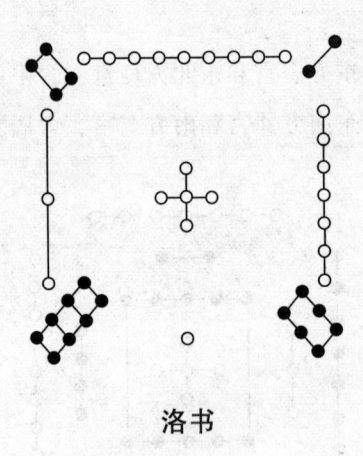

洛书

四、先天八卦

天地定位，包含三才，自然之雌雄，自然之交媾，万物出焉，万物各具老少阴阳，化化生生不息，所以日月相配，山水相见，男女相交，皆得此气。数始于一终于九,一二合三,二三合九,九为万物之玄关,天地定而父母男女,尊鬼高下,刚柔动静,在在而分,天地交而生万物,父母交而生子息,父母子息合为八体是成八卦。

易曰:天地定位,山泽通气,雷风相薄,水火不相射,八卦相错,一体一用,一静一动,一阴一阳,而成天地阴阳之造化,吉凶消长之枢纽,"人为天地相交而化生者",休养生息,于此旷荡无际之间,实属化机化成之象,故周公相阴阳,杨公看雌雄,而天地之道尚矣。

万物有始以后与天地形气相感之理,不外乎河洛与先天八卦之妙理!

先天八卦序为:乾一、兑二、离三、震四、巽五、坎六、艮七、坤八。

先天八卦图

先天八卦讲的是对待,而后天八卦讲的是流行。比如:乾卦与坤卦对,故曰:"天地定位"。震与巽对,故曰:"雷风相薄"。艮与兑对,故曰:"山泽通气"。坎与离对,故曰:"水火不相射"。

先天八卦讲的是对称,平衡。如乾居南、坤居北而遥相对称平衡,离为中女,坎为中男是也。震居东北,巽居西南,两相对称平衡,震为长男,巽为长女是也。艮居西北,兑居东南,两相对称平衡,艮为少男,兑为少女是也。

五、后天八卦

易曰：帝出乎震，齐乎巽，相见乎离，致役乎坤，说言乎兑，战乎乾，劳乎坎，成言乎艮。万物出乎震，震东方也。齐乎巽，巽东南出，齐者，言万物之洁齐也。离也者，明也，万物皆相见，南方之卦也。圣人面南而听天下，向明而治，盖取诸此也。坤者地也，万物皆致养焉，故曰："致役乎坤"。兑，正秋也，万物之所说也，故曰："说言乎兑"。战乎乾，乾西北之卦也，言阴阳相薄也。坎者，水也，正北方之卦也，劳卦也。万物之所归也，故曰："劳乎坎"，艮，东北之卦也，万物之所终而所成始也，故曰："成言乎艮"。

由此可见，后天八卦为四时流行之气，循环无端，即河图木、火土、金、水四气流行之气出，此后天八卦次序；所以如此摆布，非八卦阴阳老少之次序；乃八卦五行情性流行之气，八卦之气，万物之感，悉兆于此……

有天地定位（指先天八卦）之气体，而后有帝出乎震……（指后天八卦），至成言乎艮之形性，所以云后天，所以有气自成形，有形自有感，乃同时同气相应而成，并无先后之分，先天后天者形气相感之先后耳。非八卦之先后也。

先天八卦乃阴阳对待之体，有彼此而无定位，后天八卦乃阴阳流行之用，则有定位矣。

后天八卦讲流行致用，所谓流行，指的是万事万物生生不息，盛衰变化之理。每年从春天开始，一年四季循环，节气交替，无首无尾，绵绵不断，乃至无穷之象。一个年周期的时间为365小时48分46秒。八卦中每卦分主三节、九侯、四十五日有余。由此可知：后天八卦图像是"仰观天象，俯察地理"的产物。

震卦主东方，东方甲乙木，云：斗柄指东，天下皆春。春天万物始生，震卦一阳发动，故曰："万物出于震"。

巽卦主东南方，立夏时节，万物竞相齐长，卦象阳盛于外，故曰"齐乎巽"。

离卦主南方，古曰："斗柄南指，天下皆夏"。夏天阳气盛大而万物繁茂华实。南方有丙丁火，卦象阴内而阳外，乃著名之象。

坤属西方，立秋季节。坤卦至柔，故曰："致役乎坤"。

兑卦为正西，为仲秋，斗柄西指，天下皆秋。西方有庚辛金，丰收季节，万物皆悦乎。卦象兑口上开，悦之象也。

乾为西北，立冬之时。乾阳居坤阴之上，阴阳相薄，故曰："战乎乾"。

坎属北方，斗柄北指，天下皆冬。北方有主癸水，其卦象一阳伏于二阴之中，藏蛰之象，故为万物之所归。

艮为东北方，一年之终，又为一年之开始（艮宫有丑、寅、二支，丑为一年之终，寅为一年之开始。）其卦象阴盛而止于上，故曰："成言乎艮。"

后天八卦为天象八极、八风、八节之符号其中二至为寒暑之极。二分为阴阳之和，四立为生长收藏之始。每卦三爻，三八二十四节气备矣。此即是后天八卦同天文历法相结合，反映回归的周期。从而展现出一幅一年四季变化分明，万物休养生息的大地图象。

后天八卦图

六、八卦万物类象

乾卦：

为天、为国、为君、为父、为王、为寒、为冰、为赤、良马、老马、瘠马、为木果、刚健、名人、公门人、老头、皇帝、一把手、为龙、头部、右脚、为肺、为骨、尊重、好胜、雪、馒头、手饼、水晶、玉环、镜子、球、赤玄色、强横、霸道、惟我独尊、大象、狮子楼、京城、高亢之所、厕所、核心、飞机、航天工业、宇宙飞船、盛世、圆满、农历九、十月之交、白色、为六数、辣味、西北方向、男性生殖系统、最大值。

坤卦：

为地、为母、布、斧、吝啬、均、子母牛、大舆、文、众、柄、黑色、老太太、柔软、方形、西南方阴历六七月、雾、云、阴、墙壁、城邑、宫阙、为儒、为妻、农民、僧、肥胖、迟滞、怂恿、布匹、大腹人、牛、牝马、瓦器、懦弱之人、乡村、田野、平原、肌肉、吝啬、水泥、五谷、胃、女性生殖系统、黄色、甜味、二数、八数、被子、一切土中之物品、皇后。

震卦：

为雷、龙、玄黄、长子、足、大涂、决躁、萑苇、为马、为善鸣、为作足，稼也为反生，其穷为健，为蕃鲜，附于理则威严，否则为躁为暴，又为虹霓、电、正东方向、商旅、将帅、工匠、运动员、跑步、歌唱、鼓声、法官、公安人员、军人、打斗、武装人员、长男、始刚、决断、面食、包子、时新之物、车辆、船只、轿、乐器、裙、腰带、竹木、树木、舞蹈、地震、司机、驾驶员、广播、歌厅、运动场、舞厅、车站、于数目为三数、四数、酸味。

巽卦：

为风、为长女、为木、为绳直、为白、为高、为进退、为木果、为臭、于人为寡发、为多白眼、为近利市三倍、为秀土、寡妇、山林仙道之人、柔和、不定、鼓舞、不果、气体、阴历三四月、东南方、木香、长物、链状物、竹木、工巧之器、鸡、各类禽虫、寺观楼园、山林、蔬菜、酸味、教化、文曲、茶叶、商场、经营场所、气味、风格、风俗。

坎卦：

为水、为沟渎、为隐伏、为矫揉、为弓轮、为忧虑、心病、耳痛、为血、为月、为险、为陷、为盗贼、为雪、为霜、为霞、北方、江、河、湖、海、沼泽、井、泉、卑湿之地、中男、江湖人、舟人外示以利而内存以刚、漂泊、随波逐流。耳朵、血液、肾脏、一切带核之物，豚、鱼、水中之物。酒、鱼、咸、农历十一月、北方、水中之物、一切旋转之物、黑色油、盐、酱、醋、溶池、水库、猪、刑具、轮子，于数目为一数、六数。

离卦：

离为日、为火、为电、为中女、为甲胄、为戈兵、于人为大腹、亦为乾卦（先天）、为鳖、为蟹、为蚌、为龟、于木为科上稿、为漂亮、为光明、虹、霓、霞、南方、窑灶、炉冶之所、文人、大热、晴天、文章、证书、眼睛、心脏、干燥之物品、赤色物品、窗户、灯具、照明、轿车、煎炒、烧炙之物、阴历五月、苦味、美容、演员、名人、画像、名堂、古迹、教堂、华丽的街道、电影、电视、电脑、印刷厂、契约、报刊、图书、合同、火炉、各种电子器具、观察。

艮卦：

为山、为径路、为石、为门、为手、为狗、为阻、为止、为少男、丘陵、坟墓、东北方、阴历十二月一日、为鼻、为背、虎、安稳、脾、为云、为雾、房尾、高楼、台阶、少年儿童、警卫、守门、矿山、高墙、石匠、寺观、祠堂、坡、炕、床、桌、椅、黄色、白色、坚定、倔强、车站、狐狸、猫、狼、为皮、肿块、包状物、凸起部分、不流通。

兑卦：

兑为泽、为少女、为口舌、为巫、为毁折、为附决、于地为刚卤、又为羊、为妾、为一切有缺口之物品、雨霞、细雨、雪、井、泉、客人、牙人、娼、媒人、口、牙齿、官司、律师、逸言、白色、阴历八月、西方、演说、翻译、兑为吃、湖泊、沼泽地带、洞穴、井、喜悦、刀剑、金属制品，辣味、咽喉、出入口。

七、十天干万物类象

甲：

五行属木，为阳木。位居东方，于奇门中甲代表主帅，首领，在人体代表头部，于体内代表胆，毛发，功名，科甲，青色，酸味，栋梁，开始，帽子，仁慈，树木，第一位，愤怒，一数，九数，长形、方形，性直，质健。

乙：

五行属木，为阴木，位居东方。奇门中乙代表日奇，医生，医药，妻子，女人的信息。于人体代表肝脏，多手指或脚指，肩，花草之木，绿色，酸味，第二位，辫子，毛发，胡须，乞丐，善良，磕头作揖，毛巾，二数、八数，仁慈，质柔嫩。

丙：

五行属火，为阳火，位居南方。于奇门中为月奇，代表权威之人，婚姻上代表第二者男人。在人体上代表小肠，额头，肩，自然界中代表太阳，熊熊烈火，炽热，红色，又代表第三，急躁等。亦代表光明、温暖、苦味、眼睛、大眼睛、笑容，数目为三数、七数。

丁：

五行属火，为阴火，位居南极，故又名南极星精。于奇门中代表星奇，丁为玉女，婚姻中代表第三者女人，于人体代表心脏、齿舌，眼睛，淡红色，苦味，形体秀丽而清高，补丁、图钉、钢钉、花朵、礼貌、微笑、灯光、烛光、生日蛋糕、火柴。

戊：

五行属土，为阳土，位居中央。于奇门中代表天门，资本，钱财等。于人体代表胃，鼻子，面部，自然界里代表山冈、高原，于人物代表军人、有钱人。诚信、诚实、守信、坚强、稳定、稳固、呆板、墙、黄色、甜味、五数、十数。

己：

五行属土，为阴土，位居中央。于奇门中己代表地户，坟墓。于人体代表脾、脐轮、面部中，于自然界代表平原、田原、地基，甜味，做事公正、平均，黄色，于数目为六数、九数。

庚：

五行属金，为阳金，位居西方。于奇门中庚为格、为贼、仇人、战争、丈夫等信息。于人体代表大肠、脐、筋、骨骼；又代表金属制品、刀具、兵器等。于状态代表果断、刚强、杀戮，又代表白色、辣味。

辛：

五行属金，为阴金，位居西方。于奇门中辛代表罪人或犯过错误之人。于人体表肺、骨骼、胸，又代表手链、耳环、刀具、金属制品等，亦代表辛辣、果敢、切割、新生事物、肃杀、手铐、针、铁钉、尸骨、白色、于数目为七数、八数，各种精小金属制品。

壬：

五行属水，为阳水，位居北方。于奇门中壬为地牢，壬又可代表各种流行事物，于人体代表膀胱、胫、血液循环、习惯、主流、潮流，于大自然代表大海、江、湖、河，又代表智慧、聪明、咸味、黑色，于数目为六、九数。

癸：

五行属水，为阴水，位居北方。于奇门中癸为天网，于人体中癸代表肾脏、精、血液、人体分泌物，癸又为足、眼泪、黑色、雨露、水池、水库、水塘、沼泽、北极。

八、十二地支信息类象

子：

五行属水，为阳水，位居北方。子为墨池、燕子、蝙蝠、耳、膀胱、音律为宫，二十八宿为女、虚、危宿，十二宫为宝瓶座，为妇女、阴私，暗昧、孩童、肾、血液、鼠、江湖、排行第一。

丑：

五行属土，为阴土，位居东方偏北。为胞肚、脾、手、牛、丑陋，五音为徵，蟹、龟，十二宫为摩蝎座，丑又为园、堤岸、牛郎星、贵人、蜈蚣、牛姓、田王类姓氏，汪黄色、二数、八数，甜味，放牛娃，排行第二。

寅：

五行属木，为阳木，位居东北偏东。为胆、为手、功曹、青色、须发、老虎、猫、青龙、十二宫为人马座，木器、婚姻、文书、财帛、官吏、人、风、宾客、秀才、道士、手帕、毛发、书籍、椅子、桥梁，二十八宿中尾宿、箕宿，酸味，排行第三。

卯：

五行属木，为阴木，位居东方。为肝、手指、车辆、船只、门户、正门、酸味、兔、驴、骡、木棒、桥梁、竹木、笙、笛、箱、雷电、长子、乐器、歌声、琴声、跑动、左肋、足。五音为羽，二十八宿为氐、房、心宿，十二宫为天蝎座。

辰：
五行属土，为阳土，位居东南偏东方向。于人体代表胃、肩、胸部，又为龙、水库、天罗、陈姓、龙姓，五音为商音，又为鱼、渔民、绳索、天牢、寺观、坟墓、长廊、碾碓、缸瓮、盆、皮毛、破衣、军人、狱神、争讼、打斗，于二十八宿为角宿、亢宿。

巳：
五行属火，为阴火，位居东南偏南方向。于人体代表心、面、心胞络、三焦、咽喉、面上有斑点、齿，于二十八宿为翼宿、轸宿，十二宫为双女座，五音为角，又代表蛇、妇女、木土、画工、毛笔、文学、诗赋、厨师、筐、盒、砖窑、冶炉、灶、蚯蚓、蝉、肠道，于数目为四数、六数。

午：
五行属火，为阳火，位居南方。于人体代表眼睛，小肠，于万物为马、狮子、文书、文章、娼妇、僧巫、蚕、信息、词讼、光彩、道路、火烛、旌旗、鸦雀、蚕丝、小豆、使者、血光、红豆、苦味，于姓氏为马姓、周姓许姓、冯姓、狄姓等，五音为宫，二十八宿为柳宿、星宿、张宿，十二宫为狮子座。

未：
五行属土为阴土，位属西南偏南。于人体代表脾、脊梁、肌肉，又为羊、鹰、代表平原、花园、木器厂、酒食、婚姻喜庆、祠祀事、庭院、药师、井、枯井、陷阱、盘盏、衣服、被子、棉制品、纱、帘、麻，未为风伯，五音为微，二十八宿为井宿、鬼宿，十二宫为巨蟹座，于姓氏杨姓、朱姓、杜姓等。

申：

五行属金，为阳火，位居西南偏西。于人体代表大肠、经络、骨骼，于万事万物代表车辆、传送、猿、猴、僧、商贾、巫医、屠户、疾病、道路、经文、刀兵、大麦、城宇、祠庙、银匠、铁匠、行人、兵卒、金石匠、刀具等。

酉：

五行属金，为阴金，位居西方。于人体代表肺、精血、骨，于万事万物代表鸡、凤凰、少女、口舌、官司、形貌端正、门户、后门、女巫、牙人、阴私、酒、酒店、酒客、姜、蒜、金银、首饰、珠宝玉器，二十八宿为胃宿、昴宿、毕宿，十二宫为金牛座，五音为羽，色白、辣味、钱币等。

戌：

五行属土，为阳土，位居西北偏西。于人体代表胃、命门、腿足，于万事万物代表狱神、地网、网罗、军人、坟墓、发电厂、锅炉房、牢狱、窑炉、寺庙、善人、长者、猎人、士兵、强盗、网络网吧、火葬厂，二十八宿为奎宿、娄宿，十二宫为白羊座，五音为商，数目为五数、十一数，于姓氏为徐、鲁、魏、王、倪、娄等。

亥：

五行属水，为阴水，位居西北偏北。于人体代表肾脏，头部、血液，于万事万物为猪、天门、熊、野猪、醉酒人、足、厕所、笔墨、咸味、庭院、围墙、仓库、伞、笠、圆环、鱼、梅花、葫芦，二十八宿为室宿、毕宿，十二宫为双鱼座，五音为角。于姓氏为朱、于、魏、房、任、季、邓、范等。

九、十天干化合

甲己合化土，乙庚合化金，丙辛合化水，丁壬合化木，戊癸合化火。（甲丙戊庚壬为阳，乙丁己辛癸为阴）

十、十二地支刑冲化合

子寅辰午申戌为阳，丑卯巳未酉亥为阴，子丑合化土，寅亥合化木，卯戌合化火，辰酉合化金，巳申合化水，午未合化土。

子午相冲，寅申相冲，卯酉相冲，辰戌相冲，巳亥相冲，丑未相冲。

子刑卯，卯刑子为无礼之刑。

寅刑巳，巳刑申，申刑寅为无恩之刑。

丑刑戌，戌刑未，丑未刑为恃势之刑。

辰午酉亥为自刑。

"刑"的字体为"开刀"之意，意指刑罚，也主伤灾病痛，凡预测中见之难免刑役或伤病之灾。

申子辰合水局，巳酉丑合金局，亥卯未合木局，寅午戌合火局。

十一、六子甲子纳音表

年号	年命	年号	年命	年号	年命	年号	年命	年号	年命
甲子乙丑	海中金	丙子丁丑	涧下水	戊子己丑	霹雳火	庚子辛丑	壁上土	壬子癸丑	桑柘木
丙寅丁卯	炉中火	戊寅己卯	城墙土	庚寅辛卯	松柏木	壬寅癸卯	金箔金	甲寅乙卯	大溪水
戊辰己巳	大林木	庚辰辛巳	白蜡金	壬辰癸巳	长流水	甲辰乙巳	佛灯火	丙辰丁巳	沙中土
庚午辛未	路旁土	壬午癸未	杨柳木	甲午乙未	沙中金	丙午丁未	天河水	戊午己未	天上火
壬申癸酉	剑锋金	甲申乙酉	泉中水	丙申丁酉	山下火	戊申己酉	大驿土	庚申辛酉	石榴木
甲戌乙亥	山头火	丙戌丁亥	屋上土	戊戌己亥	平地木	庚戌辛亥	钗钏金	壬戌癸亥	大海水

十二、神煞

1. 天乙贵人
顾名思义就是吉星，主遇事有人帮，遇难有人救，是逢凶化吉之神。

甲戊并牛羊，乙己鼠猴乡，丙丁猪鸡位，壬癸兔蛇藏，庚辛逢虎马，此是贵人方。

如："乙己鼠猴乡"指乙日和己日占测见子或申的即是天乙贵人。

2. 马星（驿马）
马星意指像马一样健跑，所以四柱或卦爻中见马星者主走动多，若马星逢冲，如快马加鞭，日奔千里，马星逢合，等于马掣前足，如野马收缰。常人遇之主奔波劳苦，贵人主升迁。

申子辰马在寅，寅午戌马在申

巳酉丑马在亥，亥卯未马在巳

如："申子辰马在寅"指申、子、辰、这三日占事见有寅者即为马星，见申为马星逢冲，见亥为马星逢合。

3. 桃花
桃花又名咸池，命带桃花之人漂亮，聪明，好学，慷慨大方，风流，咸池又为日落之所，故也主男女之间暧昧之事。

寅午戌见卯，巳酉丑见午，申子辰见酉，亥卯未见子，即三合局中第一个字之十二地支顺序之后一位即是桃花。

4. 羊刃
甲羊刃在卯，乙羊刃在寅，丙戊羊刃在午，丁己羊刃在巳，庚羊刃在酉，辛羊刃在申，壬羊刃在子，癸羊刃在亥。

羊刃之刃为刃口，为刚强凶猛之物，但身弱见之为护卫帮身，身旺见之为过旺增凶，所以羊刃为忌时应防伤残之事和刑法犯罪之事。

5. 十干禄

甲禄在寅，乙禄在卯，丙戊禄在巳，丁己禄在午，庚禄在申，辛禄在酉，壬禄在亥，癸禄在子。禄为福禄，食禄，为福有财的象征。

6. 华盖星

寅午戌见戌，巳酉丑见丑，申子辰见辰，亥卯未见未，得华盖者主孤独，纵贵亦不免孤独，僧道。又为聪明好学，清静孤欲。临印绶而旺主贵，遇空亡破败不为僧道或为江湖术士之客。

7. 天落地网

辰为天罗，戌为地网，辰人见巳，巳人见辰为天罗，戌人见亥，亥人见戌为地网，火命人见戌亥为天罗，水命人见辰巳为地网，男怕天罗，女忌地网。主病伤牢狱之灾。

8. 六甲空亡

甲子旬中戌亥空，甲寅旬中子丑空。
甲辰旬中寅卯空，甲午旬中辰巳空。
甲申旬中午未空，甲戌旬中申酉空。
旬空主时间未到，时间一到则应吉凶，所以旬空也有吉凶之别。

9. 文昌

文昌星主智慧超群，气质雅秀，好学新知，上进心强等。
甲乙巳午报君知，丙戊申宫丁己鸡，
庚猪辛鼠壬逢虎，癸人见卯入云梯。
如：甲日、乙日见巳午为文昌，庚日见亥，癸日见卯为文昌，余仿此。

第三章
梅花外应预测技巧

老子在《道德经》中指出："人法地，地法天，天法道，道法自然。"已经明确了人与外在是融合的，这个世界万事万物发展变化，客观规律贯穿始终。

预测是《易经》的重要功能之一，客观事物的发展是有规律的，《易经》就是研究事物发展变化规律的，它蕴涵着规律又指导我们不断发现规律，研究规律是为了揭示规律应用规律，所以，它具有预测功能。

我们知道规律分为隐性和显性，显性规律是指人们普遍了解掌握的一些规律，比如太阳东升西落，月盈月亏，春种秋收；隐性规律是指还没有被人们普遍了解的一些规律，比如《易经》中揭示的一些规律，人们还不能全部破译和掌握，它却实实在在地发挥着作用，客观存在着。事物发展变化符合客观规律时，就能取得正确结果，违反客观规律就会受到应得的处罚。我们研究和应用这些规律，用来指导社会生活，目的就是为了更好地生存发展。古人对这些人力不能抗拒的客观规律，认识到了却不知怎么表述，模糊称为"神"。世上没有神，神是不存在的，但规律是客观存在的，不可抗拒的。

《易经》研究和揭示的是宇宙演化的大规律，规律是客观存在的，无处不在的。易道并不是虚幻飘渺的，就在我们日常生活中，只是"百姓日用而不知"。

马克思的唯物辩证法认为：客观世界的事物是普遍联系的，孤立的事物是不存在的。我们用易学的思维怎样理解呢？人们常说"跳出三界外，不在五行中。"也就是讲：只要是在三界之内的事物，都要受五行的影响。我们说的五行，是指五种物质能量。易学中的五行生克原理，就是事物普遍联系的规律。事物普遍联系，但不是胡乱联系，这种普遍联系也是有条件有规律的，这个规律就是五行生克。

外应预测学源于易理，来自生活，高于生活。

"何时何地现何物或我们何时何地得见何事物，均是我们破译时空密码的金钥匙。"

为什么偶然见到的事物，通过提取信息能够完成预测呢？因为事物的发展过程，偶然性与必然性的联系是一种规律，但这种联系是有条件的，不是胡乱联系的。我们预测就是要找出使用的条件，并运用这个条件理出对应的偶然性与必然性，达到预测的目的。如果看见鸡下蛋，就说天上会掉炸弹，听见别人放屁，就说马上要打雷那是可笑的。

偶然是一种表象，是必然性的一种表现形式。没有必然性的偶然事物是不存在的。在偶然的背后一定藏着一个必然，只是我们没有发现这个对应联系。

佛教讲：你我本一体，人与客观世界本一体，主与客本一体，人类、客观世界和社会活动（现象）是本一体的，相联系的，人们融入世界才能感知世界，融入社会才能感知社会，融入他人才能感知他人，天地人是和谐统一的。认识规律，掌握规律，运用规律，就是智慧。

外应——其实就是一种"征兆"，在任何事发生之前它都会提前反映出一种现象，这种象就叫做征兆。

邵子曰：是知我亦人也，人亦我也，我与人皆物也，此所以能用天下之目为己之目，其目无所不观矣！用天下之耳为己之耳，其耳无所不听矣！用天下之口为己之口，其口无所不言矣！用天下之心为己之心，其心无所不谋矣！

外应的第一个法则是"日干"与万物之间的关系，如：癸亥日，有人来求测，此人站在北方（子位）子为当天的桃花，亥卯未见子为桃花，可断此人有桃花运；还有子在癸亥日旬中为空亡，子又为日干禄，（禄为工作为财），说明此人没工作了；子又为癸的兄弟，又可断此人破财了，水又主流动,可断此人奔波劳累大;又可断此人在兄弟姐妹中不是老大(子为兄弟姐妹,逢空亡,子又在坎宫,主中男);如是在秋天,水的财在南方(火),火在秋天休囚,生财的木子孙在秋天处死地,所以可断此人破财,也没有财源。

又如癸亥这天,东方上有个穿红色衣服的人,红色属火,火属日干之财,财克父母(金)工作(可断此人没工作);坐在东方子孙位(水生木,木为子孙,子孙生财),可断此人在经营找钱的有关行业;红色衣服为火为财克父母(房子),又可断没房子;衣服代表父亲,裤子代表母亲,如果衣服是红色,裤子是黄色,可断其父母关系好,而是父亲很爱其母亲(红色火生黄色土)。但是此人的上衣是红色属火,如果是在秋天,火在秋天休囚,又受日干支之克,上衣主父,又可断其父有灾或死了;又如此人在东南方,此方刚好是日干支的驿马方,(亥卯未见巳为驿马,巳在东南方,可断此人会开车,走动大,随时车上车下的)。

又如:有一女现在穿黄色衣服,黄主土,是日干癸的官鬼。又可断此女已结婚,因官鬼上身了。又如此女是壬子年生的,壬子的长生在申,申在坤卦黄色居西南坤宫,可断此女是西南方农村出生的。此女身穿黄色衣服主官鬼持世,克兄弟姐妹,又可断此女的兄弟姐妹中有夭折的或吃官灾的。

又如:有人坐在东方卯位,卯是日干癸的长生位,卯又在震宫属长男,可断此人是家中老大,卯又是贵人,文昌,将星,又可断此人有文化或与文化离不开之事,又是单位的头领。余此演推……

外应的第二法则是方位、时间、动作以及其当时自身的状态和周围的现象……一般只要坐方在日干支的本位或对冲的方位,或太岁之方,那此事肯定应验准确,再配上日干支的神煞六亲关系,纳音五行,八卦断之就较之全面了。当然,前提是有人来求测,并非指所有的事物都如此。古人云:"不动不占,不问不占。"

第四章
梅花外应、六爻实例剖析

申明：以下有个别实例乃属刘文元老师口述而得之。

1. 何处是归程？

2003年癸未，秋天，下午申时，一大群易友坐在一起聊天，此时正有一身穿红色衣服的中年女人推着一辆自行车往十字路方向走，有人提出测此女会往何方走，如图示：

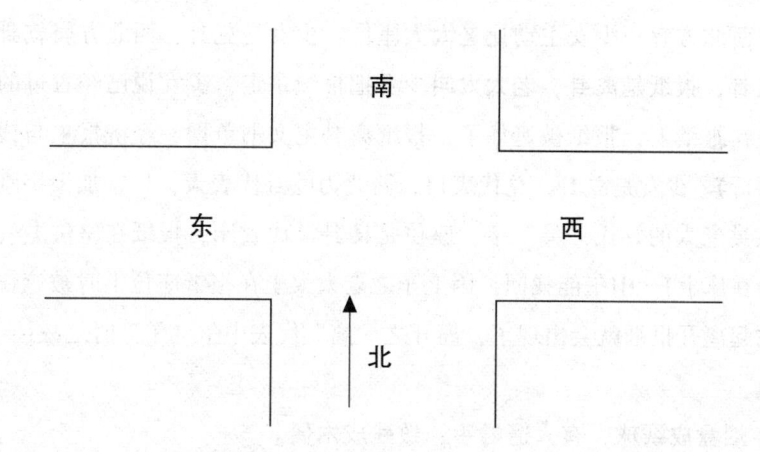

```
            南

    东              西

            ↑
            北
```

有人断：往东方（思路：东方木生火，红衣属火，中年女人属离卦火，东方震卦有车之象，东方木生南方火，即生此推自行车的中年女人。）

有人断：往南方（思路：红色属火，中年女人属离卦火，回归本位之意。）

刘老师断：肯定会往西方走（结果是往西方走的）（思路：红色属火离卦，中女又属火离卦，离卦属太阳，时间是秋天下午申时，太阳在下午必然该落于西方，加之中女已到极点，该走衰运……心往西方也！）

2. 公交车上电话觅存折，免除老人心病发。

冬月，早上 8 点辰时，坐公交车从北向南开，有一姓吴的老太太打电话求测，哭着说：丢了东西，问能找回否，很是着急，还说如找不回就无法过下去了！

此时，正好又有一位老太太上车来，有一少女马上起身让老太太坐，坐位上有一张报纸，是"经济参考报"。

断：

不用担心，你丢的是存折，能找回，没人拿，是你忘记的。找一下你家的桌子上或床上，中午一点钟前就可以找到……

思路：

"在运动中问事主快"。在到站台时正好上来一个老太太，老太太上车来之后，西北方有一少女主动让老太太座位，少女是兑卦，西北方属乾卦，座位是艮卦，报纸是离卦，老太太叫少女把报纸拿走，少女说已经看过的。老太太坐在报纸上，报纸被遮住了，报纸离卦主文书单据，经济报主与钱财有关（存折）。少女是兑卦，兑代表口，西北为乾卦代表天，口字加天字刚好是求测人吴老太的姓氏"吴"字，座位是艮卦又代表床，报纸在座位上（引申为存折在床上）。中午能找回，因上车之老太太坐在报纸座位上时被遮住看不见。站起离开报纸就会出现了，离开之"离"代表中午"午"时之故……

3. 烟盒成纸球，有人遭毒手，致残成木偶。

八月壬子日，有人有意报一个四柱（癸卯年，丁巳月，己未日，癸酉时）男命，目的是考教水平。此人边说边点了一支香烟（烟盒里就只剩一支了），剩下了空烟盒，此人将烟盒里的金箔纸抽出揉成一圆球，丢在北方子位。此人正坐在对面北方。

断：

这个人已遭毒手，经过一场大灾难，目前应该成残废了，不能动弹了。

(结果告知：被人打成残废变成植物人了。)

思路：此人四柱癸卯年，纳音是金箔金（壬寅癸卯金箔金。烟盒里的金箔纸被人揉成球废甩在北方子位，子卯相刑，卯和癸皆是此人年命，（金薄纸——金箔金），八月癸处死地，属生死之间，壬子日金箔纸（引申对应癸卯年金箔金）被揉在北方子位，子卯相刑，因而断之。）

4. 烟灰缸里在冒烟，速断欠条还在办公室笔记本里。

壬午年9月4号巳时，有人到厂里，发现两张欠条不见了，打电话问能否找回。（正好有一老人来家与人谈生意，在沙发上抽烟，这时有人来电话，老人和另外一个人同时站起来将大半截未抽完的烟按在烟灰缸里，烟在圆形铁烟缸里没熄，还冒着火烟。）

断：

你的欠条没丢，在办公室的北面或西北面找，迟则在戌亥时能找回。（告知：戌时在办公室的笔记本里找到。）

思路：

欠条是离卦属火，两个烟头代表两张欠条，火属离卦主文书单据，烟在圆形铁烟灰缸里，圆主乾卦，乾主办公室，主西北方，主戌亥时，烟还在冒火主还没丢。

注：取外应主要取有灵性的，有动物不取植物，有植物不取死物，静物，有人时以人为主，多取日建所在的方位上的，时辰方位上的，再取太岁所在的方位，空亡方位上的，与日建有关的，如对冲方驿马方，及长生、贵人、灾煞方等。万事万物皆有性质，如甲子，甲是性，子是质，又如：韭菜、大葱，可看作辛卯，庚寅，寅卯为木，庚辛为辣，"辣为性，木为质"。

5. 头被门框撞，即断老人头上有病及所去的方向。

乙酉年，冬月，晚上亥时，正准备睡觉，刚走到门边，就有一教师来电话，由于太匆忙，只听见对方说有急事所求，我的头就撞在门框上，当时被撞得头晕脑涨，眼冒金花，随之我又用拳头捶打了几下头。过了一二十分钟后，我才清醒。来不及起卦，又知对方很急就告之：你要问的事是你老人，他的大脑头上有病。（告知：是他老人，大脑神精出问题不知去了何方，求测何时回，平安否，怎么去找！）

我又告之：人平安，明早辰巳时能找到或可回，去西北边的旅社，招待所多的地方找。（最后告知是第二天10点过后在西北边的旅社巷道找回。）

思路：

打电话来，我一接电话头就被撞晕，头为乾卦，乾主老人，亥时也主乾卦，头被撞晕，又用手去打，主头（乾卦-对应老人）出问题了，去招待所、旅社找是因为我正准备去睡觉，旅社和招待所是专门睡觉休息的地方，我的头被撞晕后又扑在我家西北方的床上。第二天辰巳时可回、或能找到是：辰巳冲乾卦中的戌亥之故。

6. 吃包子见红豆断其婚姻成不了！

甲申年春正在吃早饭，突然有人问一男与一属马（戊午年）的女生能否有姻缘，此时正好有人将里面有红豆的包子分成两半给了别人一半，（红豆是离卦）一个圆包子分成两半也主分离之象，加之女生是属马的，离卦的地支含午，正好是女生的年命。

故断成不了，是女的不同意……

7. 衣服颜色图案不同，掉水有先后。

癸未年腊月，戊子日，晚上看电视节目，节目里是一个穿红色衣服上有老虎图案和另一个穿黄色衣服的人比赛，看谁先掉下水里。

断：

应是穿红色衣服的先掉下水去。

思路：

红为火，与日支冲，日支子水克火，老虎图案属当天的驿马星，主动，虎为寅，戊子日马星为寅，而穿黄色衣服的属土，土克水，戊子日的戊是黄色土，是当日天干，主在高处，不会掉，戊土又主静，故断之红色先掉。

8. 电视节目成吾师，替我预测有天机

壬午年夏天中午，边吃午饭边看电视节目"西班牙斗牛"。

此时电视里有一头黑色牛被一个穿白色衣服的男斗牛士用剑刺倒了，刺在这头黑牛的右腹部。恰巧这时有一个女人来家求测运气。由于正在吃饭就只问她是哪年出生的。她说："是1973年的，老师别急，吃好饭再测。"

当即断之：

你应该做过开刀手术，在腹部，很可能是阑尾炎胆囊炎方面。而且是1992年的夏天，是一个男大夫医生做的。（她马上瞪大眼睛说：不可能这么神吧！老师你肯定知道我的具体情况）随着又给她断了很多……

思路：

牛是丑，黑牛对应癸丑（癸主黑）1973年，被穿白色衣服的男斗牛士用剑刺伤黑牛的腹部——对应穿白色的男大夫医生拿着手术刀——为1973年（癸丑）年命的人作腹部手术（右边腹部位刚好是阑尾、胆囊的位置）；1992年作是流年壬申纳音为剑锋金，主代表手术刀，壬为阳干，壬的谐音为人；申又主刀，阳主动，申金又为传送白虎，白虎主血光开刀。断夏天作的手术是：电视机代表离卦，离为夏天，当时又是夏天中午；断壬申年而不断癸酉年是：癸主阴主静之故。

9. 看着活人断死人，活人五官知死因。

亥年，夏初，下午未时，有一个右眼瞎了的女人包里有白布（孝帕，主有人死了）站在东南方巽位看大家吹牛。刘老师当即断之：

大姐，你应该是在一个死了中年女人的人家帮忙！这女人是死于肝病吧？（这女人回答：是的，你肯定知道她家情况！）其实大家都是远方人，根本不知道其情况，不过刘老师只笑而回答说：胡乱猜出的！

这女人走了之后，刘老师把思路告之：因东南方主巽卦主长女，右眼也主女，眼闭上了，主女人眼睛闭上了（死了，包里的孝帕又主之）。东南巽属木，肝主木，肝又开窍于目，目（眼睛）瞎了，对应肝死了，女人之肝已死，那人还不死吗？所以断是女人死于肝病。

10. 筷夹粉丝断其工程有得失，筷夹花生断其有私生子……

2009年四月申日下午，一大伙人围着一个大圆桌吃饭，经介绍大部分都是包工程的老板，酒宴正吃到中途，有人就问：请先生预测一下他的工程项目有希望否。当时他并未告知是何工程项目，只问有希望否。桌上也没有纸笔，又喝了酒，我随即叫其在桌上随意夹样菜，此人拿起筷子就随便夹了两根粉丝，然后又有意抖两下将一根抖掉，将剩下的一根放在嘴里。

我马上断之：

你是搞工路工程的，而且是两个工程项目，你两个项目都能中标，可惜你最终只能得一个。（最后结果证明是公路工程，而且两个工程项目都得到了手，可惜在最后关键时刻忘记带身份证及有效证件而只得了一个项目）。

思路：

粉丝是弯弯曲曲的，代表公路。夹了两根主有两个项目，可惜夹住了两根又有意要抖掉一根，主能得两个最终只有一个。

随着又有一个中年男人敬了我一杯酒，请先生帮我看看我最近的运气如何，我又叫其选一样菜。他站起身拿着筷子夹这不是那不是，最后在隔他最远的对冲方正西方夹了颗花生米。

我马上断之：

你目前有外遇桃花运，而且你的这个桃花年龄较小，是西方的，她给你生了个男孩，你目前为此事很累，又是喜又是忧。当即他就发呆了，在坐的人都惊叫起来问是真的吗？此人叹了口大气，说：太神了，真不可思议……连续又敬了我几杯酒……

思路：

当天是申日，申子辰见西为桃花，花生米在外盘（当时是奇门阳遁局）西方桃花之位，酉为少女，主在外有桃花，桃花之方夹花生米，花生米可代表小儿子，花生米之花可理解为花心的意思，因花心而在桃花酉（少女）方而得的花生米，直读为花心生出之米（引申为花心生出的儿子）肯定是私生子……

接着又有一男抢着说，马老师请你帮我看看，话刚说完此人就举起他的手很快地捂住他自己的口，当时大家都喝了酒，可能是有点想吐！我随即断之：

你目前有桩官司，你是吞也不是吐也不是，这个官司很可能与煤矿或房产有关，当即此人就给我鞠了一个躬……

思路：

手为艮卦，口为兑卦，手捂在口上代表艮卦加在兑卦上为山泽损卦（此卦主官司口舌）吞吐不得是他喝了酒不舒服时的反应。断煤矿房产是：艮为房产，煤洞之象，加之艮为山（手代表艮），口为兑，兑为洞，手在口上（主艮在兑上得山泽损（代表山下有洞），一般主煤洞。因我们这里的煤矿较多。）注：断卦预测时，除根据卦象、局象等为依据外，还应遵守当时当地的具体情况来论断，比如，节假日、星期六、星期日不上班，求人办事应不成……

11. 象法自然，万物各有所居。

2005年，农历八月于北京学习，当时我们四人住一间房。北京的天气温差大，与我们南方不同。有位同学叫开空调，当时我就说：不用开，空调是坏了的……此学员又问：请问马老师带罗盘没有，我想看看我们住的这里是何方位，我随口回答，我没带，但我住的床位是西方兑位，空调方是西南未方。不信我们找个罗盘试一下。结果真如此。

断验思路是：

我的脚手截了肢主残缺，我住的床位是2号。当然我是无意识的住在这一床位的，我们4个人住一间大房、5张床，其中3人先住下，我是第4个住下的，只剩下2号和3号床空着，我只有选择第3号和第2号床位了（西方酉为兑卦主残缺，2号先天八卦又是兑卦）。故断我这方是西方，断空调坏是空调为巽卦，在我的右边，巽为风在秋天休囚，加之我又动起"来"在套我的假肢，在西方主金，我本人代表西方金旺动克巽木，故断空调是坏的；断空调在西南未方是：既然已断空调坏了，那此方就是西南未方了（因巽木墓库在未……）。

12. 妻子抱被"捂吾"头，即断戊午命遭凶。

2001年辛巳，农历午月，癸丑日戌时，有几个朋友打电话来叫出去喝酒打牌，当时本人很困不想去就谎称没在家。过了一会儿就有人敲我家门，敲得很急很响，我以为是朋友们来查我的岗看是否我在家，我一着急就往卧室跑，全身扑卧在床上用被子把全身遮完。妻子去开门，进来的是几个教师和教育局的，然后问我在家否，妻子假说我出去了，她们说有急事请算一个1978年的男命，一定要等我，然后就打我电话，妻子着急怕我的电话响铃被听见，不好下台阶，就急忙将沙发上的枕头和毛巾被抱进卧室一下子给我捂在头上提示我。我急忙将手机关掉……妻子怕她们久等就告之她们叫把出生年月和电话留下，等我回来告诉她们，这几个女人真讨厌就是不走。她们是和我很熟的，已经提前撒谎了，不好下台，只有硬撑下去。我真是有苦难言，被捂得难受，正要透口气时，这个中年女人居然推开我卧室的门继续高声打别人的电话。我更不敢有抖动了，哎！我真是自找苦吃。大概又过了十来分钟她们才走。我透了口气，出来分析了一下后回她们的电话：

"喂！您好！对不起我刚出去了，您算的1978年的这个人出凶事了，是个男生，很可能是在外面出的事，应该属于意外凶灾。目前动弹不得！应该神志不清，有昏迷的状态。"

思路：

（妻子用枕头被子一下子捂住我的头，枕头被子从高处落下"捂吾"的头，捂得我不敢动弹，对应1978年"戊午"年命。）

她很激动地回答："对！对！是她侄儿去福建打工，在建筑工地上被高空重物掉下砸在头上，目前在医院吊氧气急救。请帮忙看看能否平安脱险！"

答："没希望，应该没救了，请作好最坏的思想准备吧！"

到了第二天，这个女人又和伤者的家人亲自来。说医生说真的没希望了，就算好了也是个植物人。问到底有希望没有，是不是需要转院或有其他办法。

我叫其家人摇了一卦：辛巳年，甲午月，乙卯日（甲寅旬子丑空）得：

《风地观》→ → →变 → → →《雷地豫》

　　武　才　卯、○　　　　　　父　戌、、
　　虎　官　巳、○　　　　　　兄　申、、
　　蛇　父　未、、×　　　世　官　午、应
　　勾　才　卯、、　　　　　　才　卯、、
　　朱　官　巳、、　　　　　　官　巳、、
　　龙　父　未、、应（子伏空）　父　未、、世

断曰：

没办法，还是无救，准备后事吧！短则午未日长则子丑日（结果是：午日危险，丑日断气）。

思路：

长辈占小辈用神为子孙。今用神子孙水不现伏藏于应爻父母未土之下而且空亡。又受日支及动爻卯木之刑，月建逢破，加之卯木临日建，动爻生官鬼巳火，巳火又生应爻父母未土与世爻父母发动直克用神子孙子水，用神被围功有克无生，原神救星兄弟金又不现，所以有死无生。断午日是冲用神之意，断子日是出空直接受克，断丑日是冲开未土使子水直接受克之意。

13. 六爻占身运断出丈夫已入土。

辛巳年、丙申月、戊辰日女占身运，得：

《泽天夬》→ →变→ →《泽水困》

　　朱　兄　未、、　　　　　　兄　未、、
　　龙　子　酉、世　　　　　　子　酉、
　　武　才　亥、　　　　　　　才　亥、应
　　虎　兄　辰、○　　　　　　父　午、、
　　蛇　官　寅、应　　　　　　兄　辰、、
　　勾　才　子、○　　　　　　官　寅、、世

断曰：

你一生无大病，但你桃花运很旺。你很会喝酒，你财运不错，但没工作

单位,你桃花运虽然好,但你现在没有丈夫,最近要失财。丈夫很可能不在人世了,出在车祸或肝病上,你子女很不错,将来能享子女的福……(告之:全对,丈夫死于车祸当时肝都被撞破……)

思路:

一生无大灾是世爻子孙旺相临青龙,又有日月动爻生合帮扶。包括子女将来发展好和能享其福皆因此;桃花运好是世爻临桃花,又有月扶日支动爻生之合之;很会喝酒是在兑卦、世爻临酉金、青龙之故,财运好是自临世爻临子孙旺,卦中两金财爻也旺,没丈夫是子孙持世,应爻官鬼丈夫被世爻克,及月建克破;丈夫已不在是受克无气临螣蛇化兄弟土,螣蛇主幽灵。车祸是寅木官星受月建临驿马和传送车克破之因,肝病是官鬼寅木之因(木主肝),要失财是子水财化官,兄弟临白虎发动。

14. 结婚之时床断碗破起卦断离婚。

庚辰年,未月,辛卯日,未时起卦:因当天是我弟结婚之大喜之日,刚举行完婚礼进入洞房,弟一坐下新床,床方就咔一声断了。中午吃饭碗又破了。我一听说就以床断之时起卦得:

辰年为5十7月十初2等于14,14除以8得6坎卦,14+未时8=22,22÷8余6也是坎卦,22÷6余4得动爻4爻发动变为泽水困卦:

```
《坎》→ → →变 → → →《困》
蛇 兄 子 、、世         官 未 、、
勾 官 戌 、            父 酉 、
朱 父 申 、、×         兄 亥 、应
龙 才 午 、应          才 午 、
武 官 辰 、            官 辰 、
虎 子 寅 、、          子 寅 、、世
```

断曰:

此婚肯定不长久,是个离婚之象,双方马上合不来,矛盾马上开始,双方会为此婚困顿不堪。这桩婚姻不会有小孩。短则冬月长则明年立秋就要分

开……我将此断语写下让家里人保存。(事实证明,当年冬月子月离婚,中途〈第二个月八月〉出现宫外孕。)

思路:

新婚得六冲卦主离,坎卦主险,兄弟持世克应爻财爻,主婚姻不保,离婚之象,兄弟持世,世应冲克主双方(包括前后两家)合不来,困顿不堪是坎卦变困卦,直读困顿,兄弟腾蛇临桃花子水,子卯又相刑,桃花持世,又休囚回头克之因,不会有小孩是子孙临白虎,应爻又空亡,加之父母申金临朱雀发动克子孙寅木。冬月就要离婚是世爻子水当值临旺直冲克应爻妻财之故。

15. 辛巳年,丁酉月,丁丑日,占子存在否。

来人告知:他们已离婚,把八岁的小孩送去已离婚的妻子母亲老家四川玩,没过多久告知小孩已掉在江里不知音讯。去当地村宅打听皆说情况如实。摇卦得:

```
《雷山小过》→ →变→ → 《泽火革》
龙 父 戌 、、           父 未 、、
武 兄 申 、×           兄 酉 、
虎 官 午 、世(子亥伏)   子 亥 、世
蛇 兄 申 、             子 亥 、
勾 官 午 、、            父 丑 、、
朱 父 辰 、、×应         才 卯 、应
```

断曰:

你儿子绝对平安存在的,是被其母亲的父母兄弟暗中隐藏。你去找不到,而且还会和其父母兄妹之间发生吵架,今年十冬月可能会回来,如回不来,最迟不超过 2007~2008 年,丁亥年戊子年可见到(到了 2006~2007 年九月都还无音信,结果是在 2008 年的十月回来的,见着已长成大孩子了,玩了三天又回四川读书去了,但具体不知道孩子目前的新名字和具体地址)。

思路：

用神子孙亥水伏于世爻官鬼白虎之下，主目前难过有小灾。平安存在是用神亥水临马星由世爻变得，加之有原神兄弟有日建，动爻月建生扶而旺相又化进神生扶用神，被其亲戚朋友隐藏是兄弟申金旺相临玄武（主暗昧，欺诈）发动，又有父母应爻带朱雀发动，所以要吵架，十冬月或2007~2008年（丁亥戊子）可回是：用神亥子水带马星出现又回头克世爻之因。

16. 六爻断病例：

辛巳年、甲午月、乙卯日，占兄弟运摇卦得：

《雷山小过》→ →变→ →《泽山咸》

武 父 戌 、、　　　　父 未 、、应
虎 兄 申 、、×　　　兄 酉 、、
蛇 官 午 、世　　　　子 亥 、、
勾 兄 申 、、　　　　兄 申 、世
朱 官 午 、、　　　　官 午 、、
龙 父 辰 、、应　　　父 辰 、、

断曰：

你兄弟有血光之灾，是在外面远方出现的，可能是南方。灾因与金属或车祸有关，受伤部位在头上和腰股部位，而且此次之灾不是一人，有3个或5个。目前较严重，会花很多钱，目前医生措手不及，无法……（告之：是在远方出车祸伤在腰股，呼吸困难。5人受伤，目前医生说很危险……）

思路：

血光之灾是兄弟用神临申金白虎发动，在年月日处休囚状态；在外面是用神临凶星在外卦发动；与金属车祸有关是申金传送、白虎之因；白虎，申金传送，外卦震皆有车之象意。不只一人是3~5人是兄弟两金，又临白虎化进，又居3爻和5爻之故；花钱是兄弟发动；医生无法是子孙不上卦之因。

中 篇

奇门遁甲

第一章
年家奇门的起局方法与预测方法

年家奇门以六十年为一元,即六十年为一局,分上中下三元。逆布六仪顺布三奇。上元从坎一宫排甲子戊,中元从巽四宫排甲子戊,下元从兑七宫排甲子戊,年家奇门的上中下三元即为阴一局,阴四局,阴七局等开始排局。

定局之后先看当年的年干和年支,再根据年干支寻找它的旬首,在九宫格上按局排布好甲子戊之后,值符随年干,值使随年支,按顺序排布。

例如:求2002年的年家奇门的格局盘及吉凶,壬午年属于下元,甲子戊落兑七宫,旬首为甲戊,根据时家奇门的九宫排列方法按规则排列如下:

值符是:天心星
值使门:开门

九天 景丁 蓬辛	九地 死乙 任丙	玄武 惊壬 冲癸(庚)
值符 杜己 心壬	庚	白虎 开辛 辅戊
螣蛇 伤戊 柱乙	太阴 生癸(庚) 芮(禽)丁	六合 休丙 英己

第一步,确定2002年属哪一元,从1984年开始为下元,按年家奇门的

规则，1984~2043年这段时间为下元，从兑七宫起甲子戊。

第二步，找旬首，旬首为甲戌旬，将甲戌加在当年年干上。

第三步，将值使加到年支宫位上。

第四步，将小值符加到大值符的宫位上逆布。

通过第四步，2002年的奇门布局已排好。年家奇门主要从事国家大事、大的自然灾害等方面的预测，也包括个人一年即大运方面的预测，都比较准确。年家奇门的起局方法和奇门格局与时家奇门大同小异，与时家奇门大同者：起局、布局、格局吉凶是相同的，小异者，年家奇门只用阴遁而不用阳遁。

掌握了年家奇门的起局方法之后，进一步掌握年家奇门的吉凶格局和预测方法，由于年家奇门的格局吉凶与时家奇门的吉凶格局一样，掌握了时家奇门的吉凶格局，就等于掌握了年家奇门的吉凶格局。（本书下面会具体讲解时家奇门）

但年家奇门的判断方法与时、月、日奇门等不同，年家奇门以年为主，以本人年命即年干支定吉凶与月、日、时无关。

例如：1988戊辰年，壬子年生，问吉凶：

值符是：天柱星

值使门：惊门

合 开 辛 辅 辛	阴 休 丙 英 丙	蛇 生　癸(庚) 芮(禽)癸(庚)
虎 惊 壬 冲 壬	庚	符 伤 戊 柱 戊
武 死 乙 任 乙	地 景 丁 蓬 丁	天 杜 己 心 己

解：本人年命壬子，年命临惊门、白虎，被值符、太岁、天柱凶星，伤门冲克，此年定有大凶灾，破大财。九星伏吟主长久呻吟之象，八门返吟，主有大变动，年命临惊门白虎主有血光，大惊恐之事，值符甲子戊太岁伏吟，临天柱破军凶星，伤门冲克震三宫年命之宫，主此年破财伤灾（事实此年右脚和右手都被炸断，至今安的假肢，当时可说是倾家荡产）。当然，不是所有壬子年的人都会有灾，这与所居住方位的风水有关。

再如：

2008年戊子年，下元，旬首为甲申旬。

值符是：天禽星落兑七宫

值使门：死门落坎一宫

合 休壬 冲辛	阴 生辛 辅丙	蛇 伤丙 英癸（庚）
虎 开乙 任壬	庚	符 杜癸（庚） 芮（禽）戊
武 惊丁 蓬乙	地 死己 心丁	天 景戊 柱己

从此局可以看出此年汶川大地震之灾和奥运会胜利召开之信息……

第二章
月家奇门的起局方法与预测方法

月家奇门属奇门预测学中的整体组成部分之一，月家奇门五年为一局，即五年为一元，即六十个月为一局，每年十二个月，五年正好六十个月，所以五年为一元。月家奇门分上中下元，怎样定上中下三元，用阴遁一七四的排局顺序排列，要以年干支来定。在年干甲己，年支寅申巳亥，四孟为上元，在坎一宫起甲子戊；年干为甲己，年支子，午，卯，酉，为四仲为中元，在兑七宫起甲子戊；年干甲己，年支为辰戌丑未四季为下元，在巽四宫起甲子戊，余则按排布规则排列。由于月家奇门预测法使用的是阴遁，要逆布六仪，顺布三奇。

月家奇门的布局方法，首先从年干推月干，月的干支明确后，再找出它的旬首，再根据旬首找出值符值使。值符随地盘月干加临，月干在几宫，值符就加在几宫。值使则随月支飞布，月支在何宫，值使门就加临在何宫，余门则按规则飞布排列。月家奇门起局亦分四步：

第一步：根据年干支确定当月为几局；

第二步：根据月干支找出旬首，再将旬首（值符）加临在当月之干落宫中；

第三步：根据排局找出值使，将值使加临在月支所落的宫位上，余门则按八门的排列顺序，排列七门；

第四步：根据小值符随大值符的原则，将小值符加到大值符宫位中，余七神可按规则排列。月家奇门吉凶格局与时家奇门相同。

如：2002年农历四月某单位到北方催收货款，情况如何。

根据月家奇门，子午卯酉为中元的原则，壬午年为中元，在兑七宫起甲子戊，四月的月干支为乙巳月，乙巳的旬首为甲辰，那么，甲辰壬加在月干乙宫上，值使门加临在月支宫中，月支落二宫，值使伤门也要落二宫。

地 休丙 英辛	武 生癸(庚) 芮(禽)丙	虎 伤戊 柱(癸)庚
天 开辛 辅壬	庚	合 杜己 心戊
符 惊壬 冲乙	蛇 死乙 任丁	阴 景丁 蓬己

断：

1. 值符为债主，天乙为欠债人；
2. 天乙为债务人，落兑七宫，现值符生天乙星；
3. 伤门与白虎均为讨债人，生天乙宫，但与值符宫天冲星相冲，虽认真去讨，一是讨不回来，或是与债主发生串通合作；
4. 格局庚加丁，为亨亨之格，因私匿或男女起官司，门吉有救，门凶事必凶，其结果正如此。

又如：2003年农历四月，干支为癸未年、丁巳月（非典……）

武 开丁 蓬辛	虎 休乙 任丙	合 生壬 冲癸
地 惊己 心壬	庚	阴 伤辛 辅戊
天 死戊 柱乙	符 景癸(庚) 芮(禽)丁	蛇 杜丙 英己

68

第三章
日家奇门太乙起局法

日家奇门比其他奇门复杂。就定局的多寡来看，时家奇门是18个，而日家奇门有120个。

日家奇门与时家奇门相同的地方有四点：

1. 日家是以洛书和后天八卦为构架和排局背景。

2. 都分阳遁和阴遁，冬至到夏至前为阳遁，夏至到冬至前为阴遁。

3. 都用休生伤杜景死惊开八门。

4. 都忌五不遇时。

日家奇门与时家奇门不同的地方有：

1. 排局法不同。

2. 九星不同：太乙，摄提，轩辕，招摇，天符，青龙，咸池，太阴，天乙。

3. 排八门不同，取阳日顺排，阴日逆排，且三日用一门。

4. 日家奇门分十二黄黑道，时家奇门不分。

5. 日家奇门论喜神方位，时家不论。

6. 日家奇门重天乙贵人。

日家奇门太乙排局法：

1. 排八门法

日家奇门排八门，先按日辰定休门在哪一宫，三日一宫，满三日移一宫为休门。休门移宫的次序，冬至后阳遁为一二三四六七八九；夏至后阴遁为九八七六四三二一，顺飞八方，不入中五宫，定休门之后，根据日干的阴阳，确定各门按休、生、伤、杜、景、死、惊、开的次序来顺布（顺时针）或是逆布（逆时针）。日干为阳（甲丙戊庚壬）则顺时针方向布八门；日干为阴（乙丁己辛癸）则依逆时针方向布八门。

排门时三日为一组，在同一宫，为同一门，三日换一宫。每组领头一日的地支为子午卯酉。起休门的准则是冬至后：

甲子、乙丑、丙寅日，休门在坎一宫；

丁卯、戊辰、己巳日，休门在坤二宫；

庚午、辛未、壬申日，休门在震三宫；

癸酉、甲戌、乙亥日，休门在巽四宫

丙子、丁丑、戊寅日，休门在乾六宫；

己卯、庚辰、辛巳日，休门在兑七宫；

壬午、癸未、甲申日，休门在艮八宫；

乙酉、丙戌、丁亥日，休门在离九宫；

戊子、己丑、庚寅日，休门在坎一宫；

辛卯、壬辰、癸巳日，休门在坤二宫；

甲午、乙未、丙申日，休门在震三宫；

丁酉、戊戌、己亥日，休门在巽四宫；

庚子、辛丑、壬寅日，休门在乾六宫

癸卯、甲辰、乙巳日，休门在兑七宫；

丙午、丁未、戊申日，休门在艮八宫；

己酉、庚戌、辛亥日，休门在离九宫；

壬子、癸丑、甲寅日，休门在坎一宫；

乙卯、丙辰、丁巳日，休门在坤二宫；

戊午、己未、庚申日，休门在震三宫；

辛酉、壬戌、癸亥日，休门在巽四宫；

甲子、乙丑、丙寅日，休门又复在坎一宫。

以上是从日辰依次顺序排的角度来起门的。如果从每组三日的头一日的地支的角度来看，则是甲子、戊子、壬子这三日都是从坎一宫起休门的，丁卯、辛卯、乙卯三日都是从坤二宫起休门的……

《阳遁起休门歌》
甲戊壬子坎为休，丁辛乙卯向坤游，
庚甲戊午居震位，癸丁辛酉巽方求。
庚丙鼠入乾乡去，己癸兔居兑泽留。
壬丙马行山（艮）上路，乙己鸡与火（离）为休。

因为这首歌说的都是三日一组的开头的日辰。所以说三天等于说了九天，说两天等于说了六天。如第一句"甲戊壬子坎为休"，意思是甲子日戊子日，壬子日都是坎宫为休门。因为这都是每组打头之日，所以说甲子日当然就会包含了乙丑日，丙寅日；说戊子日也就会包含了己丑日，庚寅日；说壬子日也就包含了癸丑日，甲寅日。又如己癸兔居兑泽留，意思是己卯，癸卯都从兑七宫起休门，而说己卯也就包含了庚辰，辛巳日，说癸卯也说包含甲辰，乙巳日。

夏至后起休门歌为：
甲戊壬子离为休，丁辛乙卯艮中留。
戊庚甲午兑宫先，丁癸辛酉乾中健。
赤白（丙庚）鼠子游巽位，黑黄（癸己）卯兔走东边。
丙壬骑马到坤门，乙己鸡飞坎宫畔。

意思是：
甲子、戊子、壬子日，休门在离九宫；
丁卯、辛卯、乙卯日，休门在艮八宫；
戊午、庚午、甲午日，休门在兑七宫；
丁酉、癸酉、辛酉日，休门在乾六宫；
丙子、庚子，休门在巽四宫；
癸卯、己卯、日休门在震三宫；
丙午、壬午，休门在坤二宫；
乙酉、己酉日，休门在坎一宫。

和阳遁一样，歌诀所说的都是每组头一天的日辰，以打头一日，代表包括它后边两日在内的三个时辰。

日家奇门阴遁排八门也是三日一家，移宫是按九八七六四三二一的次序逆行的，即甲子、乙丑、丙寅日，休门在离九宫；丁卯、戊辰、己巳日，休门在艮八宫；庚午、辛未、壬申日，休门在兑七宫……

冬至后和夏至后排八门，可分别用下二图表示：

辛丁癸酉	乙己酉	乙丁辛卯	庚丙子	甲戊壬子	丙壬午
戊甲庚午		乙癸卯	己癸卯		甲戊庚午
壬丙午	甲戊壬子	丙庚子	丁辛乙卯	乙己酉	丁癸辛酉

冬至后阳遁排八门图　　　　　　**夏至后阴遁排八门图**

休门在哪一宫确定之后，再看日干为阴还是为阳，日干为阳，八门顺行（顺时针方向），日干为阴，八门逆布（按逆时针方向），如冬至后甲子、乙丑、丙寅三日，休门都在坎一宫，但甲子日与乙丑日其他七门的分布则全不一样。甲子日生门在艮八宫，伤门有震三宫，杜门在巽四宫，景门在离九宫，死门在坤二宫，惊门在兑七宫，开门在乾六宫，八门是顺时针而行的。乙丑日休门与甲子日相同，都在坎一宫，但乙丑日生门在乾六宫伤门在兑七宫，杜门在坤二宫，景门在离九宫，死门在巽四宫，惊门在震三宫，开门在艮八宫。丙寅日日干为阳，八门布法与甲子日完全相同。

例：如冬至后丙午日的八门排法，日干为壬，日支为午，"壬丙马行山上路"在艮八宫起休门，壬为阳干，八门顺时针而排：

伤	杜	景
生		死
休	开	惊

(八门顺布)

癸未日与壬午日为一组,也在艮八宫起休门,日干丁为阴,八门逆时针而布:

惊	死	景
开		杜
休	生	伤

(八门逆布)

甲申日八门排法与壬午日完全相同。

再比如冬至后辛亥日排八门,日支不是子、午、卯、酉四仲,就到六十甲子表上向前一两位去找四仲,找到己酉,"乙己鸡与火为休"在离九宫起休门,辛亥为阴干,八门逆行,冬至辛亥日八门排宫如下:

生	休	开
伤		惊
杜	景	死

(八门逆布)

2. 九星落局法

日家奇门排九星是入中宫的,要排九星,首先要明确九星的次序,然后才可以根据日辰在哪一旬和九星的次序，把九个星落实到九个宫中去。九星次序是：

一太乙，二摄提，三轩辕，四招摇，五天符，六青龙，七咸池，八太阴，九天乙。

九星落局也按冬至后阳遁，夏至后阴遁进行，一日一宫而行。阳遁按八九一二三四五六七的次序给各宫配入九星；阴遁按二一九八七六五四三的宫次配入九星。

排八门先定休门在哪一宫，排九星也须首先确定太乙在哪一宫，然后依次安排其他八星。

起太乙时，除了看时间是属冬至以后还是夏至以后而外，主要是看日辰是属哪一旬的哪一天，冬至后阳遁，甲子旬第一天从艮八宫起太乙；甲戌旬第一天从离九宫起太乙；甲申旬第一天从坎一宫起太乙；甲午旬第一天从坤二宫起太乙；甲辰旬第一天从震三宫起太乙；甲寅旬第一天从巽四宫起太乙。

前人歌诀：

甲子为头起艮宫，甲戌飞入离九宫。

猿猴（甲申）翻入水晶宫（坎）。

甲午坤宫皆不动，曾见辰龙（甲辰）生震地。

再看猛虎（甲寅）啸生风，九星殿上显奇功。

甲子旬第一天从艮八宫起太乙；第二天乙丑，则从离九宫起太乙；第三日丙寅，从坎一宫起太乙；丁卯日从坤二宫起太乙；戊辰日从震三宫起太乙；己巳日从巽四宫起太乙；庚午日从中五宫起太乙；辛未日从乾六宫起太乙；壬申日从兑七宫起太乙；癸酉日（旬末）从艮八宫起太乙，又和旬头一样。所以每旬十天，旬头、旬末太乙在同一宫，到下旬头一天，恰好太乙在下一宫。

以冬至后阳遁乙丑日九星落局为例：离九宫起太乙，坎一宫摄提，坤二宫轩辕，震三宫招摇，巽四宫天符，中五宫青龙，乾六宫咸池，兑七宫太阴，艮八宫天乙，如图：

天符	太乙	轩辕
招摇	青龙	太阴
天乙	摄提	咸池

夏至后阴遁九星落局是一日一宫逆行，起例为甲子日坤二宫起太乙，甲戌日坎一宫起太乙，甲申日离九宫起太乙，甲午日艮八宫起太乙，甲辰日兑七宫起太乙，甲寅日乾六宫起太乙。

歌诀为：

甲子为头起坤宫，甲戌逆飞在坎宫。

猿猴（甲申）马（离）上笑欣欣，甲马（甲午）山（艮）中直进入。

龙（甲辰）临兑宫显神功，虎（甲寅）向乾方坐阵看。

九星太乙须逆行，仔细推求必有应。

阴遁每日逆宫飞布九星。如甲子日坤宫太乙，坎宫摄提，离宫轩辕，艮宫招摇，兑宫天符，乾宫青龙，中宫咸池，巽宫太阴，震宫天乙。

起太乙法也是一日逆移一宫：甲子日坤二宫起太乙，乙丑坎一宫起太乙，丙寅日离九宫起太乙，丁卯日艮八宫起太乙，戊辰日兑七宫起太乙，己巳日乾六宫起太乙，庚午日中五宫起太乙，辛未日巽四宫起太乙，壬申日震三宫起太乙，癸酉日坤二宫起太乙。甲戌日坎一宫起太乙（甲戌逆飞在坎宫）冬至后和夏至后九星落局法可分别用下二图表示：

甲寅	甲戌	甲午
甲辰	丁	乙
甲子	甲申	丙

冬至后九星落局图

丙	甲申	甲子
乙	丁	甲辰
甲午	甲戌	甲寅

夏至后九星落局图

以上讲了排八门和配九星。给局中排了八门配上九星，便显示出本日的吉凶方位。这是显示空间吉凶的；另外，日家奇门有十二黑黄道，则是预测本日内的十二个时辰的吉凶。这样就形成了一个即显示时间吉凶，又显示空间吉凶的三维的，立体的吉凶座标。

3. 十二黄黑道

十二黄黑道的次序是：青龙（黄道）、明堂（黄道）、天刑（黑道）、朱雀（黑道）、金匮（黄道）、天德（黄道）、白虎（黑道）、玉堂（黄道）、天牢（黑道）、玄武（黑道）、司命（黄道）、勾陈（黑道）。

每日各时辰的黑道各是什么，是由日支来决定的，要知一日中各个时辰的黑黄道，可先由日支确定青龙在哪一个时辰：

子午日青龙在申时；卯酉日青龙在寅时，

寅申日青龙在子时；巳亥日青龙在午时，

辰戌日青龙在辰时；丑未日青龙在戌时。

只要知道了青龙在哪个时辰，便可依次顺序推出明堂，天刑，朱雀、金匮、天德、白虎、玉堂、天牢、玄武、司命、勾陈各在本日的哪个时辰。起青龙明堂不分冬至夏至，如：

甲子日从申时起青龙，则十二黄黑道如下图所示：

```
            司命  勾陈
   玄武巳   午    未   申青龙
   天牢辰              酉明堂
   玉堂卯              戌天刑
   白虎寅   丑    子   亥朱雀
            天德  金匮
```

歌曰：

子午临申位，丑未戌上寻。

寅申居子位，卯酉却加寅。

辰戌龙位上，巳亥午中行。

或：

子午青龙起在申，卯酉之日又在寅。

寅申须从子上起，巳亥在午不须论。

惟有辰戌归辰位，丑未原从戌上寻。

4. 喜神方位

歌曰：（指日）

甲己居艮乙庚乾，丙辛坤位喜神安。

丁壬远向离宫坐，戊癸原来在巽间。

即甲己日喜神在东北，乙庚日喜神在西北，丙辛日喜神在西南，丁壬日喜神在正南，戊癸日喜神在东南方。如图：

戊癸日	丁壬日	丙辛日
甲己日		乙庚日

5. 天乙贵人

歌曰：

甲戊兼牛羊，乙己鼠猴乡。

丙丁猪鸡位，壬癸兔蛇藏。

庚辛逢马虎，此是贵人方。

6. 截路空亡

是由日干推得，规律是：

甲己日：申酉时；

乙庚日：午未时；

丙辛日：辰巳时；

丁壬日：寅卯时；

戊癸日：子丑戌亥时。

歌曰：

甲乙申酉最为愁，乙庚午未不须求。

丙辛辰巳何劳问，丁壬寅卯一场忧。

戊癸子丑及戌亥，时犯空亡万物休。

7. 五不遇时

时干克日干的时辰为五不遇时。如：

甲日庚午时，乙日辛巳时，丙日壬辰时，丁日癸卯时。

戊日甲寅时，己日乙丑、乙亥时，庚日丙子、丙戌时。

辛日丁酉时，壬日戊申时、癸日己未时。

日家奇门的吉凶判断。先说九星吉凶，九星中有四个星为吉星：太乙、青龙、太阴、天乙。有两个星为平星：轩辕、招摇。有三个星为凶星：摄提、天符、咸池。前人有："九星吉凶歌"。

a) 太乙水神

门中见太乙，星曜号贪狼。

博弈钱财众，婚姻大吉昌。

出门无阻滞，参谒见贤良。

b) 摄提土神

远行遭羁绊，耕地损牛犁。

相生又问可，相克见灾危。

死门并相见，老妇哭悲啼。

求财并嫁娶，万事不相宜。

主隐匿藏逋，言动则伤身。

c) 轩辕水神

出入遇轩辕，作事必牵缠。

相生灾侵慢，相克必忧煎。

远行逢轩辕，博弈定输钱。

d）招摇木神

招摇号木星，当门百事成。
相克行人阻，阴人口舌迎。
白梦多惊恐，屋响斧自鸣。
阴阻消息用，作事不容情。

e）天符土神

五鬼是天符，当门阴女谋。
相克无好事，言容在程迟。
走失难得见，吊客惹成孤。
此星当门值，切忌有灾途。

f）青龙金神

门内见青龙，求财喜重重。
每人茶酒食，博弈定见赢。
相生钱财旺，休言克破刑。
接贵安营寨，万事喜相同。

g）咸池金神

吾将号咸池，当门事不宜。
相生皆无破，相克有灾危。
博弈相输脱，求财空手归。
神仙真妙诀，愚人要与知。
军事虚惊退，反复逆吹风。

h）太阴土神

当门见太阴，百祸不能侵。
动用皆和顺，茶酒自相迎。
求婚行嫁娶，相会自天成。
出军交兵阵，一见定胜赢。

八门吉凶与其他统一。

八门遇九星断例：

休门若获遇青龙，凡事谋为亨通，觅利求财兴百倍，出军排阵定摧锋。

休门太乙百事兴，相争战斗旺雄兵，

起营立寨终须胜，见贵参观喜相逢。

休门若遇天乙星，出入求财人快亨。

多遇贵人怜忧喜，逢迎酒食得人饮。

生门最喜见青龙，谒贵谋为百事通。

经商定获千倍利，出入无忧展笑容。

生门太乙福德多，所求称意任张罗。

觅利求财期百倍，出入有军无滞隔。

生门若遇天乙星，出门定无争斗迎。

布阵排兵皆得胜，万事从心大亨通。

开门若得遇青龙，觅利重逢得裕丰。

渴贵参官多见爱，求谋出入定无空。

开门若合太乙星，维时却寨好偷营。

出战行兵无不胜，只有开门用安宁。

开门如遇天乙星，出军行阵莫猜疑。

求望经营多得利，参官偏得贵人扶。

八门吉凶随事行，不但生休与开门。

节气若排十干上，悉心详究百分明。

此歌之意是"吉星合休生开之吉门"百事亨通遂心称意。

日家奇门的吉凶含义可分为以下几点：

1. 时上遇黄道为吉，遇黑道为凶。青龙、明堂、金匮、天德、玉堂为黄道；司命、天刑、朱雀、白虎、天牢、玄武、勾陈为黑道。

2. 喜神方位为吉方。

3. 天乙贵人为吉时。

4. 时辰逢截路空亡，吉不成吉，凶不成凶。

5. 五不遇时绝不可用。

根据以上可知，在日家奇门中，吉门合吉星方位为吉。这个方位如果又为喜神方位则更吉。这就全天而言的，至于在每个时辰中，在吉方的大前提下，可选吉时出入吉方。

1. 黄道为吉时：黑道为凶时。
2. 虽为黄道，却逢截路空亡，则失其吉时。
3. 黄道虽逢截路空亡，却为天乙贵人，则又可用。
4. 黑道凶不可用。
5. 虽为黄道，却为五不遇时，则不可用。
6. 黑道又为五不遇时，用之必凶。

第四章
时家奇门起局法

《奇门遁甲学》原出军事上的九宫八卦的排兵布阵。《皇帝阴符经》上讲:"八卦甲子,神机鬼藏"。《神奇之门》说:"奇门遁甲的神秘奥妙均藏在八卦和甲子之中"。

九宫和八卦是空间的象征和全息场,六十甲子是时间的代表和全息场,奇门遁甲将二者结合起来,将时间与空间构成一体,从中寻找时空的运行规律及时空的交汇点,进行整体观察认识,在不利的环境中,选择有利时空进行趋吉避凶。

由于奇门遁甲学来源于军事上的九宫八卦的排兵布阵,十天干除代表时间象征,其特征是具有人格化的军事内容。

甲、乙、丙、丁、戊、己、庚、辛、壬、癸在奇门遁甲排兵布阵中代表军事上特定机构,《神奇之门》说得较清楚。请熟读。

时家奇门之学有阴遁和阳遁之分:阴遁逆布六仪顺布三奇,阳遁顺布六仪逆布三奇。从夏至到冬至用阴遁,从冬至到夏至用阳遁。

阳遁九局起例:
冬至惊蛰一七四,小寒二八五同推。
春分大寒三九六,立春八五二相随。
谷雨小满五二八,雨水九六三为期。
清明立夏四一七,芒种六三九为宜。
十二节气四时定,上中下元是根基。

阴遁九局起例：

夏至白露九三六，小暑八二五之间。

大暑秋分七一四，立秋二五八循还。

霜降小雪五八二，大雪四七一相关。

处暑排来一四七，立冬寒露六九三。

此是阴遁起例法，节气推移细心参。

巽四			离九			坤二		
芒种	小满	立夏	大暑	小暑	夏至	白露	处暑	立秋
六	五	四	七	八	九	九	一	二
三	二	一	一	二	三	三	四	五
九	八	七	四	五	六	六	七	八
震三						兑七		
谷雨	清明	春分		中五		霜降	寒露	秋分
五	四	三				五	六	七
二	一	九				八	九	一
八	七	六				二	三	四
艮八			坎一			乾六		
惊蛰	雨水	立春	大寒	小寒	冬至	大雪	小雪	立冬
一	九	八	三	二	一	四	五	六
七	六	五	九	八	七	七	八	九
四	三	二	六	五	四	一	二	三

时家奇门定局之法有多种，有：超神、接气、置润、拆补等。

1. 交节的这一天正好碰上上元符头，即日干支为甲子、甲午、己卯、己酉，古人称之为"正授"。

2. 上元符头在节气的前边，这种情形叫"超神"，这种情形较多见。

3. 节气在前，即交节时间在前，上元符头在后，这叫"接气"。这种情况一般出现在置闰之后。

4. 拆补法：拆补法仍然把上中下三元放在一个节气中，仍然采用日干支甲子、甲午、己卯、己酉为上元符头，甲寅、甲申、己巳、己亥为中元符

83

头：甲辰、甲戌、己丑、己未为下元符头。由于多数情况下不是"正授"而是"超神"，所以从交节以后所用上元天数必然不满五天，这便称之为"拆"。到了交下一个节气之前，用完下元之后，一般可能还有二三天可以用来补上元所缺的天数，这便称之为"补"。即多数情况下交节后所用上元为残局，用完下元又来补这个残局，出现上——中——下——补上的情形。

5. 茅山道人定局法：歌曰：

癸亥超接癸亥弃，甲子三元子上起。

接气超神署代候，万年千岁随转移。

不用闰奇并拆补，泄尽奇门超接机。

遁甲直符依此例，何然应候不准的。

其方法是从进入该节气的时刻起，一直到出现这个节气的时刻为止，完全用该节气自己的遁甲局。简言之，其法主要是根据节气来判断制定的，即进入某个节气的交节那一刻起，便直接用这个节气的上元，用完五天即六十个时辰后用中元，中元用完六十个时辰又用下元。

一、转盘奇门遁甲的排局方法

1. 三奇六仪的排列顺序为：戊、己、庚、辛、壬、癸、丁、丙、乙，这是一个固定不变式，阳遁顺布六仪逆布三奇，阴遁逆布六仪顺布三奇。

天辅星 巽4	天英星 离9	天芮星 坤2	杜门 巽4	景门 离9	死门 坤2
天冲星 震3	天禽星 中5	天柱星 兑7	伤门 震3	 中5	惊门 兑7
天任星 艮8	天蓬星 坎1	天心星 乾6	生门 艮8	休门 坎1	开门 乾6

    九星本宫位   八门本宫位

2. 九星按蓬、任、冲、辅、英、芮（禽）、柱、心的顺序。顺时针布列九宫。不论阴遁、阳遁，永远顺时针旋转排列九宫。

3. 八门按休、生、伤、杜、景、死、惊、开这种不变的顺序，也不论阴遁、阳遁，永远顺时针旋转布列九宫。

4. 八神按值符、螣蛇、太阴、六合、白虎、玄武、九地、九天这个不变的顺序，但阳遁时顺时针旋转布列九宫，阴遁时逆时针旋转布列九宫。具体操作请参阅张志春老师的《神奇之门》。

下面具体通过实例来讲解转盘奇门遁甲的排局方法。比如：

例一：2010年公历1月13日下午16点，查万年历得出这一天的干支及局数如下：

己丑年、丁丑月、癸亥日、庚申时，小寒下元，用阳5局，【拆补法】

第一步，先查时柱的旬首。时柱庚申在甲寅旬，甲寅旬首隐藏在六仪中癸的下边，故时柱旬首为甲寅癸。

第二步，此为阳遁5局。所谓阳遁5局，就是把三奇六仪中打头的戊排在中5宫，则己排在乾6宫，庚排在兑7宫，辛在艮8宫，壬在离9宫，癸在坎1宫，丁在坤2坤宫，丙在震3宫，乙在巽4宫。如图：

乙 巽 4	壬 离 9	丁 坤 2
丙 震 3	戊 中 5	庚 兑 7
辛 艮 8	癸 坎 1	己 乾 6

由于旬首为甲寅癸，今癸落坎1宫，坎宫本位的星为天蓬星，本门为休门。奇门中，时柱旬首所在宫之星称为"值符"。时柱旬首所在宫之门称为"值使"。故值符是天蓬星，值使是休门。

第三步，将值符落在时干所在的宫位。其余的星按顺时针方向旋转排列。此例中时干为庚，庚落兑7宫，即把值符落在兑7宫。今旬首为甲寅癸，在坎1宫，坎1宫本位是天蓬星，故把天蓬星落在时干庚所在的兑7

宫，如图：

乙 巽4	壬 离9	丁 坤2
丙 震3	戊 中5	蓬 庚 兑7
辛 艮8	癸 坎1	己 乾6

接下来按转盘奇门九星的排列顺序，天任星落乾6宫，天冲星落坎1宫，天辅星落艮8宫，天英星落震3宫，天芮（天禽）星落巽4宫，天柱星落离9宫，天心星落坤2宫，九星布列图如下：

芮(禽) 乙 巽4	柱 壬 离9	心 丁 坤2
英 丙 震3	戊 中5	蓬 庚 兑7
辅 辛 艮8	冲 癸 坎1	任 己 乾6

第四步，排值使，值使的排法是从旬首所在宫位依次数至时辰所在的宫位。比如此例中，旬首为甲寅癸，位居坎1宫，则从坎宫起甲寅，坤2宫为乙卯，震3宫为丙辰，巽4宫为丁巳，中5宫为戊午，乾6宫为己未，兑7宫为庚申，正好是时辰所在的宫位。于是将直使休门落在兑7宫。如下图：

死 芮(禽) 乙 巽4	惊 柱 壬 离9	开 心 丁 坤2
景 英 丙 震3	戊 中5	休 蓬 庚 兑7
杜 辅 辛 艮8	伤 冲 癸 坎1	生 任 己 乾6

接下来从值使惊门所落之兑7宫按顺时针布列八门，即生门落乾6宫，伤门落坎1宫，杜门落艮8宫，景门落震3宫，死门落巽4宫，惊门落离9宫，开门落坤2宫，这样就完成了八门的排列。

第五步，排八神，八神的排法较简单，将八神中的值符落在地盘时干所在之宫位，然后按阳遁顺时针，阴遁逆时针的方法旋转布列而成。今时干庚在兑7宫，为阳遁，故把八神之值符落兑7宫。如下图：

死 芮(禽) 乙 巽4	惊 柱 壬 离9	开 心 丁 坤2
景 英 丙 震3	戊 中5	休 值符 蓬 庚 兑7
杜 辅 辛 艮8	伤 冲 癸 坎1	生 任 己 乾6

接下来垵八神的排列顺序，螣蛇落乾6宫，太阴落坎1宫，六合落艮8宫，白虎落震3宫，玄武落巽4宫，九地落离9宫，九天落坤2宫，这样八神的排列即完成。如下图：

武 死 芮(禽) 乙 巽4	地 惊 柱 壬 离9	天 开 心 丁 坤2
虎 景 英 丙 震3	戊 中5	符 休 蓬 庚 兑7
合 杜 辅 辛 艮8	阴 伤 冲 癸 坎1	蛇 生 任 己 乾6

最后一步，将转到每宫的星之地盘本位的三奇六仪写在头上。如天蓬星，其本位在坎宫，坎1宫地盘三奇六仪为癸，于是将癸写在已转到的兑7宫的天蓬星头上，乾6宫之天任星头上写辛，坎1宫天冲星之头上写丙，艮8宫天辅星之头上写乙，震3宫天英星之头上写壬，巽4宫天芮星之头上写丁（戊），离9宫天柱星头上写庚，坤2宫天心星头上写己，这样便完成了一个完整的奇门转盘排局。如下图：

武 死　丁(戊) 芮(禽)　乙　巽4	地 惊　庚 柱　壬　离9	天 开　己 心　丁　坤2
虎 景　壬 英　丙　震3	戊　中5	符 休　癸 蓬　庚　兑7
合 杜　乙 辅　辛　艮8	阴 伤　丙 冲　癸　坎1	蛇 生　辛 任　己　乾6

说明：转盘奇门的天禽星一般寄居坤二宫。值使门落中五宫时也寄坤二宫。有种说法：阴遁寄坤二宫，阳遁寄艮八宫。

例二：

甲申年、癸酉月、庚寅日、丙戌时（阴遁9局）

第一步，先查万年历得出干支及阴9局。再查时柱旬首。时柱丙戌的旬首在甲申旬，甲申旬首隐藏在六仪庚的下边，故时柱旬首为甲申庚。

第二步，查出是阴9局，所谓阴9局，就是把三奇六仪打头的戊排在离9宫，由于阴遁局中三奇六仪要逆布九宫，故己便排布在艮8宫，庚在兑7宫，辛在乾6宫，壬在中5宫，癸在巽4宫，丁在震3宫，丙在坤2宫，乙在坎1宫，如下图：

癸 巽 4	戊 离 9	丙 坤 2
丁 震 3	壬 中 5	庚 兑 7
己 艮 8	乙 坎 1	辛 乾 6

由于旬首为甲申庚，今庚落兑7宫，兑宫本位的星为天柱星，兑宫本位的门为惊门。在奇门中，时柱旬首所在的星为"值符"。时柱旬首所在的宫之门称为"值使"。故值符是天柱星，值使是惊门。

第三步，将值符天柱星落在时干所居之宫位，其余的星按顺时针方向旋转排列。此例时干为丙，丙落坤2宫，即把值符天柱星落在坤2宫。如下图：

癸 巽 4	戊 离 9	柱 丙 坤 2
丁 震 3	壬 中 5	庚 兑 7
己 艮 8	乙 坎 1	辛 乾 6

接下来按转盘奇门九星的排列顺序，天心星落兑7宫，天蓬星落乾6宫，天任星落坎1宫，天冲星落艮8宫，天辅星落震3宫，天英星落巽4宫，天芮（天禽）星落离9宫，（因天禽星在中五宫寄居坤2宫，故应与坤2宫之天芮同落离9宫）。这样就布完了转盘奇门遁甲九星的布列。如图：

英 癸 巽 4	芮(禽) 戊 离 9	柱 柱 丙 坤 2
辅 丁 震 3	 壬 中 5	心 庚 兑 7
冲 己 艮 8	任 乙 坎 1	蓬 辛 乾 6

第四步，排值使。值使的排法是从旬首所在之宫位依次数至时辰所在之宫位。这里特别需注意的是：阴遁奇门局在排值使门落宫时，必须逆着九宫的数字走，那按9、8、7、6、5、4、3、2、1的顺序排列。如此例中，旬首为甲申庚，位居兑7宫，则从兑7宫起甲申，乾6宫为乙酉，中五宫为丙戌，正是时辰所在的宫位，于是将值使门惊门落中五宫寄居坤2宫。如下图：

		惊门
英 癸 巽 4	芮(禽) 戊 离 9	柱 丙 坤 2
辅 丁 震 3	(惊门) 壬 中 5	心 庚 兑 7
冲 己 艮 8	任 乙 坎 1	蓬 辛 乾 6

接着从值使惊门所落之中五宫寄居坤2宫，按顺时针布列八门，完全和阳遁之排法一样，即开门落兑7宫，休门落乾6宫，生门落坎1宫，伤门落艮8宫，杜门落震3宫，景门落巽4宫，死门落离9宫，这样就完成了八门的排列。如下图：

景	死	惊
英 癸 巽 4	芮(禽) 戊 离 9	柱 丙 坤 2
杜		开
辅 丁 震 3	壬 中 5	心 庚 兑 7
伤	生	休
冲 己 艮 8	任 乙 坎 1	蓬 辛 乾 6

第五步，排八神，八神的排法较简单，将八神中的值符落在地盘时干丙所在之宫位，然后按阳遁顺时针，阴遁逆时针的方法旋转布列而成。今时干丙在坤2宫，根据值符随时干，小值符跟随大值符的规则，（小值符即指八神之值符，大值符指旬首所在之宫的九星和地盘干）甲申旬，今甲申庚在兑7宫，7宫为天柱星，所以天柱星为值符加临时干丙所在之坤2宫上，八神之值符就也应加在坤2宫，腾蛇落离9宫，太阴落巽4宫，六合落震3宫，白虎落艮8宫，玄武落坎1，九地落乾6宫，九天落兑7宫。即完成阴遁转盘奇门之八神排列。如图：

阴 景 英 癸 巽 4	蛇 死 芮(禽)戊 离 9	符 惊 柱 丙 坤 2
合 杜 辅 丁 震 3	（惊） 壬 中 5	天 开 心 庚 兑 7
虎 伤 冲 己 艮 8	武 生 任 乙 坎 1	地 休 蓬 辛 乾 6

最后一步，将转到每宫的星之地盘本位的三奇六仪写在其头上，如天柱星，其本位在兑7宫，兑7宫地盘是庚，于是将庚写在已转到2宫的天柱星头上，兑7宫之天心星头上写辛，乾6宫之天蓬星头上写乙，坎1宫之天任星头上写己，艮8宫之天冲星头上写丁，震3宫之天辅星头上写癸，巽4宫之天英星头上写戊，离9宫之天芮（天禽）星头上写丙（壬），这样便完成了一个完整的阴遁转盘奇门局。如下图：

甲申年、癸酉月、庚寅日、丙戌时（阴9局）。

甲申旬，天柱星为值符，惊门为值使。

阴 景 戊 英 癸 巽 4	蛇 死 丙(壬) 芮(禽) 戊 离 9	符 惊 庚 柱 丙 坤 2
合 杜 癸 辅 丁 震 3	（惊门） 壬 中 5	天 开 辛 心 庚 兑 7
虎 伤 丁 冲 己 艮 8	武 生 己 任 乙 坎 1	地 休 乙 蓬 辛 乾 6

二、飞盘奇门遁甲的起局方法

1. 飞盘奇门遁甲的三奇六仪布法和转盘奇门遁甲的布法相同，还是以（戊、己、庚、辛、壬、癸、丁、丙、乙这个永定式）按阳顺阴逆飞布九宫。

2. 飞盘奇门遁甲所用九星排列顺序为：
　　（1）天蓬星　（2）天芮星　（3）天冲星
　　（4）天辅星　（5）天禽星　（6）天心星
　　（7）天柱星　（8）天任星　（9）天英星

3. 飞盘奇门遁甲所用八门排列顺序为：
　　（1）休门　（2）死门　（3）伤门
　　（4）杜门　（5）开门　（6）惊门
　　（7）生门　（8）景门
八门顺序是按九宫后天八卦方位次序阳顺阴逆飞布排列的。
（注：中宫无门，阳遁飞乾宫、阴遁飞巽宫。）

4. 九神的具体排法：

在转盘中用的是八神，而飞盘则用九神。

飞盘阳遁九神顺序：

  （1）值符 （2）螣蛇 （3）太阴

  （4）六合 （5）勾陈 （6）太常

  （7）朱雀 （8）九地 （9）九天

飞盘阴遁九神顺序：

  （1）值符 （2）螣蛇 （3）太阴

  （4）六合 （5）白虎 （6）太常

  （7）玄武 （8）九地 （9）九天

（飞盘奇门遁甲的三奇六仪、九星、八门、九神的排列都是以九宫后天八卦方位次序按阳顺阴逆飞布九宫排列的。）

例如，阳遁：

甲申年、戊辰月、庚午日、辛巳时、阳遁二局。

甲戌旬、天冲星为值符、伤门为值使。

天 惊 戊 芮 庚	勾 死 癸 柱 丙	朱 杜 丙 英 戊
地 开 乙 蓬 己	符 己 冲 辛	阴 景 辛 禽 癸
合 休 壬 心 丁	常 伤 丁 任 乙	蛇 生 庚 辅 壬

例如，阴遁：

甲申年、辛未月、辛巳日、丙申时、阴遁五局。

甲午旬、天芮星为值符、死门为值使。

合 惊 戊 禽 己	地 死 癸 英 癸	常 景 丙 柱 辛
虎 生 乙 心 庚	阴 己 辅 戊	符 杜 辛 芮 丙
天 伤 壬 蓬 丁	武 休 丁 任 壬	蛇 开 庚 冲 乙

年家、月家、日家、时家奇门区分表

项目	年家奇门	月家奇门	日家奇门	时家奇门
一局时间	60 年	60 月	60 日	60 时
用局	阴遁 1、4、7	阴遁 1、7、4	冬至 1、7、4 夏至 9、3、6	冬至阳九局 夏至阴九局
定局	以三元九运定从甲子年开始推	以年干支符头定	第一个甲子上元 第二个甲子中元 第三个甲子下元	以日干支符头定
用途	国家大事 自然灾害 地理	省市相关事务	测人事、择日	求财、官、家庭、病、灾

第五章
奇门占断基础知识

一、八门的信息特征

八门即开门、休门、生门、伤门、杜门、景门、死门、惊门。

一般说来，开、休、生三门吉，死、惊、伤三门凶，杜门、景门中平，但运用还必须看临何宫以及旺相休囚。古人有歌曰：吉门被克吉不就，凶门被克凶不起。吉门相生有大利，凶门得生祸难避。吉门克宫吉不就，凶门克宫事更凶。

八门在奇门遁甲天、地、人格局中代表人事，所以在奇门预测中极为重要。特别是用神所临之门，以及值使门即值班的门，与所测之人、事物关系很大。

古人有八门执事歌一首，概括了八门所主的主要事项：

欲求财利往生方，葬猎须知死路强。

征战远行开门吉，休门见贵最为良。

惊门官讼是非多，杜门无事好逃藏。

伤门搏斗能捉贼，景门饮酒好思量。

这就是说，不论别人还是自己，如果问求财之事，起出奇门格局后，看生门落在哪个宫内，该宫所在方向就是作生意求财的方向。要问丧葬和打猎，则死门落宫方向就是最好的方向。如果要行军打仗、出门远行、则开门落宫方向最吉。如果要拜见贵人和上级领导，以休门落宫方向最佳。惊门落宫方向一般官讼是非多。杜门落宫是躲灾避难最好的方向。伤门落宫的方向适宜搏斗、讨债、捉贼。如果要饮酒聚会，商议谋划，最好到景门落宫的方向。

下面具体讲讲八门的信息特征：

1. 开门：

开门居西北乾宫，五行属金。乾卦是八卦之首，为天为父，于社会之首长；乾纳甲壬，乾位有亥，亥为甲木长生之地，甲又为十干之首，所以古人对应乾宫的门命名为开门，喻万物开始之意，为大吉大利之门。考诸中国历史，几乎所有开国之君俱从西北乾位开创基业，开门之名不虚也。

开门属金，旺于秋季，特别是戌、亥月，相于四季末，休于冬，囚于春，死于夏。开门居乾宫伏吟，居巽宫反吟，居艮宫入墓，居离宫受制，居坤宫大吉，居兑宫旺相，居坎宫次吉，居震宫为迫。开门大吉，利于开业经商，征战远行。考学参军，婚娶乔迁，建筑贸易，添人进口，治病求医。

2. 休门：

休门居北方坎宫，属水。坎水得乾宫之生，于人为中男，上有兄下有弟，从容休闲；又坎宫处冬季最寒冷季节，万物休息冬眠，故古人命名为休门，乃休养生息之地。便为吉利之门。

休门属水，旺于冬季，特别是子月，相于秋，休于春，囚于夏，死于四季末月；休门居坎宫为伏吟，居离宫反吟，居巽宫入墓，居坤艮二宫受克，居乾兑二宫大吉，居震宫次吉。休门也为吉门，利于求见领导和贵人，上官赴任，嫁娶迁徙，经商建造，但不利行刑断狱。

3. 生门：

生门属土，居东北方艮宫，正当立春之生，万物复苏，阳气回转，土生万物，所以古人命名为生门，大吉大利之门。

生门旺于四季月，特别是丑、寅之月，相于夏，休于秋，囚于冬，死于春，生门居艮宫伏吟，居坤宫反吟，居巽宫入墓，居震宫受克，居离宫大吉，居乾兑二宫次吉，居坎宫被迫。生门大吉，利于求财，特别是搞房地产、种植业、养殖业等。征战出行、嫁娶建造也为吉利。但不利埋葬治丧。

4. 伤门：

伤门居东方震宫，五行属木，正当卯月春分之后甲木帝旺之时，旺则易折；震卦主动，动则易伤；元帅甲子常隐于戊土之下，子与卯相刑，刑则受伤，故古人将与震宫对应的八门命名为伤门。伤门属凶门，主人遭疾病刑伤之象。

伤门属木，旺于春，特别是卯月，相于冬，休于夏，囚于季月，死于秋。伤门居震宫伏吟，居兑宫反吟，居坤宫入墓，居坎宫生旺大凶，居乾宫受制，居艮宫被迫大凶，居离宫泄气。伤门为凶门，不利经商、出行、赴任、修造、嫁娶，经商易破财，出行易有灾。但适宜于索债、捕捉盗贼、渔猎、赌钱等。

5. 杜门：

杜门居东南巽宫，属木。巽为长女，受乾父之冲克，又克坤母，与父母皆不和，故在家中处事阻塞不利；又巽宫位有辰土，既是水墓、土墓又是辛金之墓；八卦九宫均为阴阳对立统一格局，西北方为开门，与它对冲的东南方自然就命名为杜门，一开一杜，二者对立统一，4+6=10，统一于五行地数（9为天数，先天八卦对冲方位二卦相加均为9数；后天八卦对冲方位二卦相加均为10数，10为地数）。

杜门属木，旺于春季，特别是辰、巳月，相于冬，休于夏，囚于四季月，死于秋。杜门居巽宫伏吟，居乾宫反吟，居坤宫入墓，居兑宫受克，居艮宫被迫，居坎宫受生，居震宫比和，居离宫泄气。杜门小凶，也为中平。在人事上多主武官、军孰、警察、公安、安全等具有检察性质的单位。杜门为藏形之方，适宜于躲灾避难、捕盗剿贼、防洪筑堤、判决隐伏等。余事皆不利。

6. 景门：

景门居南方离宫，属火。在家中为中女，克乾宫之父，与丈夫中男坎水对冲，易动口舌，常有血光之灾；又景门正当日升中天、大放光明之时，但烈日炎炎，虽夏季景色美丽，但难免有酷暑之优；又景门所在离宫正南与正北坎官休门相对，一个万物闭藏休息，一个万物繁茂争长，故古人命名为景门。

景门属火，旺于夏，特别是午月，相于春，休于四季月，囚于秋，死于冬。居离宫伏吟，居坎宫反吟，居乾宫入墓，居兑宫被迫，居震、巽二宫生旺，居坤、艮二宫生宫为休。景门小吉，亦为中平。宜于献策筹谋，选士荐贤，拜职遣使，火攻杀戮，余者不利，谨防口舌及血光、火灾。景门多主文书之事。

7. 死门：

死门居西南坤宫，属土。死门与艮宫生门相对，万物春生秋死，春种秋收。故命名为死门。

死门属土，旺于秋季，特别是未、申月，相于夏。囚于冬，死于春。居坤宫伏吟，居艮宫反吟，居巽宫入墓，居震宫受克，居离宫生旺大凶。居坎宫被迫大凶，居乾、兑二宫相生为休。死门为凶门，不利吉事，只宜吊死送丧，刑戮争战，捕猎杀牲。

8. 惊门：

惊门居西方兑位，属金。正当秋分、寒露、霜降之时，金秋寒气肃杀，草木面临凋零，一片惊恐萧瑟之象；又兑卦为泽。为缺，为破损；又兑主口，主口舌官非，故古人将此门命名为惊门，与东方震宫伤门相对应。

惊门属金，旺于秋，特别酉月，相于四季月，休于冬，囚于春，死于夏。居兑宫伏吟，居震宫反吟，居艮宫入墓，居离宫受制，居巽宫为迫，居坎宫泄气，居坤宫受生，居乾宫比和。惊门也是一凶门，主惊恐、创伤、官非之事。适宜斗讼官司、掩捕盗贼、蛊惑乱众、赌博游戏，其余事不可为。八门在五行上各有所属，开、休、生为三吉门，死、惊、伤为三凶门，杜门、景门中平，预测时常以它们落宫状况，即与所落之宫的五行生克和旺相休囚来定吉凶、断应期。

古人把门克宫称为"迫",叫"门被迫"。而且有歌说:"吉门被迫吉不就,凶门被迫事更凶。"实际就是说,吉门克宫,吉事不就,凶门克宫,事情更凶。又把宫克门叫做"制",实际上是门受宫克,"吉门受克吉不就,凶门受克凶不起",吉门受到地盘的制约,吉事不成,凶门受到地盘宫的制约,凶事就闹不起来了。古人又把门生宫称作"和",宫生门称作"义"。门宫相生,对于吉门来说自然为好,等于好上加好;但是对于凶门来说,如果受生,更加旺相,那就凶上加凶了。所以,不能一般认为,相生就好,相克就不好,必须具体情况具体分析,而且还要根据季节论其旺相休囚。至于八门所代表的事物,可参照它们所对应的八卦万物类象。

二、九星的信息特征

奇门遁甲注重的是天、地、人与时空全息,九宫八卦是代表"地"的,八门是代表"人"的,九星是代表"天"的,即"天时"、天体运动对地球和人类的影响。

古人从常见的行星中,根据它们运转歇宿的位置,选择其中有代表性的九颗,分别与地上的九宫八卦相对应,这就是与一宫对应的天蓬星,与二宫对应的天芮星,与三宫对应的天冲星,与四宫对应的天辅星,与五宫对应的天禽星,与六宫对应的天心星,与七宫对应的天柱星,与八宫对应的天任星,与九宫对应的天英星。

一般说来,天心星、天任星、天禽星、天辅星为四吉星,天冲星是次吉之星;天蓬星、天芮星、天柱星为三凶星;天英星中平。

1. 天蓬星:

原名贪狼星。与北方一宫坎卦相对应,阳星,五行属水。坎水正当隆冬季节,至寒至冷至暗,喜阴害阳,人们认为它和盗贼出没有关,所以把它称为凶星、盗星。(《西游记》中猪八戒由于性贪被封为"天蓬元帅"。)

天蓬星临宫,宜安抚边境,修筑城池,兴作土木,培垫堤防,屯兵固守;余事不利,特别是经商出行易遇盗贼或破财、生病。

2. 天芮星：

原名巨门星，与西南方二宫坤卦相对应，阴星，五行属土。因与八门中死门相对应，认为它的出没与疾病流行有关，所以把它称为病星、凶星，奇门预测疾病一般以它为用神，看它落在何宫及其旺相休囚，来定病的部位及轻重愈合状况。

天芮星临宫，适宜受业师长、交纳朋友、屯兵固守，不宜用兵、嫁娶、争讼、迁徙、修造等。

3. 天冲星：

原名禄存星，与东方三宫震卦相对应，阳星，五行属木。人们认为它有慈心造化，助人为乐之德，与农事活动有关，故把它称为吉星，但吉利程度不如天心、天任、天辅三星，所以有人叫它次吉之星。

天冲星临宫，宜于选将出师，征伐交战，鸣金击鼓，摇旗呐喊。其他一般或不利。

4. 天辅星：

原名文曲星，与东南四宫巽卦相对应。阳星，五行属木。人们认为它是天上的文曲星，与文化教育事业有关。故称为大吉之星。天辅星临宫百事皆宜，出行、经商、婚娶、修造均吉，特别利于升学考官，发展文化教育事业。

5. 天禽星：

原名廉贞星，与中央五宫相对应，阳星，五行属土。土生万物，中宫是遁甲元帅值符所在之地，故为大吉之星。天禽星临宫，百事皆宜，四时皆吉。

6. 天心星：

原名武曲星，与四宫天辅星文曲星相对，处西北六宫乾位，阴星，五行属金。人们认为它能动能静，与乾卦为天为父为首长相应，长有心计，和领导才能、军事指挥、医疗治病有关，故称为大吉之星。它是天上的武曲星，既能惩恶助善，百事吉昌，又利求仙长寿，治病配药。

7. 天柱星：

原名破军星，与西方七宫兑卦相对应，阴星，五行属金。人们认为它正当金秋肃杀之时，喜杀好战，与惊恐怪异、破坏毁折有关，故名为凶星。天柱星临宫，宜于修筑营垒，调练士卒，屯兵固守，不宜出战交兵、经商远行，强行则车破马伤、士卒败亡、破财折本、意外伤灾。

8. 天任星：

原名左辅星，与东北八宫艮卦相对应，阳星，五行属土。人们认为土能生万物，又正当春季万物萌生之时，故称之为吉星。

天任星临宫，宜立国邑，安人民，断决群凶，教化人民，入官见贵，商贾嫁娶，百事皆吉，四时皆宜。

9. 天英星：

原名右弼星，与南方九宫离卦相对应，阴星，五行属火。人们认为天英星居离宫之位，烈火炎炎，性躁易暴，虽然如日升中天，在放光明，但又和火光之灾有关，故称为中平之星，或小凶之星。

天英星临宫，宜于谋划献策，面君谒贵，不宜求财考官，嫁娶迁徙。

由于九星代表天时，而人的性格往往与遗传和先天有关，所谓"江山易改，秉性难移"。所以在测人事时，往往以所临九星的性质来判断人的个性特征。

九星的旺相休囚，古籍所载说法不一致，有的认为与五行旺相休囚一致，有的认为不一致。

《烟波钓叟歌》的讲法就是："要识九星配五行，名随八卦考羲经。坎蓬星水禽英火，中宫坤艮上为营。乾兑为金震巽木，旺相休囚看重轻。与我同行即为相，我生之月诚为旺，废于父母休于财，囚于鬼兮真不妄。假令水辖号天蓬，相在初冬与仲冬，旺于正二休四五，其余仿此自研究。"

九星的旺相休囚与五行的旺相休囚不一致。九星是：我生之月最旺，与我五行相同的月为相（次旺），月建五行生助我的时候为废，我克月建五行时为休，月建五行克我时为囚。

为什么这样呢？因为九星是在天上运行的九个星体，它们本身其实无所谓旺相休囚。正如太阳、地球、月亮本身一样，无所谓旺相休囚，它们年复一年、日复一日地在宇宙空间运行。五行分类，是人类对万物性质和特征的一种划分，其旺相休囚，是根据地球上特别是位于北半球中国黄河流域这一中原地带，春夏秋冬不同季节、气候的不同变化对万物和人类造成的不同影响而确定的。

奇门遁甲中所谓九星的旺相休囚，并非指九星本身，实际上是着眼于九星地球上人类和万事万物的影响而确定的，也就是着眼于九星与地盘宫和人盘八门的关系而确定的。古人为了分析九星这些天体运行对人类生活有什么影响，有什么生助或克制，即积极或消极的影响，也将九星分别划分了五行的性质，即天蓬星属水，天英星属火，天冲、天辅星属木，天柱、天心星属金，天禽、天芮、天任星均属土。

它们的旺相休囚，是根据它们对地盘宫的影响的轻重而确定的即所谓"旺相休囚看重轻"。它们对地盘宫五行产生生助作用的时候，即我生之月，它们的影响最大，所以确定为最旺。它们与地盘宫五行同类比和，起壮大声势的作用时，即与我同行时，影响为其次，即次旺，这就叫相。它们处在地盘宫五行的时候，即季节月令五行生助它们的时候，它们虽然降临地盘宫之上，但就不起什么作用了，所以这就叫"废于父母"。它们对地盘宫五行发生克制的时候，实际上是地盘宫五行最旺的时候，它们也就可以休息了，不用再去发挥什么作用了，所以这就叫"休于财"。最后，如果地盘宫五行克制它们，实际上是季节月令五行克制它们的时候，它们虽然也能降临地盘宫之上，但等于被囚禁起来一样，一点作用也不能发挥，所以这就是"囚于鬼兮真不妄"。

比如天蓬水星，初冬、仲冬水旺，即十月、十一月亥、子水月，地上五行水正旺，它处在次旺的状态，即相的状态。正月、二月木旺，正需要水发挥作用，所以天蓬水星这时临地盘宫最旺，最能发挥它的作用，也就是对地盘宫生助作用最大。四月五月火旺，天蓬水星虽能克火，但地盘宫火旺，它只好休息不能起作用了。七月八月金旺，金能生水，但地盘宫自己能生水，天蓬星只好作废，即像废物一样没有用处了。三月、六月、九月、十二月即辰、未、戌、丑土旺之月，土能克水，地盘宫这时土最旺，天蓬水星被克制囚禁起来，当然更不能发挥任何吉凶作用了，这就是因于鬼兮真不妄。

又如天芮星为土星，为病神，如果秋季金旺之时，它降临乾、兑二宫，则它最能发挥坏的作用。因此古人才有天芮星"落乾兑二宫为旺为病不能治"的论断，辰、戌、丑、未月天芮星处于相的状态，所以落中五宫或坤艮二宫，则疾病缠绵。正月二月木旺，天芮星被克之时，如果它降临震、巽二宫，即是被囚于官鬼之时，所以古人才有"落震巽宫病神受克不药而愈"的论断。同样，亥、子水月，天芮星克水，即休于妻财之时，这时如果它落坎宫，为休囚状态，病虽缠绵而可以医治。其他几星，道理同上。正因为九星的旺相休囚是着眼于对地盘宫的作用而言。所以它们与地上五行的旺相休囚不同。地上万物的五行有旺、相、休、囚、死五种状态，即还有被克制而死的一种最严重的状态。而九星却叫旺、休、囚、废，即它们最多不起作用，而绝对不会"死"，因为九星一直在天上运行，地球上春夏秋冬五行的变化，是不能把它们致于死地的。

一个"死"字，一个"废"字的区别，道出了它们为什么不同的真谛。由此可见，古人之所以把地上五行叫做旺、相、休、囚、死，而把九星叫作旺、相、休、囚、废，绝不是随便改变用词的。

三、八神的信息特征

奇门中的八神，又叫八将，类似纳甲筮法的六神（六兽）和四柱命理中的神煞，是古人在天人感应中发现的与九宫八卦具有对应性质的八种神秘力量。这就是值符、螣蛇、太阴、六合、白虎（下有勾陈），玄武（下有朱

103

雀）、九地、九天。在预测中具有参考作用，也可作为用神。

值符：

由于它与地盘值班六甲大将和天盘值班星球相对应，故叫值符。它具有戊、己中央土的性质，是八神的领袖，所到之处，百恶消散，即使太白庚金这最凶的恶煞，临于值符之下，也便消形入墓，不能作恶了。故古人又称它为天乙之神。

螣蛇：

具有南方火的性质，为虚诈之神。性格虚伪，口舌毒辣，专管惊恐怪异、虚诈不实之事。

太阴：

具有西方阴金性质，为荫护之神。它性格阴匿暗昧。太阴所临之方，可以密谋策划、避难藏兵。

六合：

具有东方木的性质，为护卫之神。它性格开朗平和，专管婚姻交易中介之事。六合所临之方，利于谈判交易、婚姻嫁娶。

白虎（下有勾陈）：

具有西方金的性质，为凶煞神。它的性格凶猛好斗，专管行兵打仗、凶杀打斗、疾病死伤、交通事故等。白虎下隐有勾陈，勾陈具有地户己土性质，己土长生于酉，故隐于白虎之下。

玄武（下有朱雀）：

具有北方水的性质，为奸谗小盗之神。性格爱偷（包括偷情）喜盗，专管盗贼、逃亡、口舌之事。朱雀本来是南方火神，但北方玄武子水之位，正是丙火怀胎之地，所以朱雀隐于玄武之下。也管一些口舌是非之事。

九地：

具有坤土的性质，有厚载之德，为万物之母。古人称其为坚牢之神，性格柔顺安静，滋生万物。九地之方，利于屯兵固守，播种养殖。

九天：

具有乾金的性质，为天为父。古人称其为威悍之神，性格刚强好动。九天之方可以扬兵布阵，行军打仗，坐飞机旅游出国。

　　八神运行的规律是阳遁顺行，阴遁逆行，随天盘九星值符运行的叫天盘八神，随地盘六甲值符运行的叫地盘八神。在奇门预测中，有人用天盘八神，有人用地盘八神（比如刘广斌大师的《奇门预测》即用地盘八神），也有人二者兼看。为了简化，我们只用天盘八神。

第六章
吉凶格局

一、十干克应

十干克应，就是十个天干在天盘相遇后的各种克应关系。奇门遁甲将甲隐遁起来，其余九干又分成三奇六仪，所以也就是奇仪之间的克应关系。即天盘的乙丙丁戊己庚辛壬癸和地盘的乙丙丁戊己庚辛壬癸相遇后的各种关系。那么，甲怎么用？甲常隐于六仪之下，也就是说，六甲以六仪为代表而看克应关系。

第一，天盘甲子戊加临地盘三奇六仪的克应关系。

天盘的甲子戊加临地盘甲子戊，即戊加戊，甲甲比肩，名谓伏吟。遇此，凡事不利，道路闭塞，以守为好。

天盘甲子戊加地盘乙奇，即戊加乙，甲乙会合，因甲乙均位于东方青龙之位，所以叫青龙和会，门吉事也吉、门凶事也凶。

天盘甲子戊加地盘丙奇，即戊加丙，因。青龙甲木生助丙火，故为青龙返首为事所谋，大吉大利，若逢迫墓击刑，吉事成凶。

天盘甲子戊加地盘丁奇，即戊加丁，因甲木青龙生助丁火，故为青龙耀明，宜见上级领导、贵人、求功名，为事吉利。若值墓迫，招惹是非。

天盘甲子戊加地盘甲戌己，即戊加己，因为戌为戊土之墓，故为贵人入狱，公私皆不利。

天盘甲子戊加地盘甲申庚，即戊加庚.甲最怕庚金克杀，故为值符飞宫，吉事不吉，凶事更凶，求财没利益，测病也主凶。同时，甲庚相冲，为官也主换地方。

天盘甲子戊加地盘甲午辛，即戊加辛。因辛金克甲木，子午相冲，故为青龙折足，吉门有生肋，尚能谋事，若逢凶门，主招灾、失财或有足疾、折伤。

天盘甲子戊加地盘甲辰壬，即戊加壬、因壬为天牢，甲为青龙，故为青龙入天牢，凡阴阳事皆不吉利。

天盘甲子戊加地盘甲寅癸，即戊加癸，因甲为青龙，癸为天网，又为华盖，故为青龙华盖，又戊癸相合，故逢吉门为吉。可招福临门。逢凶门者事多不利，为凶。

第二，天盘乙奇加临地盘三奇六仪所形成的克应关系。

天盘乙奇加地盘甲子戊，即乙加戊，乙木克戊土，为阴害阳门（因戊为阳为天门），利于阴人、阴事、不利阳人、阳事，门吉尚可谋为，门凶、门迫则破财伤人。

天盘乙奇加地盘乙奇，即乙加乙，乙乙比肩，为日奇伏吟，不宜见上层领导、贵人，不宜求名求利，只宜安分守己为吉。

天盘乙加地盘丙，即乙加丙，乙木生丙火，为奇仪顺遂，吉星迁官晋职，凶星夫妻反目离别。

天盘乙加地盘丁，即乙加丁，为奇仪相佐，利文书、考试，百事可为。

天盘乙加地盘甲戌己，即乙加己，因戊为乙木之墓，故为日奇入墓，被土暗昧，门凶事必凶，得生、开二吉门为地遁。

天盘乙加地盘甲申庚，即乙加庚，庚金克刑乙木，故为日奇被刑，为争讼财产，夫妻怀有私意。

天盘乙加地盘甲午辛，即乙加辛，乙为青龙，辛为白虎，乙木被辛金冲克而逃，故为青龙逃走，人亡财破，奴仆拐带，六畜皆伤。测婚为女逃男。

天盘乙加地盘甲辰壬，即乙加壬，为日奇入地，尊卑悖乱，官讼是非，有人谋害之事。

天盘乙加地盘甲寅癸，即乙加癸，为华盖逢星.遁迹修道，隐匿藏形，躲灾避难为吉。

第三，天盘丙奇加临地盘三奇六仪所形成的克应关系。

天盘丙加地盘甲子戊，即丙加戊，甲为丙火之母，丙火回到终亲身边，好似飞鸟归巢，故名鸟跌穴，百事吉，事业可为，可谋大事。

天盘丙加地盘乙，即丙加乙，为日月并行，公谋私皆为吉。

天盘丙加地盘丙，即丙加丙，为月奇悖师，文书逼迫，破耗遗失。主单据票证不明遗失。

天盘丙加地盘丁，即丙加丁，为星奇朱雀，贵人文书吉利，常人平静安乐；得三吉门为天遁。

天盘丙加地盘甲戌己，即丙加己，因丙火入戌墓，故为火悖入刑，因人刑杖，文书不行，吉门得吉，凶门转凶。

天盘丙加地盘甲申庚，即丙加庚，为荧入太白，门户破败，盗贼耗失，事业亦凶。

天盘丙加地盘甲午辛，即丙加辛，因丙辛相合，故为谋事能成，为疾病人不凶。

天盘丙中地盘甲辰壬，即丙加壬，为火入天罗，壬水冲克丙火，故为客不利，是非颇多。

天盘丙加地盘甲寅癸，即丙加癸，为华盖悖狮，阴人害事，灾祸频生。

第四，天盘丁奇加临地盘三奇六仪所形成的克应关系。

天盘丁奇加地盘甲子戊，即丁加戊，为青龙转光，官人升迁，常人威昌。

天盘丁加地盘三奇乙，即丁加乙，为人遁吉格，贵人加官晋爵，常人婚姻财帛有喜。

天盘丁加地盘三奇丙，即丁加丙，为星随月转，贵人越级高升，常人乐极生悲，要忍，不然因小的不忍而引起大的不幸。

天盘丁加地盘三奇丁，即丁加丁，为星奇入太阴，文书证件即至，喜事从心，万事如意。

天盘丁加地盘甲戌己，即丁加己，因戌为火库，己为勾陈，故为火入勾陈，奸私仇冤，事因女人。

天盘丁加地盘甲申庚，即丁加庚，丁为文书，庚为阻隔之神，故为文书阻隔，行人必归。

天盘丁加地盘甲午辛，即丁加辛，为朱雀入狱，罪人释囚，官人失位。

天盘丁加地盘甲辰壬，名："五神互合"，贵人恩诏，讼狱公平。

天盘丁加地盘癸，即丁加癸，癸水冲克丁火，为朱雀投江，文书口舌是非，词讼不利，音信沉溺不到。

第五、天盘甲戌己，即六己加临地盘三奇六仪所形成的克应关系。

天盘甲戌己加地盘甲子戊，即己加戊，因戊为犬，甲为龙，故为犬遇青龙，门吉为谋望遂意，上人见喜；若门凶，枉费心机。

天盘甲戌己加地盘乙奇，即己加乙，因戌为乙木之墓，己又为地户，故墓神不明，地户逢星，宜遁迹隐形为利。

天盘甲戌己加地盘丙奇，即己加丙，因火悖地户，男人冤冤相报，女人必致淫污。

天盘甲戌己加地盘丁奇，即己加丁，因戌为火墓，故名为朱雀入墓，文书词讼，先曲后直。

天盘甲戌己加地盘甲戌己，即己加己，名为地户逢鬼，病者发凶或必死，百事不遂，暂不谋为，谋为则凶。

天盘用甲戌己加地盘甲申庚，即己加庚，名为刑格返名，词讼先动者不利，如临阴星则有谋害之情。

天盘甲戌己加地盘甲午辛，即己加辛，名为游魂入墓，易遭阴邪鬼魅作祟。

天盘甲戌己加地盘甲辰壬，即己加壬，名为地网高张，狡童侠女，奸情伤杀，凶。

天盘甲戌己加地盘甲寅癸，即己加癸，名为地刑玄武，男女疾病垂危，有囚狱词讼之灾。

第六，天盘甲申庚，即六庚加临地盘三奇六仪所形成的克应关系。

天盘甲申庚加地盘甲子戊，即庚加戊，庚金克甲木，谓天乙伏宫，百事不可谋，大凶。

天盘甲申庚加地盘三奇乙，即庚加乙，为太白逢星，退吉进凶，谋为不利。

天盘甲申庚加地盘三奇丙，即庚加丙，为太白入荧，测贼盗时，看贼人来不来，太白入荧，贼定要来，为客进利，为主破财。

天盘甲申庚加地盘三奇丁，即庚加丁，名为亭亭之格，因私匿或男女关系起官司是非，门吉有救，门凶事必凶。

天盘甲申庚加地盘甲戌己，即庚加己，名为官符刑格，主有官司口舌，因官讼被判刑，住牢狱更凶。

天盘甲申庚加地盘甲申庚，即庚加庚，名为太白同宫，又名战格，官灾横祸，兄弟或同辈朋友相冲撞，不利为事。

天盘甲申庚如地盘甲午辛，即庚加辛，名为白虎干格，不宜远行，远行车折马伤，求财更为大凶。

天盘甲申庚加地盘甲辰壬，即庚加壬，为上格，壬水主流动，庚为阻隔之神，故远行道路迷失，男女音信难通。

天盘甲申庚加地盘甲寅癸，即庚加癸，名为大格，因寅申相冲克，庚为道路，故多主车祸，行人不至，官事不止，生育母子俱伤，大凶。

第七，天盘甲午辛，即六辛加临地盘三奇六仪所形成的克应关系。

天盘甲午辛加地盘甲子戊，即辛加戊，辛金克甲木，于午又相冲。故为困龙被伤，主官司破财，屈抑守分尚可，妄动则带来祸殃。

天盘甲午辛加地盘三奇乙，即辛加乙，辛金冲克乙木，故名为白虎猖狂，家败人亡，远行多灾殃测婚离散，主因男人。

天盘甲午辛加地盘三奇丙，即辛加丙，名干合悖师，门吉则事吉，门凶则事凶，测事易因财物致讼。

天盘甲午辛加地盘三奇丁，即辛加丁，辛为狱神，丁为星奇，故名为狱神得奇，经商求财获利倍增，囚人逢天赦释免。

天盘甲午辛加地盘甲戌己，即辛加己，辛为罪人，戌为午火之库，故名为入狱自刑，奴仆背主，有苦诉讼难伸。

天盘甲午辛加地盘甲申庚，即辛加庚，名为白虎出力，刀刃相交，主客相残，逊让退步稍可，强进血溅衣衫。

天盘甲午辛加地盘甲午辛，即辛加辛，因午午为自刑，故名为伏吟天庭，公废私就，讼狱自罹罪名。

天盘甲午辛加地盘甲辰壬，即辛加壬，因壬为凶蛇。辛为牢狱，故名为凶蛇入狱，两男争女，讼狱不息，先动失理。

天盘甲午辛加地盘甲寅癸，即辛加癸，因辛为天牢，癸为华盖，故名为天牢华盖，日月失明，误入天网，动止乖张。

第八，天盘甲辰壬，即六壬加临地盘三奇六仪所形成的克应关系。

天盘甲辰壬加地盘甲子戊，即壬加戊，因壬为小蛇，甲为青龙，故为小蛇化龙，男人发达，女人产婴童。

天盘甲辰壬加地盘日奇乙，即壬加乙，名为小蛇得势，女人柔顺，男人通旺，测孕育生子禄马光华。

天盘甲辰壬加地盘月奇丙，即壬加丙。名水蛇入火，因壬丙相冲克，故主官灾刑禁，络绎不绝。

天盘甲辰壬加地盘星奇丁，即壬加丁，因丁壬相合，故名为干合蛇刑，文书牵连，贵人匆匆，男吉女凶。

天盘甲辰壬加地盘甲戌己，即壬加己，因辰戌相冲，故名为反吟蛇刑，主官讼败诉，大祸将至，顺守可吉，妄动必凶。

天盘甲辰壬加地盘甲申庚，即壬加庚，因庚为太白，壬为蛇，故名为太白擒蛇，刑狱公平，立判邪正。

天盘甲辰壬加地盘甲午辛，即壬加辛，因辛金入辰水之墓，故名为螣蛇相缠，纵得吉门，亦不能安宁，若有谋望，被人欺瞒。

天盘甲辰壬加地盘甲辰壬，即壬加壬，名为蛇入地罗，外人缠绕，内事索索，吉门吉星，庶免蹉跎。

天盘甲辰壬加地盘甲寅癸，即壬加癸，名为幼女奸淫，主家有丑声不可外扬之事发生，门吉星凶，易反福为祸。

第九，天盘甲寅癸，即六癸加临地盘三奇六仪所形成的克应关系。

天盘甲寅癸加地盘甲子戊，即癸加戊；戊癸相合，名为天乙人合。吉门宜求财，婚姻喜美，吉人赞助成合。若门凶迫制，反祸官非。

天盘甲寅癸加地盘乙奇，即癸加乙，名为华盖逢星，贵人禄位，常人平安。门吉则吉，门凶则凶。

天务甲寅癸加地盘月奇丙，即癸加丙，名为华盖悖师，贵贱逢之皆不利，唯上人见喜。常人技艺糊口。

天盘甲寅癸加地盘星奇丁，即癸加丁，因癸永冲克丁火，丁火烧灼癸水，故名为螣蛇夭矫，文书官司，难逃火焚。

天盘甲寅癸加地盘甲戌己，即癸加己，名为华盖地户，男女测之，音信皆阻，此格躲灾避难方为吉。

天盘甲寅癸加地盘甲申庚，即癸加庚，名为太白入网，主以暴力争讼，自罹罪责。

天盘甲寅癸加地盘甲午辛，即癸加辛，名为网盖天牢，主官司败诉，死罪难逃；测病亦大凶。

天盘甲寅癸加地盘甲辰壬，即癸加壬，故名为复见螣蛇，主嫁娶重婚，后嫁无子，不保年华。

天盘甲寅癸加地盘甲寅癸，即癸加癸，名为天网四张，主行人失伴，病讼皆伤。

二、八门克应

八门克应，即门加门、门加三奇六仪和门加宫所形成的格局及其吉凶。

1. 开门：

开加开：主贵人宝物财喜。

开加休：主见贵人财喜及开张铺店，贸易大利。

开加生：主见贵人，谋望所求遂意。

开加伤：主变动、更改移徙，事皆不吉。

开加杜：主失脱，刊印书契小凶。

开加景：主见贵人，因文书不利。

开加死：主官司惊忧，先忧后喜。

开加惊：主百事不利。

开加戊：财名俱得。

开加乙：小财可求。

开加丙：贵人印绶。

开加丁：远信必至。

开加己：事绪不定。

开加庚：道路词讼，谋为两歧。

开加辛：阴人道路。

开加壬：远行有失，注意破财。

开加癸：阴人失财小凶。

2. 休门：

休加休：求财、进人口、谒贵吉，上任、修造亦大利。

休加生：主得阴人财物，谒贵谋望，虽迟也吉。

休加伤：上官喜庆，求财不得，有亲人分房产。变动事不吉。

休加杜：主破财，失物难寻。

休加景：主求文书印信事不至，反招口舌小凶。

休加死：主文印官司事不吉，远行，僧道事不吉，占病凶。

休加惊：主损财、招非并疾病、惊恐事。

休加开：主开张店铺及见贵、求财等喜事，大吉。

休加戊：财物和合。

休加乙：求谋重，不得；求轻，可得。

休加丙：文书和合喜庆。

休加丁：百讼休歇。

休加己：暗昧不宁，后吉。

休加庚：文书词讼先结后解。

休加辛：疾病迟愈，失物不得。

休加壬、癸：阴人词讼牵连。

3. 生门：

生加生：主远行、求财吉，婚姻，生育皆吉。

生加伤：主亲友变动，道路不吉。

生加杜：主阴谋，阴人破财，不利。

生加景：主阴人、小口不宁及文书事，后吉。

生加死：田宅官司，病主难救。

生加惊：主尊长财产、词讼、病迟愈，吉。

生加开：主见贵人，求财大发。

生加休：主阴人处求谋财利，吉。

生加戊：嫁娶、求财、谒贵皆吉。

生加乙：主阴人生产，迟吉。

生加丙：主贵人印缓、婚姻、书信喜事。

生加丁：主词讼、婚姻、财利大吉。

生加己：主得贵人维护，吉。

生加庚：主财产争讼破产，不利。

生加辛：主产妇疾病，后吉。

生中壬：主遗失财后得，贼盗易获。

生加癸：主婚姻不成，余事皆吉。

4. 伤门：

伤加伤：主变动，远行折伤，凶。

伤加杜：主变运，失脱，官司，桎梏，百事凶。

伤加景：主文书印信，口舌，惹是生非。

伤加死：主官司印信凶，出行大忌，吉病凶。

伤加惊：主亲人疾病忧惊，媒伐不利，凶。

伤加开：主见贵人、开张、走失、变动之事，不利。

伤加休：主男人变动或托人办事，财名不利。

伤加生：主房产、种植事业，凶。

伤加戊：主失脱难获。

伤加乙：主求谋不得，反防盗失财。

伤加丙：主道路损失。

伤加丁：主音信不至。

伤加己：主财散人病。

伤加庚：主讼狱被刑杖，凶。

伤加辛：主夫妻怀私恣怨。

伤加壬：主因盗牵连。

伤加癸：主讼狱被冤，有理难伸。

5. 杜门：

杜加杜：主因父母疾病、田宅出脱事，凶。

杜加景：主文书印信阻隔，男人小口疾病，迟疑不利。

杜加死：主田宅文书失落，官司破财，小凶。

杜加惊：主门户内忧疑惊恐，并有词讼事。

杜加开：主见贵人官长，谋事主先破己财，后吉。

杜加休：主求财有益。

杜加生：主男人小口破财，田宅求财不利。

杜加伤：主兄弟相争，破财不利。

杜加戊：主谋事不成，秘处求财得。

杜加乙：宜暗求男人财物，后主不明致讼。

杜加丙：主文契遗失。

杜加己：主私谋害人招非。

杜加庚：主因女人讼狱被刑。

杜加辛：主打伤人，词讼，男人小口凶。

杜加壬：主奸盗事，凶。

杜加癸：主百事皆阻，病者不食。

6. 景门：

景加景：主文状未动有预先见之意，内有男人小口忧患。

景加死：主官讼，因田宅事相争，惹麻烦。

景加惊：主官讼，女人小口疾病，凶。

景加开：主官人升迁，吉：求文印更吉。

景加休：主文书遗失，争讼不休。

景加生：主阴人生产大喜，更主求财旺利，行人皆吉。

景加伤：主姻亲小口口舌。

景加杜：主失脱文书，败财后平。

景加戊：因财产词讼，远行吉。

景加乙：主讼事不成。

景加丙：主文书急迫，火速不利。

景加丁：主因文书印状招非。

景加己：主官司牵连。

景加庚：主讼人自讼。

景加辛：主阴人词讼。

景加壬：主因贼牵连。

景加癸：主因奴婢受刑。

7. 死门：

死加死：主官事稽留，印信无气，凶。

死加惊：主因官司不结，忧疑患病，凶。

死加开：主见贵人，求印信文书事大利。

死加休：主求财物事不吉，若问僧道求方吉。

死加生：主丧事，求财得，占病死而复生。

死加伤：主官司动而被刑杖，凶。

死加杜：主破财，妇人风疾，腹肿。

死加景：主因文契印信财产事见官，先怒后喜，不凶。

死加戊：主作伪财。

死加乙：主求事不成。

死加丙：主信息忧疑

死加丁：主老阳人疾病。

死加己：主病讼牵连不已，凶。

死加庚：主女人生产，母子俱凶。

死加辛：主盗贼失脱难获。

死加壬：主讼人自讼自招。

死加癸：主妇女家娶事凶。

8. 惊门：

惊加惊：主疾病，忧虑，惊恐。

惊加开：主官司忧疑，能见贵人不凶。

惊加休：主求财事或口舌事，迟吉。

惊加生：主因女人生产或求财事惊忧，皆吉。

惊加伤：主因商议同谋害人，事泄惹讼，凶。

惊加杜：主因失脱破财惊恐，不凶。

惊加景：主词讼不息，小口疾病，凶。

惊加死：主因宅中怪异而生是非，凶。

惊加戊：主损财，信阻。

惊加乙：主谋财不得。

惊加丙：主文书印信惊恐。

惊加丁：主词讼牵连。

惊加己：主恶犬伤人成讼。

惊加庚：主道路损折，遇贼盗，凶。

惊加辛：主女人成讼，凶。

惊加壬：主官司囚禁，病者大凶。

惊加癸：主被盗，失物难获。

三、吉格

时家奇门在实际应用中，因为有九宫，阴遁、阳遁十八局，六十个时辰演一局，一共会有 9×18×60=9720 种格局，排宫法将五宫寄坤二宫，等于只有（配八门、九星、八神、三奇六仪、八卦），故也有 8×18×60=8640 种格局。

古人经过实践，根据阴阳五行生克制化的原理和大量积累起来的吉凶应验的经验，将上述近万种格局进行分类归纳筛选，总结出一些吉格、凶格，供后人在预测应用中参考。

一般来说，吉门、吉星、吉神配三奇为吉格，凶门、凶星、凶神相遇为凶格；星、门、宫、三奇、六仪之间，五行属性相生或比和为吉；五行相刑、相冲、相克、相害和入墓为凶；甲、乙、丙、丁、戊五阳干组合多为吉；己、庚、辛、壬、癸五阴干组合多为凶，特别是遁甲中甲为主帅，最怕庚金克杀，所以遇庚多为凶格。

这一节先介绍一下奇门预测中常用的吉格：

1. 青龙返首（又名龙回首）

天盘甲子戊加地盘丙奇，即戊加丙，因甲木为青龙，木生火，丙火为甲木之子，母子相顾，母亲回过头来看儿子，所以起名"龙回首"。因为丙火能克庚金，救护元帅甲木，所以为吉。宜就职、诉讼、迁移、求财、建造等，百事皆吉。

但是，如果遇到门克宫，或地盘为震三宫（子卯相刑），则吉事变凶。

2. 飞鸟跌穴（又名鸟跌穴）

天盘丙奇加地盘甲子戊，即丙加戊（与"龙回首"正好相反），因丙火为南方朱雀，回到母亲甲木身边，好像鸟儿归巢一般，故起名"鸟跌穴"。因木火相生，故为吉格。宜就职、求财、诉讼、建造、婚姻等，百事吉。

3. 九遁

天遁：天盘丙奇（月奇），门盘生门，地盘丁奇（星奇）。二奇并生门，二火生艮土（生门属土，位于艮宫），故为吉格。百事生旺，利行军、打仗、上书、求官、经商、婚姻等。

地遁：天盘乙奇（日奇），门盘开门，地盘六己。己为地户，开门又得日精之蔽，故百事皆吉。宜安营扎寨、埋伏截击、建筑修造等。

人遁：天盘丁奇（星奇），门盘休门，神盘太阴。此遁得星精之蔽，其方可以探索、伏藏、和谈、求贤、结婚、交易等，均为吉。

风遁：天盘乙奇（日奇），门遁中开、休、生之一，地盘为巽四宫。巽木主风，又得乙奇和吉门，故为风遁。如风从西北方来，宜顺风击敌；如风从东南方来，敌在东南方，不可交战。

云遁：天盘乙奇（日奇），门盘中开、休、生之一，地盘六辛。此遁得云精之蔽，宜求雨、立营寨、造军械。

龙遁：天盘乙奇（日奇），门盘中开、休、生之一，地盘坎（水中有龙）一宫或六癸。宜掩捕敌人、水战、修桥、穿井等。

虎遁：天盘乙奇（日奇），合休门或生门，临地盘六辛于艮（寅虎）八宫，或天盘甲申庚合开门下临地盘兑宫（庚辛金，均为白虎）都称为虎遁。宜安营扎寨、设隐埋伏、修筑建造等。

神遁：天盘丙奇（月奇）、门盘生门、神盘九天（九天之神）。宜攻虚、开路、塞河、造像、教化兵卒等。

鬼遁：天盘丁奇（星奇），门盘杜门（人间门被堵住），神盘九地（地狱有鬼），或丁奇、开门合九地。宜偷营劫寨，设伪伏虚。

4. 三奇得使

三奇得使就是天盘乙、丙、丁加临地盘值使门，具体而言，就是天盘乙奇加临地盘用甲戌己或甲午辛，天盘丙奇加临地盘甲子戊或甲申庚，天盘丁奇加临地盘甲辰壬或甲寅癸。

也就是说，地盘在甲戌旬或甲午旬，天盘乙奇得使；地盘在甲子旬或甲申旬，丙奇得使；地盘在甲辰旬或甲寅旬，丁奇得使。得使可以用事，若无吉门亦有小助。

关于三奇得使，《烟波钓叟歌》是这样说的："三奇得使诚堪使，六甲遇之非小补，乙逢犬马丙鼠猴，六丁玉女奇龙虎。"对此，历代研究者解说不一。因为这其中有明显的矛盾：乙逢犬马，即乙奇加甲戌己和甲午辛，乙+己为日奇入墓，乙+辛为龙逃走凶格；丙鼠猴，即丙奇加甲子戊和甲申庚，丙+戊为鸟跌穴吉格，但丙+庚为荧入白凶格；六丁玉女骑龙虎，即丁奇加甲辰壬和甲寅癸，丁+壬虽为吉格，但丁+癸为雀投江凶格。以上六格，除丙+戊、丁+壬为吉格外，其余四格均为凶格，怎么能叫"六甲遇之非小补""诚堪使"的吉格呢？

也许正因为有这些矛盾，刘广斌《奇门预测学》一书干脆把这一吉格就取消不载了。

我个人初步意见，既然"三奇得使诚堪使"，其中一个重点就是"得使"，所为"得使"就是得到值使门，所以虽然乙+己、乙+辛、丙+庚、丁+癸为凶格，但是如果门盘上值使门与这些格局在一个宫内，即三奇得到了值使门，那么就可以使用，不以凶论断了。这一点还需要在大量实践中验证。

5. 玉女守门

丁奇又名玉女。玉女守门，就是门盘值使门所落之宫正遇地盘丁奇。具体时间是甲子旬的庚午时，甲戌旬的己卯时，甲申旬的戊子时，甲午旬的丁酉时，甲辰旬的丙午时，甲寅旬的乙卯时。玉女守门，其方利宴会喜乐之事、婚姻之事。

6. 三奇贵人升殿

乙奇临震宫，为日出扶桑，有禄之乡，是贵人升于乙卯正殿。

丙奇到离宫，为月照端门，火旺之地，是贵人繁荣昌盛于丙午正殿。

丁奇到兑宫，为星见西方，（酉为丁火长生之地）天之神位，是贵人升于丁酉正殿。

三奇贵人升殿之时，百事可为。

7. 天显时格（又名辅大吉时）

甲、己日的甲子时、甲戌时，乙、庚日的甲申时，丙、辛日的甲午时，丁、壬日的甲辰时，戊、癸日的甲寅时，一句话，值班的六甲大将透出之时，或与日干相合之时。虽然此时奇门格局也是伏吟，但不为凶，反而为吉。

这些时辰宜行兵、战斗、上官、参谒、求财、远行皆吉。有罪者也能逢赦免。

8. 三诈五假

凡做事出行宜用开、休、生三吉门所落之方位，若得乙、丙、丁三奇更好；若不得三奇，也可使用。如果开、休、生三吉门合乙、丙、丁三奇又上乘太阴、六合、九地三阴神相助者，则为三诈，经商、远行、婚娶，百事皆吉。

古代兵书曰"兵不厌诈"，诈也有运筹机谋，选择时空的问题。

具体而言，三吉门合三奇上乘太阴者，叫真诈。三吉门合三奇上乘六合者，叫休诈。三吉门合三奇上乘九地者，叫重诈。

吉门为上。奇在其次，诈再次。奇门皆合者为上吉。

五假，是天假、地假、人假、神假、鬼假。所为假，是指借锐气来用事，事情符合其气则有利，否则不利。五假忌迫墓。

景门合乙、丙、丁三奇，上乘九天，叫天假。宜争战诉讼、见贵求官，上书献策、扬兵颁号、申明盟约。

杜门合丁、己、癸，上乘九地或太阴或六合，均叫地据点。宜潜藏埋伏、逃亡躲灾、谋探私事。

惊门合六壬上乘九天，叫人假。宜捕捉逃亡者，如果再遇上"太白入荧"的格局，一定能抓获逃亡者。

伤门合丁、己、癸，上乘九地，叫神假（又叫物假），宜埋藏伏藏，使人难知。又一说伤门合丁、己、癸，上乘六合为物假（又叫神假），宜于埋藏、祈祷、索债、捕捉、交易、伏藏。

死门合丁、己、癸，上乘九地，叫鬼假（又叫神假），宜超度亡灵，扶重安民、破土修茔、伐邪、狩猎。

9. 三奇之灵

三奇乙、丙、丁，四吉神太阴、六合、九地、九天，三吉门开、休、生，各有其一，其临其方位，为吉道清灵，用事俱吉。

10. 奇游禄位

乙奇到震（卯为乙木临官禄地）、丙奇到巽（巳为丙临官禄地），丁奇到离（午为丁火临官禄地），为本禄之位，台三吉门，宜上官卦任，求财祈福等各种谋为都吉利。

11. 欢怡

三奇临六甲值符之官为欢怡。凡事谋为皆有利，抚恤将士，众情悦服。

12. 奇仪相合

乙庚、丙辛、丁壬为奇合，戊癸、甲己为仪合，得吉门，凡事有和之象，主和解、了结、平局、平分。

13. 门宫和义

凡宫生门为"和",遇吉门凡事都吉;门生宫为"义",遇吉门凡事皆吉。

四、凶格

奇门凶格多与庚、辛、壬、癸有关,或五行之间刑冲克害入墓。主要凶格有:

1. 青龙逃走(又称"龙逃走")

天盘乙奇,加地盘六辛,即乙加辛。乙木为青龙,辛金为白虎,辛金克杀乙木,虎强龙弱,故龙也要逃走而去,故名龙逃走。阴克阴,主凶。此时举兵主客皆伤,经商破财,百事为凶。测婚一般主女方先提出离婚。

2. 白虎猖狂(又叫"虎猖狂")

天盘六辛,加地盘乙奇,即辛加乙。与"龙连走"正相反。白虎在天上横行,青龙反而潜伏地下,故名虎猖狂。阴克阴,主凶。此时举事主客两伤,出入有惊恐,远行多灾祸,婚姻修遗大凶。测婚一般主男方主动离婚。

3. 朱雀投江(又叫"雀投江")

天盘丁奇,加地盘六癸。即丁加癸。丁属阴火,为南方朱雀,癸为阴水,似江河,天上朱雀落入地下江河之中,所以叫"雀投江"。阴水克阴火,主凶。故此时举事,主文书牵连、音信沉溺、官司口舌,或惊恐怪异,奸谋诡诈,百事凶。

4. 螣蛇夭矫(又叫"蛇夭矫")

天盘六癸,加地盘丁奇。即癸加丁。与"雀投江"正好相反。癸属阴水,为北方玄武龟蛇,丁属阴火。天上癸犹如口蛇掉进地上火中,被烧竟而屈伸。故叫"蛇夭矫"。阴水克阴火,主凶。故百事不利,虚惊不宁,文书官司。

5. 荧入太白（又叫"荧入白"或"火入金乡"）

天盘丙奇，加地盘六庚。即丙加庚。丙火为荧惑火星，庚金为太白金星，丙火加到庚金之上，故名"荧入太白"。阳火克阳金，庚为贼人，故曰："火入金乡贼即去。"

6. 太白入荧（又叫"白入荧"）

天盘六庚，加地盘丙奇。即庚加丙。与"荧入白"正好相反。比"荧入白"更凶。此格占贼贼必来，须防贼来偷营。以固守为吉。

7. 大格

天盘六庚，加地盘六癸，即庚加癸，叫大格。百事凶，求人不在，经商破财，出行车破马死。只宜捕捉罪犯。

8. 上格（又叫"小格"）

天盘六庚，加地盘六壬。即庚加壬。远行失迷道路，求谋破财得病。庚加壬又名移荡格，测工作，多有变动。

9. 刑格

天盘六庚，加地盘六己。即庚加己。因甲申庚位有未，甲戌己位有戌，未刑戌，故名刑格。主官司受刑，经商破财，出行患病。

10. 奇格

天盘六庚，加地盘乙、丙、丁三奇。庚加乙，乙与庚合，又称合格。庚加丙，为白入荧，主贼来，所以又贼格。庚加丁，丁火克庚金，又叫破格。三奇格出行用兵均大凶。

11. 伏宫格

天盘六庚，加地盘六甲值符宫。即庚加戊。比如阳遁一局，甲子旬，甲子戊为旬头，在地盘坎一宫，到丁卯时，天盘上甲申庚转到坎一宫，即庚加到地盘上值符甲子戊所在之坎一宫，形成天盘上贼星庚金克杀地盘上潜伏在本宫的值符的局面即形成庚克甲的格局，所以叫伏宫格。此格大凶，主客皆不利。求人不在，等人不来。出行在路上遇盗贼，或车折马死，百事不顾。

12. 飞宫格

天盘六甲值符，加地盘六庚。即戊加庚。也就是形成甲加庚的格局，与伏宫格正好相反。由于值符在天盘上飞动而遇到地盘上庚金，所以叫飞宫格。同样大凶，尤不利客。因为一般以天盘为客，地盘为主，天盘值符六甲，遭到地盘庚金克杀，自然更加不利。作战主败亡，大将遭擒；做生意破财，必须换地方。

13. 岁格

天盘六庚，加地盘年干（即地盘上三奇六仅十天干中，与当年年天干相同者）。用事大凶。

14. 月格

天盘六庚，加地盘月干。用事大凶。

15. 日格（又叫"伏干格"）

天盘六庚，加地盘日干。因日的天干伏在庚金之下，所以又叫"伏干格"。主客皆伤，尤不利主。奇门预测，多以日干为求测者本人，犹如"八字"中以日柱天干为命造本人一样，今遇凶星庚金，自然大凶不利。

16. 飞干格

天盘日干，加地盘六庚。与"伏干格"正好相反，因为日柱天干，在天用上转动，遏止地盘凶星庚金，故叫飞干格。也为大凶，主客两伤，皆不利。

17. 时格

天盘六庚，加地盘时干（即地盘三奇六仪中，与用事时辰的天干相同者），也主凶。

总之。年、月、日、时的天干，与庚金相遇，均为凶格。这时行兵、远行、谋事皆不利，只宜捕捉盗贼或寻找走失之人。

18. 六仪击刑

天盘值符，加地盘与值符相刑的宫。具体再言，即：

天盘甲子戊，加地盘震三宫（子刑卯）；

天盘甲戌己，加地盘坤二宫（戌刑未）；

天盘甲申庚，加地盘艮八宫（申刑寅）；

天盘甲午辛，加地盘离九宫（午自刑）；

天盘甲辰壬，加地盘巽四宫（辰自刑）；

天盘甲寅癸，加地盘巽四宫（寅刑巳）。

六仪击刑极凶，即使六仪为值符，也不可用。一动必有灾伤，若遇天网四张格，必被捕捉，有牢狱之灾。

19. 三奇入墓

天盘乙奇，加地盘1乾六宫（乙木为阴木，长生于午，帝旺在寅，墓在戌）；或坤二宫（乙属木，按木笼统讲，墓在未）；

天盘丙奇，加地盘乾六宫（戌为丙火之墓）；

天盘丁奇，加地盘艮八宫（丁为阴火，长生酉，帝旺在巳，墓在丑）。

三奇入墓，百事不宜，谋事尽休。凡事吉的不吉，凶的不凶，无力之象。

20. 三奇受刑（又叫"三奇受制"）

丙奇、丁奇加临地盘坎一宫，或遇地盘六仪壬、癸水，为火入水乡；乙奇加临地盘乾六宫、兑七宫，或遇地盘六仪庚、辛金，为木入金乡，均受克制，故又叫三奇受刑或三奇受制，这时不可行动。

21. 时干入墓

即用事时时辰天干在天盘，加临地盘所在之宫正是它的墓地，比如：

丙戌时。丙属阳火，火墓在戌，因而天盘丙加地盘乾六宫，即为时干丙入墓；

壬辰时，壬属阳水，水墓在辰，天盘壬加地盘巽四宫，即为时干壬入墓；

癸未时，癸属阴水，墓在未，因而天盘癸加地盘坤二宫，即为时干癸入墓；

戊戌时，戊为阳土，墓在戌，天盘戊加地盘乾六宫，即为时干戊入墓；

己丑时，己属阴土，墓在丑，因而天盘己加地盘艮八宫时即为时干己入墓；

丁丑时，丁属阴火，墓在丑，因而天盘丁加地盘艮八宫时，即为时干入墓。为制，门生宫为和，宫生门为义。

古人有歌曰：

惊开三四休临九，伤杜还归二八宫，

生死排来居第一，景门六七总相同。

吉门被迫吉不就。凶门被迫祸重重。

这就是说，惊门、开门属金，临震三宫、巽四宫，为金克木；休门属水，临离九宫，为水克火；伤门、杜门属木，临坤二宫、艮八宫，为木克土；生门、死门属土，临坎一宫，为土克水；景门属火，临乾六宫、兑七宫。为火克金。以上均为门克宫，古人叫门迫或门被迫。

"吉门被迫吉不就，凶门被迫祸重重"，吉门被迫（吉门克宫），吉事不吉，做不成，但还会有反面结果；如果凶门被迫（凶门克宫），事更凶，事情办不成，强办还会带来灾祸。（歌谣最后二句可改为"吉门克宫吉不就，凶门克宫事更凶"。）

22. 伏吟

伏吟有星伏吟、门伏吟、值符伏吟。凡九星在本宫不动。叫星伏吟；八门在本宫不动,叫门伏吟;六甲值符在本宫不动。比如甲子戊加甲子戊,甲午辛加甲午辛,叫值符伏吟。

凡六甲之时,门、星、符皆为伏吟。伏吟利主不利客,伏吟时一般不宜采取主动。伏吟主迟。主慢。

伏吟之时,不宜动兵,惟宜收敛财赞,比如某单位和个人欠自己的款,宜去讨债催款。其中天蓬星加天蓬星、死门加死门、甲午辛加甲午辛时最凶,一般多遭遗失破财或死伤人口。凶灾日至,若不遇吉门吉格更凶,如遇吉门吉格为有救。

天显时,伏吟一般不凶,反而为吉。

23. 反吟

反吟是指九星、八门、值符落到与它相对冲的地盘宫内,故有星反吟、门反吟、值符反吟。

如天蓬星在坎一宫,落到离九宫,则为星反吟;休门本在坎一宫,落到离九宫,则为门反吟;天盘甲子戊加临地盘甲午辛,因子午相冲,故叫值符反吟。

反吟不吉,特别是门反吟更为不利,如遇三奇或吉门还问题不大,为有救,如是不遇,则凶灾将至。反吟利客不利主。反吟主快,主事有反复。

反吟主做事速度快,成败易分。如果出行,可能半途而回。如果做长久大事,可能有始无终。正如六爻预测中"新病逢冲则愈,久病逢冲则死"一样,近病反吟易愈,久病反吟难痊。测婚姻遇反吟则不成;测求财遇反吟往往空跑一趟,无利反亏本。

24. 悖格

天盘丙奇加地盘值符,或天盘值符加地盘丙奇,或丙加年、月、日时干之上,均称为悖格。因为丙为天威,性格威猛,过于暴躁容易出乱子,把事情搞乱。

悖格之时举事,多倒行逆施,纲纪紊乱,难达理想,易出乱臣贼子和叛逆之人。但丙又为三奇之一，如得三吉门相会，则可用，不能一律按凶断。

25. 天网四张

天网四张在古籍和今人写的书中是讲得很混乱，有的讲是天盘六癸加临地盘时干为天网四张，有的认为是天盘时干加临地盘六癸为天网四张。这些讲法都不对，因为如果是这样，岂不同十干克应相冲突了呢？癸加十干（十个时辰：实为九干，甲在戊下）如癸加戊为"天乙会合"，癸加己为"华盖地户"，癸加庚为"太白入网"，癸加门辛为"网盖天牢"，癸加壬为"复见口蛇"，只有癸加癸才为"天网四张"。

同样，十干加癸，如戊加癸为"青龙华盖"，乙加癸为"华盖逢星"，丙加癸为"华盖悖师"，丁加癸为"朱雀投江"，己加癸为"地刑玄武"，庚加癸为"大格"，辛加癸为"天牢华盖"，壬加癸为"幼女奸淫"。如果把上述这些格局，又都叫做"天网四张"，岂不是混乱一摊了吗！所以，我认为，只有"癸加癸"才能叫"天网四张"。不能因为癸为"天藏""天网"，凡是遇到癸，都叫"天网四张"，这是把"天网"与"天网四张"混淆了。只有天盘是癸，地盘也是癸，才能叫"天网四张"。这样一来，只有甲寅旬中癸亥时，才会出现。"天网四张"即"癸加癸"的格局。

古人有歌说："天网四张"不可当，此时用事有灾殃。若是有人强出者，身躯立便见血光。虫禽尚自避于网，事忙匍匐而出门堵。这意思是说，遇"天网四张"格局，不可举事，举事不成，反有灾祸，至于网高网低，古籍中也有两种意见。而且互相矛盾，正好相反。一种认为，"天网四张"落一、二、三、四宫为网低，可以匍匐而出，落六、七、八、九宫为高，不可用；另一种则认为，落一、二、三、四宫网低难以通过，"八、九宫高强任西东"，六、七、八、九宫网高可以任意通过。孰是孰非，尚待实践验证。

26. 五不遇时

所谓五不遇时，是指用事时的时辰天干克当日的日干，而且必须是阳克阳、阴克阴。从日干数至被克的时干，正好是第七位，故"八字"上叫"七杀"，二干之间相隔五位。所以奇门甲中叫做"五不遇时"。

具体而言，是指甲日庚午时（庚金克甲木），乙日辛巳时（辛金克乙木），丙日壬辰时（壬水克丙火），丁日癸卯时（癸水克丁火），戊日甲寅时（甲木克戊土），己日乙丑时（乙木克己土），庚日丙子时（丙火直庚金），辛日丁酉时（丁火克辛金），壬日戊申时（戊土克壬水），癸日己未时（己土克癸水）。

凡五不遇时，大凶。纵然得三奇或吉门，也不可用。凡预测遇五不遇时，事多不顺，但不一定都凶，还要看格局的好坏，星、门的吉凶。凡用事时辰，最好避开五不遇时为妥。

五、论暗干

奇门妙在暗干玄微，凶中有吉，吉中有凶。假如值使门既生主星，但门内忽有庚到，则各种事情外面虽美好完善，内中却蹭蹬。暗干之查法有两种：

一是：八门地盘本位所藏地盘三奇六仪即为该宫位之门所带之暗干。如阳遁二局，巽四宫地盘落有庚，则杜门所带暗干为庚，余仿此。

二是："时干入值使宫，三奇六仪阳顺阴逆飞布九宫即可。"

六、论应期

奇门一盘，星门生克，奇仪吉凶固然是确定的，但是应验之年、月、日、时事情的远近，或应年月，或应时日，从星门奇仪衰旺而断，须神而明之，不可拘泥。先定地支，后配天干，得干支的方法只在正时确定。假如，甲子值符加离九宫，为子午冲，子与丑合，应验应当在丑年月日时；甲午值符加坎一宫，也是子午冲，午与未合，必然应验在未；甲寅值符加坤二宫，为寅申相冲，寅与亥合，应验在亥年月日时；甲申值符加艮八宫，也为寅申冲，巳与申合，应验在巳年月日时；甲戌值符加巽四宫，为辰戌相冲，卯与戌合，应验在卯年月日时；甲辰值符加乾六宫，也是辰戌相冲，辰与酉合应验在酉；这是值符相冲法，定支也是如此。甲戌值符加坤二宫，为戌刑未，卯与戌合，应验在卯；甲子值符加震三宫，为子刑卯，子与丑合，也应验在丑；甲寅值符巽四宫，为寅刑巳，寅与亥合，也应验在亥；这是值符相刑法，定支也是一样。

如值符落在旬空，必以出旬论断。假如甲子旬中空戌亥，是加在乾六宫，必然应验在戌亥日时，以戌为重，阳与阳比，阴与阴比，这是旬空法，定支也一样。也可以冲实为应期，可断辰巳年月日时。

如果既不冲，又不刑，又不空，论断时须看天盘六仪所带的地支来定支，也照看其冲合。逢冲以其所合定支，逢合以其所冲定支就可。天盘所带的地支又不冲不合，以星门生克来确定。生逢生日，克逢克日，应验有先后的分别，符应主先，使应主后。

其次，还可看庚格应期"庚临年、月、日、时"；阴日看庚上之干，阳日看庚下之干为应期；时干临阴星，看庚上之干；时干临阳星，看庚下之干为应期。庚格应期多用于破案和行人走失。

另外有用神长生，旺相为应期；用神死、墓、绝为应期；冲墓为应期；时干所落宫数为应期。日支、时支、年支、月支三合六合为应期，刑冲克害为应期等等。

七、论应候先后

奇门应候，时间有先后的分别，应验有主客的区分。依照彼此或人与我的对待关系来推论。一般是奇应时间的开始，星应时间的中间，门应时间之末，依照此法推论，一般是不会不应验的。如果我去寻人，是我为客，他为主，以天盘之星为我，地盘之星为他。他来寻我，是他为客，我为主，以天盘之星为他，地盘之星为我，看他生我还是我生他，他生我对我有益，我生他利他；他克我，我有损，我克他，他有损。又以阳日天盘之星为他，以阴日地盘之星为我，两者比和，双方无损失。其他仿此。

八、论动静

"静则查值符，值使，太岁，年命；动则看方位，马星。"

九、论冲合动静

凡事在尚未发生的时候，遇冲则发生变动，在已经发生的时候遇冲则冲散。事未起而遇合，结果是静而不起，事已起时遇合则事成。

十、宫与宫之间的生克关系

奇门共分为九宫，每个宫位都有它的独立信息结构。此宫位与他宫位之间的生克是奇门占断过程中最基本，最主要的判断要领。

地盘九宫是具体的时空标志，它代表着具体事物发生的时间和空间。而每宫中天盘上所乘的星、门、神等，则反映了该地盘宫位所代表的时间，空间里出现的各种事物。如离九宫，天盘上落有天辅星，开门、值符，则表达了在午年或午月这个时间，开始（开门）学习（天辅星）；或者表达了在南方（午）这空间位置开始（开门）学习或办学校（天辅星）。综合起来就是在单独的宫位里，地盘代表事情的具体时间和空间。天盘则代表所发生的具体事情、事物。简言之：地盘宫是时间空间之信息，天盘是该地盘宫位上所出现的具体事物之信息。

奇门遁甲是建立在以洛书九宫，后天八卦为基本结构上来进行占测的，其九宫之间是相互联系、相互影响的。当某个宫位的能量，气场很足时，它便会寻求释放出口，此时它首选的是去生扶克泄其他宫位，以求得综合平衡。

同样道理，当某个宫位衰弱时，该宫也会从他宫吸收能量，以求平衡……同理，该宫衰弱而受他宫充足的能量克制时，此宫肯定也会受损伤……

十一、星、门、宫、神、三奇六仪之间的生克关系

在一个宫位内，有地盘宫位，天盘九星，天盘八门，天盘八神（九神），三奇六仪等信息组合而成。它们之间的生克关系是：在一个宫位内其星、门、宫之间还要有生克作用。以星为本，因九星来源于宇宙空间，不属于地球本身。它可以任意生克地盘宫位，可以任意生克八门，反之则不然。原因

是地盘宫位之能量由地球内部发出，属于地气，而九星属天，其能量来源于宇宙空间。圣人曰：地法天，天为地之先，地的能量是不能超过天的。地球本身就是宇宙中之其中之一行星，其运行规律应受制于宇宙（天），因此，地不能胜天，故地盘宫不能制约天盘星。

八门又名门盘，人盘，其主要用于人事方面的信息。由于八门代表人这个层次之能量，因此八门可理解为人气。九星为天、地盘宫不能克制九星（天气），而人法地，其能量更不能克制九星的了。

同理，天盘八门克地盘九宫也是不能的，人法地，地法天，天法道，道法自然。人既法于地、必受制于地，故门克宫是门自损而地无妨，比如以卵击石也。

八神（九神）属于一个特殊的信息系统，由于其属于"神"这个层次，其已跳出三界外，不在五行中，故八神不论旺衰，只作一个信息系统而也。

十二、两个宫位之间的生克关系

在两个宫位之间的星、门、宫、神、三奇六仪之间的生克关系是：星与星相互生克；门与门之间相互生克；宫与宫、神与神、天盘三奇六仪、地盘三奇六仪各自之间的相互生克。这样宫与宫之间的关系就明白了。

十三、值符、值使与九宫之间的生克

值符是占事时辰的旬首，统领十个时辰内的生杀大权。也就是说，在值符所管辖的十个时辰内，它的权力是最大的，无论旺衰，值符之宫是最有权力的宫位。在奇门中，值符所落之宫是动态的。值符宫可以与他宫产生生、克、制、耗、泄的作用。而他宫则难以克制值符宫。

值使是一个时辰内的主宰，但值使必须在值符的控制下行使其自身的权力，因值符属于星，值使属于门之故。除值符宫外，值使宫可以对他宫行使生、克、制、耗、泄的作用，他宫则不能。

局中最好是值符宫生扶值使宫，或两宫比和。忌值符宫克值使宫，耗泄值使宫、值使宫克值符宫。

第七章
综合实例剖析

一、综合例

己丑年、丁丑月、壬戌日、戊申时，女命（郑）辛亥年命，坐于西南方阳遁5局，子丑空（以日干定空亡），甲辰旬，天英星为值符，景门为值使。

以日干，值符，坐宫为当前和曾经发生过的重大事故，结合暗干以扑蚂蚁式断卦。

地 戊 景 丙 冲 乙	天 癸 死 乙 辅 壬	符 丙 惊 壬 英丁(戊)
武 乙 杜 辛 任 丙	己 戊	蛇 辛 开丁(戊) 芮(禽)庚
虎 壬 伤 癸 蓬 辛	合 丁 生 己 心 癸	阴 庚 休 庚 柱 己

断曰：

1. 你发生了一次重大伤害事故（日干，坐宫，值符处于五不遇时，临惊门在坤宫与伤门，白虎之宫对冲）。

2. 你发生的这次事故很可能是车祸 [值符、日干，坐宫临惊门与伤门

（车）白虎（血光），又是马星之宫对冲]。

3. 你们这次死了人（伤门、白虎之宫空亡，马星伤门皆主车，空了，发生车祸连车子都空了，没了，那人一般也没了。）

4. 你受了伤，伤的部位在腰部，还有头部，开过刀，做过手术 [天芮病星在兑宫临开门（开刀）日干的地盘在离宫（头部）临死门（主疤疾），加之明干壬、暗干壬为日干居艮坤之宫也有腹部之信息]。

5. 你丈夫不在了，有可能与这次车祸有关 [以日干定六亲，壬的丈夫为正官己土，现己土在坎宫（空）生门主生（已空），己下是癸，癸的天盘在艮宫有白虎（血光死亡）、伤门（车）与日干值符宫冲，与车子一起在空亡之宫，癸下又是辛金（尸骨）在艮宫入墓]。另外还有一种思路：以庚金为丈夫，丈夫庚在乾宫，庚下有己（主坟墓），己在坎宫，己下有癸，癸今又在艮宫临凶星凶门空亡，庚宫又有休门，休门的本宫也在坎宫。再有，庚下临己，己是日干的正官（丈夫），己又主坟墓。与太阴、休门（在坟墓阴下休息）]。

6. 你公公（丈夫的父亲）也很可能与这次车祸有关，已不在了（由上面思路：己为太岁，乾宫又主父与丈夫庚一起同宫，再有：丈夫正官己土的父亲可看丁，母亲看丙，今暗干丁又落坎宫，信息同步）。

7. 你的婚姻不顺，有两次以上婚姻，目前有男人算二婚 [第一，丈夫已断死了，第二，乙为妻，乙上有丙（第三者男人）、年命辛下也有丙]。

8. 你的这个男人有车 [丙在震宫（车），天盘丙又与天冲星（车）一起]。

9. 你也会开车也有车 [年命辛在震宫（车）辛的地盘在艮宫有伤门、马星]。

10. 你目前的心病在于想开店或投资生意之事 [因天芮星（病星）与甲子戊（钱财资本）在兑宫临开门（开店）一起]。

11. 你目前不能投资（因甲子戊临天芮病神，戊十庚，又为飞宫凶格，加之生门利润又在坎宫空亡）。

12. 你还想出远门（坐宫，日干，值符临日干之马星之宫与时干之马星宫对冲)。

13. 你目前也有口舌是非（惊门口舌官非与日干，坐宫，值符同宫）。

14. 你以前的同学好朋友曾与你的丈夫有暧昧感情 [壬下为丁（第三者女人，丁又是月干主朋友）丁下为庚，庚在地盘（主以前的丈夫）]。

总结：断事时先找定位（我），一般以日干，坐宫，值符，值符对冲之宫，年命为定位，由此按扑蚂蚁式的方式层层往下推断，一直追踪到空亡，马星和与定位之宫或者对冲之宫为止。

二、暗干实例

暗干的布法是："时干入值使宫，三奇六仪阳顺阴逆飞布九宫即可。"

暗干只能与地盘干说话，看用神宫中的天盘加地盘奇仪成何格局，再看暗干加地盘成何格局。其实暗干远不止与地盘组成格局，也可以像明干一样取象，如：暗干有戊，一般可断为与投资活动有关，如果暗干正好是月干，那么可与朋友兄弟姐妹有关。又如断婚姻，如果庚宫中有暗干丁到，可断有女性第三者。同时暗干也可作用神，如日干为求测人，还可看暗干的日干。再比如：乙为妻，乙临暗干丙，主妻子有外遇，暗干乙下临丙也主妻子有第三者男人。年命暗干下临丙丁也主有第三者，临天芮病星，主有病……看婚姻的丈夫庚，除天盘，地盘庚外还可以看暗干庚与他宫及本宫的组合关系。

再者，也可以看天盘时干宫断事体，看该宫的暗干为何，此为当前状态，看这个暗干在地盘何宫，这就是事体的未来，这样一下一上扑蚂蚁式推断就可以把事情的来龙去脉摸清楚了。

例如：2003年10月29日有人中午从报纸上看到一女明星生病住院的消息，于是问某奇门高手吉凶如何？

女命：1963（癸卯）年。

问测时间：2003年10月29日12时，当时干支为癸未年，壬戌月，乙亥日，壬午时。

甲戌旬，当日旬空：申酉日申酉时空亡，阴遁二局，值符天蓬星落兑七宫，值使休门落坤二宫。

合 庚 惊戊(丁) 芮(禽)丙	阴 丁 开 壬 柱 庚	蛇 壬 休 癸 心戊(丁)
虎 辛 死 庚 英 乙	己 丁	符 乙 生 己 蓬 壬
武 丙 景 丙 辅 辛	地 癸 杜 乙 冲 己	天 戊 伤 辛 任 癸

断曰：

日干乙落病地（乙长生在午病在子）主病。

年命癸入坤宫为墓，击刑。

然而病星天芮落四宫受克，病易治，除惊门为凶外，其他均吉，还有戊十丙（龙返首）吉格，天心星和乙奇宫都不克天芮宫，综合起来难以判断吉凶，可是加上暗干信息就清楚了。从值使坤二宫开始起时干壬，阴遁逆飞。暗干庚加入巽宫临天芮病星，可以表示癌症。庚加丙为白入荧大凶，再联想年命入墓击刑，就较容易判断吉凶了。

实际情况是：这是大名星梅艳芳，死于2003年12月30日2：50分，甲子月，丁丑日辛丑时，子宫癌。

三、综合例

例一：

丁亥年、丙午月，丁酉日，庚戌时，晚上8点47分有人打电话："马先生，请麻烦你赶快帮我看一下，听说我亲戚家里出了点事情，具体我本人也不知道情况，听说很急，我现在在外面的，改天再来感谢你。"我当即回答：好，请问是您的什么关系？回答是她小辈。我叫其3分钟后打电话来我告诉她。

起局：阴9局、甲辰壬为符头，天禽星为值符，死门为值使。

合 丁 开 丁 冲 癸	阴 己 休 癸 辅 戊	蛇 乙 生 戊 英 丙 壬
虎 丙 惊 己 任 丁	癸 壬	符 辛 伤 丙（壬） 芮（禽）庚
武 庚 死 乙 蓬 己	地 戊 景 辛 心 乙	天 壬 杜 庚 柱 辛

断曰：

您问的这事发生得很突然，很快。您问的这个人有大凶之事。（对方急了说："我不知道是何事，大凶有危险吗？"）我回答：有，而且很危险！（她又急问：马先生你看到底是什么事？）我又答：是车祸杀伤方面的血光之灾。她当即哭起来了说："听说很急，有什么办法没有？"我叫其等几分钟后我再用其他方法看看后再回答她。当时我没有用暗干，我将暗干一飞起，事情就更加明显了。我急着告知：对不起，我没有办法，这个人很危险，是个小男孩，很聪明，长得白净，大眼睛，应该是在东北方出的事，3岁或8岁。而且……我打顿了一下，她说："马先生，你就直接说吧！是我外孙。"我告知：你们要作最坏的打算，此人可能无救，可能是与水、坑凹、坏人有关！

大概过了几天后，我很想了解此事，又不好直接打电话问，就从别人处间接问得消息——是小男孩，才3岁零8个月，不知是何原因掉在他家东北方80米左右远的沼池坑里，里面装满了石灰水浆。送往医院抢救不到几个小时就死了。

思路：

第一本人断事喜欢看值符宫与对冲宫，现今值符宫临伤门，天芮凶星，又是丙+庚（荧入白凶），壬+庚（移当格）凶格与白虎，惊门宫冲，加之八门又反吟。还有当时时间8：43分得时间卦地火明夷凶卦。故断与打伤，车祸，发生得突然而且很急的事有关；又看时干（庚+辛）白虎干格大凶：车折马伤。下临天柱星与庚的地盘也在值符兑宫凶格上，故断之。

第二次电话后，装上暗干断其为男孩是因暗干庚为时干在艮宫主少男，（艮宫有3和8之数，故断3~8岁）天蓬星为阳星也主男。断其小孩很聪明，长得白净，大眼睛是暗干庚为时干与天蓬星一起之故（天蓬主白，聪明，大眼睛）断其与水、坑凹、坏人有关是因：暗干时干庚下有天蓬，玄武（主水、坏人）之故。

断其作最坏打算，准备后事是：时干暗干庚在艮宫入墓，上乘死门，庚十己（刑格凶）己又为坟墓，艮卦也有坟墓之象。庚被土埋入墓，玄武主水淹与死门临之。故断之。

总结：

从以上两例不难看出。断卦之奥妙玄机在值符、值使、马星、空亡、暗干。

例二：

己丑年、丁丑月、癸亥日、庚申时，甲寅旬，阳5局，天蓬星为值符，休门为值使，男命，乙巳年生。

武 乙 死 丁（戊） 芮（禽）乙	地 壬 惊 庚 柱 壬	天 丁 开 己 心 丁（戊）
白 丙 景 壬 英 丙	戊 戊	符 庚 休 癸 蓬 庚
合 辛 杜 乙 辅 辛	阴 癸 伤 丙 冲 癸	蛇 己 生 辛 任 己

断曰:

1. 你目前情况不好,基本上是无职休息起的(日干值符,值使门临休门)。

2. 你头上曾经受过伤(离为头,临惊门,天柱破军星)。

3. 你有个姐姐不在人世了(月干临天芮,死门,月干丁,丁为阴主女,巽宫又主长女)。

4. 你家今年有车祸之事发生[值使,值符为事体与白虎宫冲,日干(癸+庚)暗干(庚+庚)又为凶格,加之天蓬休门日干之本宫原在坎宫,而坎宫有伤门,天冲(车)又蓬空亡(空亡主玄机)]。

5. 你克子女,与之无缘[时干庚在离宫有惊门,天柱破军星,这两个凶星本宫原在兑宫,与事体值符值使一起,下临天蓬,休门,而且天蓬休门之本宫原在坎宫(坎宫临伤门凶星,最主要是落空之故,暗庚为时干子女又在兑宫,与之同宫,故断之。)],这是扑蚂蚁式追断,追到空亡玄机宫为止。

6. 你父亲已不在人世了(以日干查乾宫之辛金为日干癸水之父,庚金为母,乾中本身代表父,辛为骨骸,地盘为己太岁又为坟墓,暗干辛金为日干癸水之父,又在艮宫落空入墓,明干辛金之地盘也在此宫)。

7. 你目前有病[查暗干年命乙在巽宫临死门(主心情很不好)天芮病星,此宫本身有巳正好是年命乙巳年之地支]。

8. 你心情很坏,一直在吃药[死门与年命一起主心情不好,暗干乙与年支下临地盘乙木(医药)]。

9. 你这病很可能在下半身,肾泌尿系统方面,但不用担心,很快会好[天芮在巽宫(主生殖器)又有玄武,及乙木在巳宫为淋浴桃花之地]。告之是为糖尿病和腺列性炎,不用担心[天芮病星落三四宫,曰:不药而愈,又有乙木制之]。

10. 你可能当过教师或与教学有关的行业[年干乙下临天辅文曲星,又有六合(主多),(乙+辛)青龙逃走,落空临驿马主过去之事]。

11. 你家风水不好,可能有坟墓尸骨作鬼[生门(主阳宅)有螣蛇,辛(骨骸),己(主坟墓怪异)在乾宫冲克暗干年命乙木与年支巳巽宫之因]。

告知很久以前是枪杀犯人之乱坟岗。辛金为罪人（辛+己）有主罪人之坟墓之象。

四、工作例

甲申年、壬申月、癸未日、丁巳时，阴遁4局，甲寅旬来电话问儿子考公务员工作之事，年命癸亥。

合	阴	蛇
开丁 柱戊	休丙 心壬	生辛 蓬庚(乙)
白 惊庚(乙) 芮(禽)己	乙	符 伤癸 任丁
武 死壬 英癸	地 景戊 辅辛	天 杜己 冲丙

断曰：

1. 你儿子会开车，可能是在公安部门（年命临值符，伤门主车，伤门主公安）。告知：是在公安交警队开车。

2. 你儿子的文化学业不高，但这次公务员考试在文化面试方面能过关[天辅文曲景门生时干，时干宫临开门，六合吉星（丁+戊）吉格，此宫又是天辅文曲之本宫]。告知：已过关。

3. 但你儿子的腰部要受伤（年命临伤门事体值符与太岁，惊门、天芮，白虎冲克，震宫主腰）。告知：就是因为考体育时，翻杠把腰摔伤到至体育不合格。问最终结果如何？

4. 他这次应该差1或6分（景门主分数，在坎宫主1、6）。告知是差6分。

5. 这次没有希望，得不到 [景门主录取书在坎宫逢空，年命癸在兑宫八门返吟（癸+丁）螣蛇夭绞凶格]。

6. 但你儿子最终能考得上公务员，时间应在丁亥，戊子年（2007~2008年）[时干（丁+戊）吉格临开门工作六合。年命又临值符伤门（公安），丁亥、戊子年是景门主录取书，旺相出空之故]。

五、寻人例

例一：

甲申年，癸酉月，己丑日，壬申时，阴9局，甲子旬，天英星为值符，景门为值使，来电话问侄儿：年命戊辰年命读书走失，没到校，担忧其平安，问何时回？

阴 开 丁 冲 癸	蛇 休 癸 辅 戊	符 生 戊 英丙(壬)
合 惊 己 任 丁	壬	天 伤丙(壬) 芮(禽)庚
虎 死 乙 蓬 己	武 景 辛 心 乙	地 杜 庚 柱 辛

断曰：

1. 你侄儿是在西南方的（年命戊在坤宫，时干时支的地盘也在此宫）。

2. 你千万放心，人很平安[年命临值符，生门（戊+丙）青龙反首吉格]。

3. 人很快就会回学校（时干壬+庚为时格，八门返吟主快）。

4. 酉时可以到学校，即7点以前（时干年命之本星天芮天禽在兑宫，学校天辅上有癸，学校天辅宫生年命宫，兑宫含地支酉，壬申时之后的下一时辰为癸酉时）。戌时来电话告之：酉时7点前到学校的……

例二：

甲申年、癸酉月、辛卯日、乙未时，阴9局，甲午旬天心星为值符，开门为值使，求测小儿出走，年命己巳年，母亲坐在东方，中途其家人将一小儿抱坐在我办公桌的东南方桌角上。

武 死 丁 冲 癸	虎 惊 癸 辅 戊	合 开 戊 英丙(壬)
地 景 己 任 丁	壬	阴 休丙(壬) 芮(禽)庚
天 杜 乙 蓬 己	符 伤 辛 心 乙	蛇 生 庚 柱 辛

断曰：

1. 你儿子目前不爱读书，其实是想读，读不进去。（年命己土在震三宫休囚，月破，景门十震宫演卦得火雷噬嗑卦，财爻持世克父母学校，想读书是年干宫生天辅学校宫）。告之：很想读就是进入不了状态。

2. 他是被大人（他父亲）打跑的 [太岁庚，乾宫主父、庚为太岁阳干主父，临生门（主手）螣蛇（主绳索，树枝，冲克儿子年命己之震三宫）]。告之：是其父亲打跑的。

3. 儿子绝对平安，肯定会回来 [年命己、时干乙，不凶，又有值符生之。能回是时干居艮宫得演卦风山渐归魂卦（主回家），（杜+艮）得风山渐。加之死门空亡，用神又不凶，可以否定死亡之信息]。

4. 你儿子爱赌钱 [伤门（主赌）之本宫是：年命己之宫，时干乙之地盘又在伤门坎宫，时干宫有天蓬星（也有赌之象）]。告之：就是因赌钱被其父打的。

5. 小儿在东南方或西南方的 [行人看六合为出走方。东南方是空亡方（玄机）主要是断卦时其亲戚将一小儿（辛巳年的）抱放在办公桌的东南方上，这小孩与其儿子同是属蛇巳的]。

6.明天（壬辰）不回就在第六天（丁酉日）定回 [测行人，可看格，日干与时干同宫，年命宫巳在巽宫空亡，壬辰日此宫出空，（庚+辛）为日格，壬干之宫又冲年命宫，故断壬辰日可回，断丁酉日回是冲年干宫，丁在巽宫与年支同宫出空填实]。后告之：是壬辰日的大概戌亥时回的。

例三：

来了几个有公安厅、部队、省政府的人，专程求测1981年（辛酉年命）的小青年失踪吉凶，来之前已通过调查，怀疑已被蒙害，已曾查看过无名尸体，之前做过大量广告和寻人启事。惊动了很多部门。因为其背景特殊……来求测已没报希望，持的是死马当活马医的态度。

告之：先生你尽管大胆地说，测不准没关系，如果测准了，定当重谢！

甲申年、丙子月、乙酉日、甲申时（阳4局，伏吟）天心星为值符，开门为值使。

虎	武	地
杜 戊	景 癸	死 丙(己)
辅 戊	英 癸	芮 丙(己)
合		天
伤 乙	己	惊 辛
冲 乙		柱 辛
阴	蛇	符
生 壬	休 丁	开 庚
任 壬	蓬 丁	心 庚

断曰：

1.你们尽管放心，人绝对平安，如果此人有生命危险我从此不再预测了（时干庚金临值符，太岁与年命辛宫比和旺相，又得生门生之。时干临太岁，开门，值符，年命又比和，也说明此人背景特殊）。

2.你们不必去费心找寻，也没必要去打广告，目前暂时无音信消息

(景门落空亡，满盘又伏吟)。

3. 此人很调皮，犯过错误 [辛+辛凶、辛主错误犯罪，又临惊门（官司）天柱凶星（破坏性）、又旺象]。

4. 此人学业不高、厌学（时干年命冲天辅星文昌学校）。

5. 此人作风不正，整天花天酒地，不务正业。[年命临桃花宫，此宫主少女，主歌舞厅酒吧，与辛金犯罪，惊门，天柱凶星同宫]。

6. 此人欠了债务 [时干年命宫冲克甲子戊（钱财）宫]。

7. 人已走远 [时干，年命居外卦（阳遁，九二七六宫主外）年命又临九天（主远走高飞）]。

8. 现在正和2至4个少女在一起 [年命与桃花宫兑宫（主少女）一起]。

9. 此人目前思想上在走极端，犯了很大的错误，想弄枪，想和公安政策作对 [（辛+辛）主错误，惊门，天柱星主破坏，主枪，冲克伤门（公安）]。

10. 但他不会成功，不会如愿以偿（满盘伏吟主慢，加之时干临开门，天心星，太岁，值符大吉之象）。

11. 最多不超过两个月，二月前，卯日可回 [伏吟蓬冲，加上庚+庚时格被戊寅月（正月）冲动之因]。

结果告知是：正月（戊寅）初四日（丁卯日）回来的，人较平安，还把此人一起带来我处让我帮助劝说开导。因为当时我的断语被其中之人录下了音放给此男孩听了，他才相信而乐意来我处听我劝说的。之后我的名声也因此而再次传开。

六、一卦断多人例

本人正在为别人预测，中途贵阳来电话问：听说马先生对易经很有研究，请帮我们看看。告之是1973年、1963年、1970年、1971年出生的，请随便说几句，改天定登门拜访！

甲申年，癸酉月，丙申日，丙申时，阴3局。

甲午旬，天英为值符，惊门为值使。

阴 生 戊 冲 乙	蛇 伤 乙 辅 辛	符 杜 辛 英己(丙)
合 休 壬 任 戊	丙	天 景己(丙) 芮(禽)癸
虎 开 庚 蓬 壬	武 惊 丁 心 庚	地 死 癸 柱 丁

断曰：

1. 你们当中1973年的人眼睛受过伤 [1973年为癸丑，（癸+丁）螣蛇夭绞，主眼睛，临死门主疤疾，天柱破军星，地盘癸在兑宫有天芮星临景门（眼睛）景门+兑宫得火泽睽卦也主眼睛]。回答：先生怎么知道，听谁说的？

2. 1963年的婚姻不顺，离过婚，目前为了第二次婚姻还会有官司口舌，这个第三者是有丈夫的 [1963年为癸卯，（癸+丁）凶，丁主第三者女人，又生第三者丁奇坎宫，临死门（主心情不好），丁奇坎宫有惊门（官司），癸的地盘在兑宫桃花地（申子辰见酉）演卦（景+兑得睽卦（主婚不顺，为婚有口舌）又主瞪眼，众目睽睽。加之临天芮病星。主这种瞪眼是带病（不好的）。第三者有丈夫是丁下有庚)]。当即回答：先生真是名不虚传！

3. 1970年和1971年的人出过车祸，开过刀，做过手术 [1970年为庚戌临白虎，开门，马星（申子辰见寅）与1971年辛亥值符宫对冲]。回答：真是神了！他们两个一起坐一个车出过车祸，当时是1970年的开车，他作了手术较严重，1971年的伤较轻。

总共不到五六分钟，还要我继续说，因我还在为别人断测就没往下预测了。

七、婚姻、平安、财运例

甲申年、壬申月、己丑日、庚午时（甲子旬、阴7局）天柱星为值符。

惊门为值使，女命壬子年命求测婚姻财运。

阴 乙 生 丙 英 辛	蛇 辛 伤癸(庚) 芮(禽)丙	符 己 杜 戊 柱癸(庚)
合 戊 休 辛 辅 壬	丙 庚	天 癸 景 己 心 戊
白 壬 开 壬 冲 乙	武 庚 惊 乙 任 丁	地 丁 死 丁 蓬 己

断曰：

1. 你今年要破大财（甲子戊临天柱破军星上乘值符与年命宫冲）。告之：赌钱输了80来万。

2. 还要出车祸 [年命有白虎（血光），天冲（车）被值符临驿马冲]。

3. 伤在头面 [离主头、面、口、上有螣蛇，天芮病星伤门（庚+丙）白入荧凶格]。激动得马上张开口让我看，牙齿掉了3颗，胸部也受了伤（艮坤主胸腹，年命临开门白虎，年命暗干又临之）。

4. 你有外遇，要离婚 [乙庚冲：暗干丙（第三者男人在中宫与年命壬艮宫及暗干日干己坤宫比和）告之：已离婚]。

5. 你虽然已离婚，但你丈夫还会帮助你（丈夫庚生年命壬）。告之：是丈夫在不断帮助支持，又告之丈夫是庚戌年]。

6. 不过你丈夫身体不好，有大病，可能是头、咽喉、大肠、肺方面，而且还可能做过手术 [天芮病星与你丈夫庚同宫，庚主大肠、肺，螣蛇主咽喉，伤门主开刀手术，（庚+丙）白入荧凶格]。告之：是咽喉癌，做过多次手术。

7. 你要被你的外遇害 [暗干丙火（第三者男人）落中宫与年命比和，但是中宫一般寄宫于坤宫，坤宫有值符，甲子戊（钱财），天柱破军星一起冲年命宫]。告之：是一个长得很帅气的赌哥，1976年丙辰的人，将其女的钱赌输了，此男在当地号称赌侠。

八、六亲婚姻例

甲申年，癸酉月，己丑日，癸酉时（阴9局），甲子旬庚申年的女命求测。天英星为值符、景门为值使。

符	天	地
杜 戊 英 癸	景 丙(壬) 芮(禽) 戊	死 庚 柱 丙(壬)
蛇 伤 癸 辅 丁	壬	武 惊 辛 心 庚
阴 生 丁 冲 己	合 休 己 任 乙	虎 开 乙 蓬 辛

断曰：

1. 你学业不高，最多中专，专业可能是医 [天辅星文昌克年命，故学业不高，地盘年命临天心（医院）开门主工作有乙奇（医药），加上己日干下临乙奇，又得开门临乙奇宫生之]。告之：是中专毕业，是在医院上班。

2. 你的第一次恋爱已失败，有过同居关系 [恋爱关系可看与年命六合之宫，庚之六合为乙，如今乙宫临空亡，（乙+辛）又为青龙逃走。庚申年命居坤宫又为年命本宫有破军星，主自身有破，不是女儿身]。

3. 目前你有一个比你大得多的男人（第三者男人，丙上有太岁，太岁主大）。

4. 此人有可能是戊申年（1968）或丙午年的 [第三者丙下有戊，丙在离宫有午（丙午）]。告之：是1968年（戊申）的。

5. 此人应有小孩（戊下有时干癸）。

6. 你母亲已不在人世了 [坤宫为母亲临太岁，死门，（庚+丙）凶格，九地（主入地下）]。

7. 你母亲做过手术，病在头面 [天芮病星在离宫（主头面）乾为头临白虎开门]。告之：1997做过手术，是脑瘤癌死的。

8. 当时你在场守着你母亲死的，其他兄姐不在场（年命在坤宫，坤宫主母，有死门。月干癸主兄弟姐妹在外克坤宫之故）。告之：是真的如此。

九、测来意卦例

甲申年，癸酉月，庚寅日，丙戌时（阴9局，甲申旬），进门就说：请先生帮看看最近的运气。乙未年命。

阴 杜 戊 英 癸	蛇 死 丙(壬) 芮(禽) 戊	符 惊 庚 柱 丙(壬)
合 杜 癸 辅 丁	壬	开 开 辛 心 庚
白 伤 丁 冲 己	武 生 己 任 乙	地 休 乙 蓬 辛

断曰：

1. 你出现了一次大惊恐之事，应与死伤有关。很可能是车祸，是在东北方的两交界处 [日干，值符，值使，马星，太岁（皆为事体）同在坤二宫临惊门天柱凶门凶星，（庚+丙）荧入白凶格。与天冲伤门（车）临白虎居艮宫冲。（艮宫主东北交界限线）]。此人很激动：你怎么就知道了，我都是刚才得电话消息的！我说：我怎么知道，这几天门都没出一步，我是根据卦象说的。此人告之：是出车祸撞死了人。来的主要目的就是此事，请看看问题大不？

2. 你应该是公门中人，而且是政府部门，而且还有官（年命与开门比和、又得值符太岁生之，日干又临太岁值符，年命支又临之）。告之：他是县政府政协办公室主任，负责派车。现在是国庆黄金周，因这几天有亲戚去逝，他私自把单位的车借给亲戚，刚好在两县交界线的桥头东北方撞死了人，现在很担心上级批评，破财，对自身工作有影响否？

答：绝对放心，你不会破财，对工作一点影响也没有，单位领导会为你承担（年命宫与开门天心吉星宫比和有太岁，值符生之，日干又与之同宫）。最后事实如此，此人成了我的好顾客。

十、测失物例

甲申年，癸酉月，丙申日，乙未时（阴3局，甲午旬，天英星为值符，景门为值使），替朋友问钥匙掉了能否找回？

符 惊 辛 英 乙	天 开 己（丙） 芮（禽）辛	地 休 癸 柱 己（丙）
蛇 死 乙 辅 戊	丙	武 生 丁 心 癸
阴 景 戊 冲 壬	合 杜 壬 任 庚	白 伤 庚 蓬 丁

断曰：

1. 她的钥匙没掉，是在的（钥匙可看惊门，时干，都同时生日干）。

2. 没有在地上，应是在三楼，四楼的东方、东南方，在带木的中间夹层柜里或者沙发或床柜里 [时干在震三宫（主3，主沙发，床）惊门在巽宫（主4，木柜），两宫都主木夹层]。

3. 也可以考虑在姓有木旁的人家找，比如：杨家，李家……（震巽主木）。告之：她家姓李，掉钥匙的人姓梁。掉钥匙这个朋友刚才就在她家打麻将。

4. 下午7点之前可以找到（时干在震宫，含卯支，酉时冲之，酉宫也代表钥匙，酉宫又有丁现在是乙未时，酉时正好是丁酉）。

戌时来电告之：6点过在她家（李家）木沙发的夹层空隙里夹着。她家就住在三楼3号房。

十一、坐方，穿衣为用神例

甲申年，癸酉月，甲辰日，庚午时（阴6局，甲子旬）天心星为值符，开门为值使。女，年命辛亥，身穿水红色衣服坐于西南方。

符 惊 戊 心 庚	天 开 癸 蓬 丁	地 休 丙 任 壬(己)
蛇 死 乙 柱 辛	己	武 生 辛 冲 乙
阴 景 壬(己) 芮(禽)丙	合 杜 丁 英 癸	虎 伤 庚 辅 戊

断曰：

1. 你婚不顺，目前有第三者男人（坐于西南方有丙临之，甲辰日干的子孙为丙丁食伤，女人子孙持世主克夫）。

2. 你已离婚，丈夫也有外遇，是你先有外遇，找丈夫离的婚[子孙持世克夫，乙为妻（乙+辛）为青龙逃走又临桃花宫（寅午戌见卯）丈夫庚生坎宫丁奇（第三者女人）]。

3. 你的第一次文凭不高（天辅与年支乾同宫空亡）。

4. 你是从医的职业（年干辛下有乙奇医生生门又临之，生门主工资、生计）。

5. 你头上受过大伤[乾宫主头，又是年支宫有伤门白虎（庚+戊）为天乙伏宫凶格]。

6. 你家里出过车祸及钱财官司惊恐之事[乾宫年支太岁主家里，上乘白虎，伤门（车）（庚+戊）伏宫格与值符（事体）甲子戊（钱财）（戊+庚）

飞宫凶格、惊门（官司惊恐）对冲]。

7. 你父亲已不在人世，否则也是个废人（乾宫主父，空亡，又有凶门，凶神，凶格）。

8. 你在家不是老大，是最小（年命辛在兑宫主少女，小女）。

9. 你现在的小孩是女孩，不是头胎，头胎应不在，也就是流过产（时干庚主子女有白虎，伤门落空。乾为男，落空。白虎伤门，伏宫格，又主流产血光。身穿红色主子女，坐于坤宫，坤主二、主女，当天日干为甲，红色是其子孙之故）。

十二、测儿子工作例

甲申年，癸酉月，丙午日，丙申时（阴7局，甲午旬）天辅星为值符，杜门为值使，测儿子丙午年的运气。

蛇 生 壬 冲 辛	符 伤 辛 辅 丙	天 杜 丙 英 癸(庚)
阴 休 乙 任 壬	庚	地 景 癸(庚) 芮(禽)戊
合 开 丁 蓬 乙	虎 惊 己 心 丁	武 死 戊 柱 己

断曰：

1. 你儿子不是老大，应是老二 [时干丙，用神儿子年命丙在坤宫（主二）]。

2. 你儿子应该是官，头领 [地盘时干，年命，年支在离宫临值符]。

3. 你儿子会开车，[伤门（车）临地盘年干，年支，又生天盘时干，年干]。

4. 你儿子今年四五月出了车祸，引起了官司口舌 [值符（主事体）伤门

(车)年支与地盘年命干丙、此宫又含午（为五月）同宫被惊门，白虎冲克]。

5. 你儿子工作有变动 [儿子年干、时干都为丙与开门（单位）驿马冲（日上的驿马在坤宫与儿子年干同宫）（时上的驿马在艮宫，艮宫有开门（单位）两两对冲)]。

6. 你儿子目前有上级部门及税务、纪检方面的执法部门找他麻烦 [因年命丙，时干丙下临兄弟月干地盘癸水克，又有杜门（纪检等执法部门）克为（门迫)]。

7. 但不用怕，不用担心（因与以上部门同宫，地盘与年干太岁同宫，又与之天盘相生，更主要是有值符生之，年命之支与之同宫）。

告之：今年出了车祸，开车撞了摩托车，因处理对方不满，告其儿子犯计划生育政策，目前正有纪检工作组在调查。儿子是个信用社的头领，有专车……

十三、一局多断例

甲申年，甲戌月，癸亥日，壬戌时，（甲寅旬，阴6局，天蓬星为值符，休门为值使）丈夫年命戊申，妻子年命壬子，求测近期运气：

阴 惊乙 柱庚	蛇 开戊 心丁	符 休癸 蓬壬(己)
合 死壬(己) 芮(禽)辛	己	天 生丙 任乙
虎 景心 英丙	武 杜庚 辅癸	地 伤辛 冲戊

断曰：

1. 你是有工作的。还是个官，是头领（年干临开门，日干值符，值使)。

2. 你不是老大 [年命在离宫（主中间）日干在坤二宫。日干癸，年命支申临休门，天蓬（本宫在坎（主中男））]。

3. 你的头胎小孩是个儿子 [时干壬在震三宫（主长男）]。

4. 你妻子目前身体不好，有病（妻子年命壬子临天芮病星）。

5. 你妻子目前心情很坏（妻子年命临死门）。

6. 你妻子犯过错误（壬下坐辛，辛主错误）。

7. 你妻子小心有手术，开刀，车祸，惊恐之事 [日支亥水（主妻子）在乾宫临伤门，乙奇主妻子居巽宫临惊门天柱破军星（皆主官司惊恐）与乾宫冲之故]。告之：来的目的就是妻子是搞计生工作的，因为人做手术使别人病危，现在昏迷不醒而担忧，之前曾经为人做手术导致人死亡过。

8. 你妻子排行应在四，在女生中是长女（乙奇妻子居巽四宫，巽又主长女）。

9. 你出生在现在的西北方 [地盘戊居乾宫（西北）]。

10. 距现在住的地方大概有 14 公里左右（乾宫为 6 加中宫 5 加离宫 3）。

11. 你父亲是有工作的，很可能是干经济工作 [日干癸的父亲一看乾宫，二看辛金，男测，辛为癸水的父亲，庚为母亲，如果是女测则相反，辛就应是癸的母，庚为父。现今同在一宫，下临甲子戊（主经济）又与生门比和]。

12. 你母亲个子不高，偏矮 [母亲一看坤宫，坤宫中癸水，休门，天蓬星主水（主低），二看庚金（癸之母为庚太岁居坎宫主矮）]。

13. 你小时身体不好，应该得过肺病 [地盘年命戊在乾宫（主金，金主肺），戊上又有辛金（主肺），天芮病星又有地盘辛金，地盘主过去……]。

14. 你应该是 24 岁结的婚，第二年生儿子 [妻子年命壬子的壬地盘临休门，天蓬（皆带子水）与求测人戊申的申（坤宫有申）同宫，24 岁刚好是 1992 年壬申。第二年生儿子是：天盘癸与之同宫。暗干壬为时干又临之。加上乙奇妻子地盘乙临生门居酉宫，第二年正好是癸酉]。

进入亥时，有人打电话给我的朋友。我朋友来电话，有意考我：马老师：你能看出我现在接了一个电话是何事吗？

我当即断之：是文书，文件方面，与钱财有关的事，总的是好事（此时虽然进入亥时，但我还是用现存的戌时局断）。[景门为电话，（景门，天英星，丁十丙皆主文书，文件之事）被值符值使暗干（时干）同宫为事体冲之。又有开门，甲子戊生之，丙之地盘又临生门，景门，天英的地盘本宫又在离九宫与甲子戊同宫]。故断之。

最后告之：是上级下达文件加工资之事。

十四、六亲多断例

甲申年，癸酉月，辛亥日，甲午时（阴1局，伏吟格天柱星为值符，惊门为值使）妹测姐，丙午年命。

合	阴	蛇
杜 丁	景 己	死 乙(癸)
辅 丁	英 己	芮(禽)乙(癸)
虎		符
伤 丙	癸	惊 辛
冲 丙		柱 辛
武	地	天
生 庚	休 戊	开 壬
任 庚	蓬 戊	心 壬

断曰：

1. 你姐目前心情极差，有病，应该是卧床呻吟不起[姐看月干癸，在坤宫入墓，伏吟（呻吟）临死门（心情不好），又是天芮（病星），乙木（医药），（癸+癸）为天网四张凶格]。告之在医院里。

2. 你姐又与车祸或在外运动中发生的伤灾有关[年命丙临伤门白虎被值符惊门，天柱，凶星凶门冲克，月干癸又在驿马宫]。

3. 这次灾祸还与水火有关[年命丙+丙，月干癸+癸都是水火之信息]，告之是车翻在水里。

4. 她的伤是在腰腹部及脚上[月干癸，天芮病星在坤宫（腹），年命丙与伤门白虎居震三宫（腰，脚）]。

5. 你姐目前应注意官司口舌，主要怕小人作梗，会与工作上的文书单据方面有关，而影响工作 [年命（丙+丙）主文书票据不明遗失。加上年命被值符，惊门开门冲克]。告之：是啊！我姐现在是祸不单行！

6. 你姐的感情上也有问题，她有桃花运 [年命丙下有丙（第三者男人），又临桃花之宫，寅午戌见卯为桃花，丙居卯宫为沐浴也主桃花。乙庚又对冲]。此人笑着告之：这是我姐的私事，也许有吧！她人长得特好。

7. 你姐不是老大，她也会开车，有车（月干在驿马宫，主要是年命居震宫与天冲，伤门同宫之故）。

8. 她的小孩是女儿（时干在兑宫）。

9. 你母亲轻则有大灾难，重则可能不在了 [坤宫主母，临死门，乙癸皆居墓库与太岁冲，太岁庚在艮宫也入墓……]。告之：母亲2003年（癸未）去世了。最后告之，以上无一不验，她姐还被抢劫，被凶手杀了很多刀，已离婚了……

十五、测丈夫投资多断例

甲申年，甲戌月，丁卯日，乙巳时（甲辰旬，阴9局，天禽为值符，死门为值使）妻子戊申年命，测丈夫己酉年命的运气。

武 死 乙 蓬 癸	虎 惊 己 任 戊	合 开 丁 冲 丙(壬)
地 景 辛 心 丁	壬	阴 休 癸 辅 庚
天 杜 庚 柱 己	阴 伤 丙(壬) 芮(禽) 乙	蛇 生 戊 英 辛

断曰：

1. 你丈夫不是老大，排行在老三，有外遇 [己居离宫，主中女，为三数有外遇是丈夫年命临桃花宫，又去生丁奇（第三者女人）]。

2. 要带残疾，头面部有伤，肾泌尿系统有病 [年命己临惊门白虎（主头面）与值符宫冲克，日干丁之丈夫为壬，（丁壬合）居坎宫（肾泌尿系统）临天芮病星，伤门值符又与丈夫年命己之离宫冲克]。

3. 他父母不全，母亲不在的可能比较大。[太岁庚入墓于艮宫。（庚+己）刑格，己丑为坟墓，又空与坤宫（主母）冲]（空亡可看对冲之宫）。

4. 你丈夫学业不高（年命克天辅文昌宫）。

5. 你丈夫有过官司（年命被值符冲克，又临惊门）。

6. 小心冬月有车祸 [丈夫临惊门，白虎，己+戊为犬遇青龙，被伤门（车）值符宫冲克，坎宫为丙子月（当前是甲戌九月，乙亥十月，丙子正好为冬月）]。

7. 你们是22岁结的婚 [从丈夫己酉年支酉宫开始数，到离宫，丈夫年干己与妻子她本人戊申年之地盘戊同落离九宫时正好是丈夫22岁，妻子大丈夫1岁，是23岁（妻子从坤宫申位起1岁）]。

8. 你家的小孩头胎是女孩（时干乙落巽宫为长女）。

9. 你们的小孩聪明，是大眼睛，长得白净，特别善变，爱撒谎，时干为乙奇临天蓬星 [主大眼睛，白净，聪明，也善变，加上玄武，乙下有癸水（皆主聪明，也同时主撒谎）]。

10. 小孩应该是1993年属鸡的（时干下临癸，癸的天盘在兑宫有地支酉。1993年正好为癸酉属鸡。酉宫又有休门，休门与天蓬同宫，时干乙又与天蓬同宫）。——"一般以用神天盘下临之干，星门及它所在的天盘宫位为其年命。"

11. 你丈夫的官司应是1989年吃的，可能被拘禁过 [伤门值符主公安，执法人克丈夫年命己之离九宫，年命己有惊门白虎（己+戊）凶格，丈夫又可看庚，庚入墓于艮宫，杜门也主检察机关，纪检部门，（庚+己）刑格，1989年为己巳]。

12. 你丈夫不能投资，你本人还可以。[丈夫年命克生门（利润）甲子戊（资本）。而她本人年命戊申却与之同宫，日干本人丁奇下坐丙奇，与开门六合同宫]。告之以上断言无一不验，最后得之丈夫冬月也出车祸。

十六、测牢狱，吸毒例

乙酉年，辛巳月，庚子日，丁亥时，（甲申旬，阳1局，天冲星为值符，伤门为值使），中年男女问测侄儿甲寅年命的情况。

壬 武 惊 癸 心 辛	戊 地 开 戊 蓬 乙	庚 天 休 丙 任 己(壬)
辛 白 死 丁 柱 庚	癸 壬	丙 符 生 庚 冲 丁
乙 合 景 己(壬) 芮(禽)丙	己 阴 杜 乙 英 戊	丁 蛇 伤 辛 辅 癸

断曰：

1. 你侄儿犯过错误，有过官灾牢狱 [年命癸，月干辛为兄弟姐妹，兄长之儿子（即辛之儿子为癸，女儿为壬）癸下临辛，辛主犯罪，又临惊门官司被伤门（公安）冲克]。

2. 此人肺和呼吸系统有毛病，可能会吸毒 [年命用神临天心（医院）惊门，辛金（主肺呼吸）因上面已断犯过罪有牢狱，吸毒之人主要伤肺和呼吸道。加之甲寅年命之寅居艮宫有天芮星，故断之]。

3. 此人有多次犯错，多次官灾，要去偷骗 [八门反吟（主多次）年命上有玄武，主偷骗。癸之巽宫有惊门，演卦，（惊门+巽）得泽风大过卦]。

4. 此人还没有结婚 [与癸水相合之戊，地盘乙奇妻及癸水之妻子为正才丙皆处空亡之宫。甲申旬中午未空（离宫与坤宫之未土空）反吟也主凡事反复]。

5. 此人克父亲 [年命宫与乾宫（主父）对冲。最主要是日干的兄弟宫为月干辛，侄儿年命癸水的母亲看庚金日干，父亲看辛。而今"暗干辛金"居震三宫临死门，白虎，天柱凶星被值符（事体）冲。"断卦玄机在年命和空亡、暗干，值符宫和值符对冲之宫"]。

告之：其父也逝世，此人没有结婚，多次吸毒，多次被公安拘禁，现在又被抓进去了，问其怎么办……

十七、按摩床上断按摩女

甲申年，甲戌月，甲子日，辛未时（甲子旬，阴6局，天心星为值符，开门为值使）。

本人与几个朋友一起去桑拿按摩，服务小姐一见我就说：先生你好像歌星腾格尔啊！先生肯定是搞艺术的吧！我朋友告诉他们我是学易经的。她们不懂什么叫易经，朋友告诉她就是预测。按摩小姐很感兴趣，她说她在老家四川曾经算过几次命……我当时有点酒意，就用当时起奇门局，问其年命是1986年（丙寅）属虎的。我是手上起局。

天 生 癸 蓬 庚	地 伤 丙 任 丁	武 杜 辛 冲壬(己)
符 休 戊 心 辛	己	虎 景 庚 辅 乙
蛇 开 乙 柱 丙	阴 惊壬(己) 芮(禽)癸	合 死 丁 英 戊

断曰：

1. 你不是老大（年命丙居离九宫，我在下面主坎，她在上面主离，离主中女）。

2. 你无学业，没读几年书（年命克天辅星，天辅星文昌星又冲克日干甲子戊）。

3. 你父亲已不在了（乾宫主父临死门，丁入墓此宫为三奇入墓凶格又空亡）。

4. 你曾经被一个 1962 年或 1972 年出生的中年男子欺侮过。当时此人应该喝了酒与之发生口舌纠纷，原因可能是酒色，桃花方面引起的，这个人打过你的脸 [年命与方位在离九宫临伤门被坎宫惊门，天芮冲克，天盘有壬，地盘地支为子（故断 1972 年主子）此宫又是桃花之宫，壬又为壬寅。(以上信息皆主酒色，口舌之事)。冲克年命丙宫和其所在之方位离九宫，离宫也主脸临伤门主受伤]。

5. 你早恋，你已不是处女 [年命地支和年命丙地盘在艮宫，此宫有天柱破军星，又有开门（主身子被开，被破之象）加之坎宫为下身生殖器，临惊门天芮病星之故。再有是年命地盘丙，年支寅居艮宫有天柱破军星，天柱星之本宫在兑七宫，上有庚金丈夫，此宫乙庚相合、上有景门含午（景门午火的本宫在离宫，离宫天盘有年命丙……白虎（血光）主在一起了……有天辅景门也主与此男孩一起照了相]。

6. 你应该是 17 岁（2002 年）失的身（丙寅年命的地支寅在艮宫起 1 岁，震宫 2 岁，巽宫含辰巳加两岁是 4 岁，离宫 5，坤宫为 6，7 岁兑宫 8 岁……数到 17 岁刚好是年命丙之离宫、年命地盘宫有天柱星开门，2002 年是壬午年，壬之宫在坎宫冲克年命丙、离宫，丙下有午，子午逢冲……故断之）。

告之：11 岁时因父亲去世而辍学，2000 年（庚辰）谈恋爱，2002 年（壬午年）同居，此男是 1980 年（庚申）属猴的。现已分手，今年农历七月为一个顾客服务，此男大概 30 多岁，喝了酒，为其按摩时此男做超出原则的事，动手动脚，与之争吵而被其打了一巴掌……

十八、占测妹之平安例

甲申年，丙子月，辛巳日，癸巳时，阳 7 局。
天英星为值符，景门为值使。
为甲寅年，丙寅年的人预测，测到中途一中女急冲冲进门求测妹辛亥年命出门（广东方向）的吉凶。因目前音信全无。

蛇 杜 壬(丙) 芮(禽)丁	阴 景 戊 柱 庚	合 死 乙 心 壬(丙)
符 伤 庚 英 癸	丙	虎 惊 辛 蓬 戊
天 生 丁 辅 己	地 休 癸 冲 辛	武 开 己 任 乙

以上是进屋时之局10点58分。开口报年命时是11点过3分进入午时，起局得：

辛巳日，甲午时伏吟局。

合 杜 丁 辅 丁	虎 景 庚 英 庚	武 死 壬(丙) 芮(禽)壬(丙)
阴 伤 癸 冲 癸	丙	地 惊 戊 柱 戊
蛇 生 己 任 己	符 休 辛 蓬 辛	天 开 乙 心 乙

断曰：

1. 你妹出门是为钱财有关之事，有官司破财之灾（年命辛在兑宫临惊门，白虎，辛下有甲子戊钱财）。

2. 此财不是小财，是大财[巳时局年命辛下坐戊临惊门，白虎、天蓬、主（大），天盘甲子戊临惊门，天柱也主官司破财]。

3. 你妹与黑社会有关，可能还带有枪（天蓬星主黑社会，惊门天柱主枪)。

4. 她们与公安执法部门冲突上了 [年命宫与天蓬黑社会同宫冲克伤门（公安）值符宫]。

5. 你妹已经犯罪了 [年命辛冲克伤门（公安）值符太岁（以下犯上）：午时局伏吟，辛+辛与天蓬黑社会同宫，辛为罪人]。

6. 中午1点前有信，最迟不超过戌时（景门主音信，上下两局，景门居离宫主午时，戌时之信息……）。

最后1点38分来电话告之。12点40分广东打来电话说其妹去收账。因收不到，请黑社会帮助收，带有枪绑架了债主，其妻跑脱去报案。惊动了公安武警，全部被扣押……

十九、替朋友问测平安例

乙酉年，辛巳月，甲辰日，辛未时，阳7局。

甲子旬，天柱星为值符，惊门为值使。

问朋友之丈夫丁酉年命的人平安。

癸 合 景 己 任 丁	己 虎 死 癸 冲 庚	辛 武 惊 丁 辅 壬(丙)
壬 阴 杜 辛 蓬 癸	丁 丙	乙 地 开 庚 英 戊
戊 蛇 伤 乙 心 己	庚 符 生 戊 柱 辛	丙 天 休 壬(丙) 芮(禽)乙

断曰：

1. 此人有车祸或开刀之灾 [年命丁临惊门（开刀）与伤门（主车、开刀）冲。来人又坐南方，临死门，白虎，与值符（事体）冲克。年命丁酉之酉在兑宫，有天柱星，现今在坎宫，与事体值符冲坐方（也为事体）。兑宫

（庚+戊）伏宫格，开门也主开刀。（开+惊）演卦为履卦。天泽履卦如履薄冰。值符坎宫天柱破军星（戊+辛）青龙折足坐宫南方离宫有白虎（死+离）演卦得地火明夷卦，卦意是受伤迷惑之意。故断之]。告之：就因生病准备去开刀，看能开否？

2. 他的病情在肾泌尿系统 [年命丁与惊门，玄武，丁壬相合（皆主桃花之病）天芮病星本宫原在坤宫与年命丁同宫，坎宫临值符事体宫又主生殖器，此宫（戊+辛）青龙折足，天柱破军星，含酉为年支，生门十坎为山水蒙（主医院，也主暧昧）故断肾泌尿系统之病，坎宫又有暗干庚，（庚+辛）白虎干格主车折马伤凶]。

3. 可以去做手术（天芮病星下有地盘乙奇年命地支酉与开门暗干乙奇同在，天心医院，天盘乙奇医药，同居艮宫又生之）。

4. 但是此人在 2008~2009 这两年有大凶之兆（2008 为戊子居坎宫，2009 为己丑在离宫，两宫皆临凶星……）。

5. 此人以前应是做广告、电视、宣传方面的事 [丁的地盘（主过去）在巽宫临"景门"，"六合"丁下有惊门，皆主广告宣传。"六合"主多，主联合]。告之：放电影的。

6. 目前做与水或车有关的生意 [年干丁天盘主现在又上临玄武水，下有壬水，惊门主金属与伤门（车）比和。值符事体居坎宫主水有甲子戊资本，生门（利润），此宫也有天柱金、暗庚金、地盘辛金同在]。告之：是做石油的（卖柴油、汽油）。

7. 此人不是老大应是老二 [丁在坤二宫有惊门（主二）]。

8. 他的小孩是男孩（时干辛在震宫主长男）。

9. 最后得之此人得了腺列癌，2009 年夏秋死了。

二十、测运气测出痣斑心病例

乙酉年，戊子月，丙戌日，乙未时（阳遁9局，甲午旬。天蓬星为值符，休门为值使）。

来了一男一女，女命：丁巳年，男：庚戌年，女问运气如何？

虎 惊 庚 英 丁	武 开壬(丙) 芮(禽)庚	地 休 戊 柱壬(丙)
合 死 丁 辅 癸	丙	天 生 乙 心 戊
阴 景 癸 冲 己	蛇 杜 己 任 辛	符 伤 辛 蓬 乙

断曰：

1. 你今年心情不好，常生病 [日干临天芮病星，来时又坐于南方与日干同宫。心情不好是年命居震3宫临死门，（死门主情绪差），（丁+癸）为朱雀投江凶（死+震）演卦得地雷复卦，主凡事反复无常]。

2. 你在家排行应在3（日干，坐方在离方主3，年命在震三宫也主3）。

3. 你做过手术开过刀，丈夫和你有车祸，时间是2000年~2001年或2004年 [日干，坐方临天芮，开门，丙+庚为荧入白凶，年命丁临死门（主疤疾）。年命地盘丁，年支巳与丈夫年命庚同落巽四宫临白虎，惊门被乾宫值符，伤门，（辛+乙）白虎猖狂凶格冲克。2000年是庚辰，2001年辛巳，2004年甲申。故断之]。告之，2000年结婚出车祸，2001年也做了手术。

4. 伤应在头面部，腹部，呼吸系统（巽宫主腹，也主呼吸道，庚主肺呼吸，离宫主面部，也包括口鼻）。告之：车祸丈夫头部牙齿受伤，妻子伤在下身，妻子丁巳做过下身手术和鼻柱手术。丈夫有支气管，爱打鼾，特大声。

5. 你们不是第一次婚姻，属二婚 [日干丙下庚丈夫有玄武，天盘庚下有丁奇（第三者丁又是女方年命）年干丁又生丙奇（第三者男人）]。

6. 你们今年生了个小女孩（时干乙奇临生门，居兑宫，今年刚好是乙酉年，时干乙+兑宫为乙酉）。

7. 你丈夫庚戌年的是远方人，出过大车祸。[庚夫临驿马宫，庚夫又临白虎惊门与值符伤门冲克,值符伤门宫又是丈夫庚戌的年支宫,(乾宫含支戌亥)]。告之:是广东人,也是2000年与另外的女朋友(指第三者情人,也是1977年丁巳年的一起出的大车祸……

8. 你们来我这里除了问运气外,主要是关心你们身上的什么东西,比如胎记,疤痕,痣等方面。[日干与天芮病星(丙+庚)荧入白,庚也主疤、玄武主暧昧,年干丁临死门(主疤痕,上有六合,主疤痣合在身上之意)]。告之:他们从结婚以来运气一直不好,口舌,破财,生病接连不断,他们两个在下身生殖器的同一个部位都有一颗很特别的痣斑,问与此有关否。他们的颈项上同一位置也有一模一样的痣……

二十一、测婚测出男友吸毒牢狱克妻卖军火

丙戌年,甲午月,庚午日,甲申时,甲申旬,阳3局,天禽为值符,死门为值使,伏吟局,丙辰年女测与壬子年男友婚姻可成否?

地	天	符
杜 己	景 丁	死 乙(庚)
辅 己	英 丁	芮(禽) 乙(庚)
武		蛇
伤 戊	庚	惊 壬
冲 戊		柱 壬
虎	合	阴
生 癸	休 丙	开 辛
任 癸	蓬 丙	心 辛

断曰:

1. 你婚姻不顺,丈夫和你都各自花心有外遇[年命丙下坐丙(第三者男人)又临六合,主第三者男人多。丈夫看庚有丁奇(第三者女人)]。

2. 你的第一个丈夫是有妻之夫(天地盘庚金丈夫与天地盘乙奇妻同宫)。

3. 你的子女不只一个,有女有男(时干庚下坐庚,居坤二宫临天禽星

为阳，庚金为阳主男，伏吟得地临值符主多，又主女，年命丙的子女为戊，己居三宫四宫，也主有男有女）。告之：一女两男，两男是双胞胎。注：如果测胎孕，用神临天禽星落坤宫主有双胞胎的信息。

4. 你问壬子年的人有官灾，而且牢狱之灾至少二至四次 [年干壬临天柱，惊门，加之丙辰之女与壬子男还不存在情人关系，可以看月干辛，辛又与丙辰女相合。辛下坐辛（主罪人）。至少二至四次是年命壬居兑宫主2、4之数，用神辛+辛，主罪上加罪]。

5. 此人已结过婚，但妻子可能已不在人世了 [乙妻坤宫生壬命兑宫。也生辛之乾宫。乙奇临死门，天芮，入墓空亡，又是三奇入墓凶格]。告之：听说已死。

6. 其妻是长期生病吃药，而且可能吃错药了（乙妻临天芮病星伏吟主慢主长久，又有庚+庚凶格，天芮临庚有不治之症，癌症之象）。告之：是吸毒而死的。注意：庚为肺，乙为药，也可为毒品，毒伤肺。本身吸毒就先伤肺，坤宫空亡，而庚金不算空，甲申旬中午未空。坤中含未申，所以未空而申不空。

7. 此男也应吸过毒（天芮病星，乙奇医药与时干事体同宫，加之年命壬之兑宫也凶）。

8. 此人很聪明，能说善辩（年命临惊门，天柱兑宫皆主聪明会说，螣蛇主狡诈善辩）。

9. 此人曾经用过炸药，枪支之类的凶器（螣蛇主炸药，惊门，天柱主枪支）。告之：目前这次坐牢就是因为买卖军火而造成的。

最后得知：此男是台湾的。此女之前嫁在台湾已离了婚。认识此男之母，其母收此女为干女儿想让此女当其儿媳妇。

刚断到此，就有人打电话问：（主要是考我的水平，他直接说考考先生的技术。）"我们在去西方的路上，你说我们遇见了什么？"

我将此卦分析告之：你们有大惊恐。是死伤之事，还有可能与爆炸事有关，而死伤2至3人（值符时干为值使为事体，先锋门临死门，三奇又入墓）。告之：先生的技术可以打90分了。我们被堵车了。是炸山把两个人埋在下面了。你看看这两个人如何？我当即告之，只伤不死（时干得地临值符）。晚上告之：受了伤没有生命危险。

二十二、奇门飞宫断官灾牢狱

癸未年，辛酉月，己亥日，庚午时（阴1局，甲子旬，天蓬星为值符，休门为值使）。癸卯年男命，飞宫局：

庚 勾 休 癸 禽 丁	丁 天 开 己 英 己	壬 武 伤 辛 柱 乙
辛 常 死 壬 心 丙	己 丁 辅 癸	乙 蛇 生 乙 芮 辛
丙 符 惊 戊 蓬 庚	癸 地 杜 庚 任 戊	戊 阴 景 丙 冲 壬

断曰：

1. 此人有车祸，包括他同事兄弟姐妹，时间在1998年或2001年 [值符为事体临惊门，戊+庚凶格与伤门（车）天柱辛+乙（白虎猖狂）对冲。辛金又是月干（主同事兄弟姐妹）]。告之：兄妹同事共5人，2001年同时坐一辆车出了车祸。

2. 有官司，要破大财。[值符为事体与甲子戊同宫，有天蓬星（主大）、惊门，戊+庚凶]。

3. 要犯错误，有牢狱但不长 [年命癸居巽宫有勾陈（主牢狱）癸+丁（螣蛇妖狡凶）年支是卯上有暗干辛（主犯错），暗干年命癸临杜门（手铐）]。告之：被居留40来天，行贿受贿。

4. 头面口腔有病（兑宫主口齿临天芮病星生门+兑得山泽损卦）。告之：因出车祸牙齿掉4颗。

5. 他所出的事要牵涉其他人，至少3个 [年支卯宫有暗干辛（代表犯错,又是月干)卯宫有 3 数]。

6. 他之前是个官,一把手 [年命是太岁加之妻测夫看庚,庚上临暗干太岁年命,庚的地盘在艮宫有值符,(头领一把手)地盘主过去之事]。告之:之前是镇委书记。

7. 现在此人是休息起的(年命临休门)……

第八章
课堂问答及实例解答

问：《金涵玉镜》上所说的九星，如：天心星值午时，主有风雨聚至，蛇横路……作用后六十日有……五年内横财大发。作何理解？

答：是指九星，如天心星作"值符"时在此时辰（指午时）的所应。

问：如果同一时辰来多个人求测，怎么看待用神？

答：如三个人来问事，主要看其年命方位。第一个第二个皆可看年命日干，第三个就可以看其衣服方位结合其年命、老幼等来断之。

问：怎么看待学生和老师？

答：除了看各自年命外，以天芮星代表学生徒弟，天辅星代表老师，看其两者的关系，旺衰断其各自的情况与双方的相处融洽。

问：测人的情况时，什么代表人的性格、身体状况？

答：九星"八神"代表人的性格，肤色，"八门"代表身体状况，工作职业情况，还可据一白二黑、三碧四绿等论。九宫论人的皮肤，高矮。

问：怎么看天禽星的落宫情况？

答："天禽星"阳遁落艮八宫"生门"。阴遁时落坤二宫用"死门"。这是专指值符，值使落中五宫时，值符，值使落艮八宫，奇仪照样随坤二宫走。

问：怎么看待"天芮"病神？

答："天芮"作病神，它不仅指身体的"病"，同时也指事情（钱财，物品等）方面有"毛病"。

问：怎么看内外远近？

答：阳遁时，一、八、三、四宫为内，为近。九、二、七、六宫为外为远。阴遁时则相反。生克都与内外有关，它可以影响生克的力度。

问：怎么看婚姻，因有已婚，未婚之分？

答：已婚者，看乙、庚、及双方年命，未婚者专看双方的年命，落宫定成否，看其双方的各种情况。

问：断数的时候，主体是什么？

答：主要看其旺衰，宫所代表的数字，旺断大，断多，衰断小，断少。但还得看其具体之事，还应看三奇、六仪、九星、八门、地支等。

问：过去和未来的看法怎么看？

答：地盘代表过去，天盘代表未来，现在，休囚主过去之事，旺相主目前的事，相主未来或即将发生的事。

问：九星的旺、相、休、囚、废是什么？

答：这与其他不同，因九星代表的是天、人和地是管不了它的。九星应是：与我同行为相，我生之月为旺（主要是发挥了它的作用，所以为旺）。生我之月为废，我克之月为休，克我之月为囚。

问：天时、地理、鬼神、人事各看什么？

答：天时看九星，人事看八门，山川地理看九宫，鬼神看八神，还有生门代表房屋，死门代表地皮。

问：对考试，各科目用什么代表，好看各科之成绩？

答：休门宫代表数学，天英宫代表英语，六合可看化学，生物可看生门震宫，丁奇主成绩，景门代表录取通知书……

问：断卦的程序怎么一看？

答：重看年命（代表整体，长久），方位（代表现状）衣服颜色，动作，日干（都可代表现状或即将发生的事）。值符之宫与对冲之宫为来意也主发生过和正在发生的事，而且是大事，特殊之事，首先看坐方，动作管现状，而年命管一生。

问：什么叫暗支？

答：八门原来的本宫的地支叫暗支，如：生门是丑寅，死门是未申，惊门是酉，杜门是辰巳，伤门是卯，景门是午、开门是戌亥，休门是子。

问：怎么断其排行？

答：年命临值符，长生，年干（太岁）或男可看震宫，女可看巽宫为老大，年为大，月为二，时为小，还应看宫位，如坎为中男，离为中女可断三。兑为少女，艮为少男等。

问：怎么敢肯定断来求者或用神有病？

答：当年命与值符和病星天芮同宫时一定有病，如果又同时落在十二长生：沐浴、冠带……的"病"字上更肯定断之。

问：测动物时怎么看用神？

答：看八门所属，所代表，还应看地支，还可看宫位，如"休门"代表猪，生门代表牛，狗，丑代表牛、酉代表鸡，亥代表猪，离宫代表马……等。

问：对甲子戊，生门看财运时如何看待？

答：有投资性可看生门，甲子戊，如果没投资本钱只靠学术，技术之类可只看生门。

问：怎么看少、中、老年的情形？

答：九星管少年之事，八门主中年的事情，九宫主晚年的事情。九星、八门应考虑它原坐之宫位与年命的关系，九宫应考虑它的本宫所含的地支。如艮宫含丑、寅、兑宫含酉等。

问：如何看空亡？

答：应看其旺衰，日、时皆应看。如空亡临值符不论空，它照样有作用。

问：宫与宫之间的生克如何看其力量？

答：外与外，内与内的生克力度较之外与内，内与外的力度要大。

问：怎么看待"保险"？

答：值符甲子戊为保险，天芮上乘甲子临值符生年命或同宫于年命为大疾病保险。临值符伤门为车保险。

问：测箱子，镜子……怎么看？

答：凡事都应熟悉八卦、天干、地支万物类象，如箱子看死门（死门是坤宫，主方），乾主圆，主镜子等。

问：怎么看待考试后的情况？

答：景门为录取通知书，丁为成绩，太岁值符为录取学校，再据用神及年命的旺衰生克情况论之……

问：奇门遁甲的值符怎么看？

答：一般值符宫和值符对冲宫为事体为大事，断数字时，值符吉断吉凶断凶，其他略。

问：怎么看流年运气？

答：看流年运气应先从年命的年支宫开始从1岁数起计算，如：癸为甲寅，甲寅的寅的本宫。在艮宫，一般都是算虚数。

问：什么叫演卦？

答：以落宫之门和落宫之卦相加组合而成的卦为演卦法。门为上卦，落宫为下卦。如：年命之宫为景门，景门为离卦，落兑七宫，相加得（离十兑）组合成（火泽睽）卦。

问：如果值符与坐方同宫怎么看？

答：如果是这样不管好事坏事都得发生，值符坐方也为来意。

注：丁+癸为朱雀投江可断为近视眼，眼睛有病。辛金代表手铐，临开门主打开，临杜门主锁上……

问：奇门预测局与奇门日课择吉局是否一样？

答：一样，但请注意：在日课选择上，特别应注意地域和时差的区别。

问：奇门日课有没有特殊的要求？是否和预测一样？

答：有特殊的要求，它和预测有一定的区别，这个课题要在专门的玄空大卦些子法择日和奇门遁甲择日班上再具体讲解。

问：用摇数起局和随意报数起局是否和以上起局的作用一样？

答：有区别，摇数起局和报数起局仅只能作为预测，决不能用于做事和择吉择方位……

例一：

甲申年、丙寅月、乙丑日，辛巳时（阳2局，甲戌旬天冲为值符，伤门为值使），戊申男命测运气生意之事。坐于南方，阳遁值符落中五宫应寄居艮八宫。

阴 死 丙 英 庚	合 惊 戊(辛) 芮(禽)丙	虎 开 癸 柱 戊(辛)
蛇 景 庚 辅 己	辛	武 休 壬 心 癸
符 杜 己 冲 丁	天 伤 丁 任 乙	地 生 乙 蓬 壬

1. 为什么断戊申年的人的人际关系好，通天达地？

答：因戊下临月干丙，又有六合，时干辛同宫，又得天盘月干丙，太岁年干庚两宫相生，自身又与值符生，故断此人的人际关系能通天达地（月干、时干、六合）加本人又是（戊+丙）青龙返首吉格，可说是处处逢缘。

2. 为啥断此人文化不错，而却没上班工作？

答：因天辅文曲星，景门临太岁相生年命，坐方（主较有文化。）而没有上班工作是因开门逢空亡。

3. 为什么断此人是与人合伙做生意的？

答：坐方，年命有月干丙，六合，戊（为投资钱财）同宫之故。

4. 为什么断他准备买门面做更大的发展？而能否买？

答：甲子戊年命去生开门店面，开门之地盘又有戊，申的本宫空是说明还没买，但可买，能赚钱。（因开门下临戊，年命支申又生日干，生门。旺相出空有用，值符又可冲空。）

5. 为什么断他目前的生意销售不错，而又断他们是3个人合伙？

答：因甲子戊钱，年命与时干同宫，月、年、时同落离宫，又有六合，离为3，故断有3人合伙。（月干丙之数也为3数。）

例二：

甲申年，辛未月，庚子日，甲申时（阴遁5局，伏吟，甲申庚天冲星为值符，伤门为值使）。年命丁未与甲午年的人问测合伙办厂。丁未为钱财投资方，甲午为技术投资方。

天 杜 己 辅 己	地 景 癸 英 癸	武 死 辛(戊) 芮(禽)辛(戊)
符 伤 庚 冲 庚	戊	虎 惊 丙 柱 丙
蛇 生 丁 任 丁	阴 休 壬 蓬 壬	合 开 乙 心 乙

1. 为什么说甲午年（技术方）与丁未年（钱老板）合伙办厂很好，能赚大钱？

答：因为甲午（辛）目前钱不多（年命与甲子戊落空）。与甲子戊（钱财）同宫临天芮旺相，而丁未年的人临生门，他们比和同时生开门厂。而开门之宫有三奇，六合，格局吉。还有丁未年命的年支"未"本身就属于坤宫与甲午（辛）、甲子戊同宫，同生开门厂。所以断可以合伙开办。

2. 怎么断甲午年的人学业不高，但目前却文书技术高？

答：因天辅文曲星克他年命，故断学业不高，而文书技术高却是甲午的午本宫临景门、天英星，有太岁、值符生之。

3. 为什么断甲午年的人目前有病，而且还要做开刀手术，而且病在肠胃方面，与肿瘤有关？

答：因甲午（辛）临天芮病神居坤宫，主肠胃之病，临天芮，天禽，死门（疤疾）主肿瘤。而被值符，值使太岁，伤门，庚+庚（战格）所克，所以断有开刀之忧。

4. 为什么断1999年甲午的人是他人生中的大转折？家里会有凶事发生？

答：1999年是己卯，己临杜门，闭塞，天辅（文书），卯居震宫临值符，庚金太岁，又有伤门克年命，而所发生的事是甲申庚年干太岁为父亲。告知："因父亲生病作手术倒至本人没干工作、与领导上级关系不好造成而停止工作。"（值符太岁克年命。）

5. 为什么断去年（癸未）——今年（甲申）之间甲午年的头上老人有死亡之象？

答：因坤宫有死门，天芮，又空亡，而受太岁，值符伤门同居震宫之克。（去年癸未，父亲死亡），坤中含未，申支。

6. 为什么断丁未年的人有情人，其妻应是在医院上班的医生？

答：丁未年的年命干丁下临丁（丁为小妾，为情人）；妻子看乙奇，今乙下为乙（乙为医药）、天心星（医院）、开门（工作单位）同宫。

例三：

甲申年，辛未月，甲午日，己巳时（阴遁2局，甲子旬，天芮星为值符，死门为值使，乾宫空，己酉女命求测：

武 生 己 蓬 丙	虎 伤 辛 任 庚	合 杜 乙 冲 戊(丁)
地 休 癸 心 乙	丁	阴 景 丙 辅 壬
天 开 壬 柱 辛	符 惊 戊(丁) 芮(禽) 己	蛇 死 庚 英 癸

1. 为什么断此女婚不顺,有了第三者的麻烦?

答:年命临玄武,下临丙火第三者男人。日干甲午(辛)又在桃花宫之故。

2. 为什么断此第三者男人相当不错,有文化修养素质相当高?

答:因第三者丙临太阴,景门,天辅文曲星,此男还可能是丙午年或丙申年的。(丙与景门一起,景门含暗支午。一般情况男情人都比女大,比己酉女大的丙流年只有丙午、丙申年合情理)。

3. 为什么断他们不能成婚?而且是丙申年的男不要女?

答:因此男有妻子、儿子 [因告之此男是1956年(丙申)的]。既然告之是丙申年的,丙申年的地支申在坤宫与乙奇(妻子)同宫,乙生丙宫,时干儿子己下有丙,己的地盘又在坎宫,坎宫中有天芮,天芮原本宫在坤宫与乙妻申同宫。此男不要此女是天盘丙居兑宫克女年命己之巽宫。

4. 此女的家庭应如何处理?

答:此女说丈夫是丁未年的居坎宫,与此女年命宫相生,丈夫天盘年命丁与此女地盘年命己同落坎宫,丈夫年支未在坤宫,此女年支酉在兑宫,丈夫年支生此女年支宫,说明丈夫对此女很好。此男财运又好(丁戊同宫,又临值符)。丈夫会开车(地盘丈夫又可看庚,临伤门(车),天盘又临驿马之宫。所以应劝其以家庭为重。

5. 为何断其丈夫是干人寿保险的头领?

答:因丈夫年干丁临值符(头领)与天芮,甲子戊同宫(值符临天芮与甲子戊一起为大疾病人寿保险)。

6. 为何断此女学业不高,也没有工作?

答:因天辅文昌星克年干,日干甲午(辛)又克天辅。没有工作是开门宫克地盘年干己宫,年干天盘己居巽宫又克开门,开门主工作,故断之。

7. 怎么断此女结婚之年就生小孩的?

答:断此女是1994年(甲戌)结的婚,也就是26岁,从酉宫年支开始数1岁,26岁算虚岁,乾宫戌上临丈夫庚,戌为甲戌己,当年生小孩是因甲戌(己)正好是时干己与此女年干同在巽宫临生门,天盘庚丈夫在乾宫,乾下之戌为甲戌(己)同在一同。而且此小孩很聪明,大眼睛,白净[时干临生门(主聪明)而死门则(主憨厚、笨)天蓬(主白净、大眼睛),与玄武皆主聪明伶俐]。

8. 为什么断1997年她家里出大事了,出的是什么事?

答:1997(丁丑),丁干临开门,开门主开始,此宫又是(壬+辛),天柱破军星,壬主天牢,辛为犯罪,1997年丈夫丁年命,女己酉地盘同落坎宫临甲子戊,惊门,天芮星(主有官司破财之灾。因开门居艮宫含丁丑1997年)克丈夫及年干地盘己。(告之1997年开卡拉OK舞厅……,花去6万元左右才免去辛金手铐之苦。)

9. 为什么断此女的妹妹婚不顺,可以同辛丑年的人结婚?

答:因告之其妹是1972年的。其个子较高,因其妹年命壬居艮宫,旺相临九天主高),居艮宫有丑,壬下坐辛,1961年为辛丑。而且是其妹主动去和辛丑的人同居的(壬辛同居艮宫,月干为辛为妹的地盘又在艮宫,艮宫主房子,艮宫有丑是1961年的本宫,说明房子是男的。故断之。此男已有小孩,时干为小孩生1961年之年干辛之宫)。此男善良,正直,但倔强(临天任星),有车(伤门同宫),所以条件不错可以结婚。

例四:主体断行人

甲申年、辛未月、癸卯日、辛酉时(阴7局)甲寅旬,天芮为值符,死门为值使。辛亥年命之人求测父乙酉年命的人去了何方?吉凶如何?

符 死 癸(庚) 芮(禽)辛	天 惊 戊 柱 丙	地 开 己 心 癸(庚)
蛇 景 丙 英 壬	庚	武 休 丁 蓬 戊
阴 杜 辛 辅 乙	合 伤 壬 冲 丁	虎 生 乙 任 己

1. 为何断其父没危险,较平安?

答:因其父乙酉年命临生门,天任星,年命又去克死门(否定死)。

2. 为何断其父能回,走得不远?

答:因辛亥年命为求测者之年支亥与父乙干同宫,太岁庚金又下临求测人地盘之年干辛。目前是阴遁,乙年命在乾六宫主内,又是亥之本宫,故断不远。

3. 为什么断很快就可以与求测人见面,而是酉时就可以回来见到面?

答:因求测人年命支亥与用神同宫,而且有年、月、时格,时格主快,主本时辰，时格为（庚+辛），辛对应当天时辰之支辛酉正好是本时辰。

补充说明：

测行人：以日干为求测人，年干为长辈，月干为朋友同事兄弟姐妹，日支为妻，时干为下级，下属小辈，子女，乙奇为妻，庚为夫，还可以日干定之。如癸干男的母亲看庚，父亲看辛，甲木为女。乙木为儿子，癸为兄弟，壬为姐妹……最好看其年命。

凡是用神与日干比和（包括求测者年命），同宫，用神落宫生日干落宫，都是行人能回的符号，如用神落宫克日干宫，指行人不想回或不能回来，但行人能否回来得看格局的情况。用神与时干同宫或日干与年命同宫皆能回。能与行人相见。同时还可看庚格。落内则速，落外则迟，落空亡，逢冲填实之时可回。

例五：婚姻家庭妻子出走例

甲申年、辛未月、癸卯日，壬戌时（阴7局，甲寅旬，天芮星为值符，死门为值使）。

年命癸丑男，坐于南方，妻子乙卯年，男求测家庭。

天	地	武
惊 戊 柱 辛	开 己 心 丙	休 丁 蓬 癸(庚)
符 死　癸(庚) 芮(禽)壬	庚	白 生 乙 任 戊
蛇 景 丙 英 乙	阴 杜 辛 辅 丁	合 伤 壬 冲 己

1. 为何断此人心情不好？

答：因年命临死门（死门主心情不好），又临天芮病神（主目前胃口不开）。但无妨(病神落三四宫主不药而愈，壬+癸，主家有丑事不可外扬)。

2. 为什么断此男学业不高，但有正式工作？

答：因天辅文曲星落坎宫空亡，休囚。有工作是他坐于南方临开门旺相又有吉星天心星，还有年命癸与值符太岁同宫生开门工作。癸居震宫为临贵人，长生宫。故断之。

3. 为什么断此男是在家排行老大？

答：因年命落震宫，临值符，太岁，又是长生之故。

4. 为何断他婚姻家庭不好，妻子从她姐处带钱走了？

答：因乙庚相冲，年命值符太岁冲乙妻，乙妻又下临甲子戊生门之宫，而天盘甲子戊（钱），又临月干辛（其姐）同宫下临天柱破军星，表示破她姐的钱。故断之。

5. 为何能断妻子是因打架而出走的？

答：求测人癸下有死门（死门也主疑心病，加上又有天芮病神临之）。怀疑其妻有外遇。因乙上有丙（第三者），2002年壬午就开始有个男的在追求，但落空（艮空亡），六合（主证据）又克年命癸，所以又没有证据而只是怀疑，故意找茬发生的冲突。

6. 为何断此男是26岁结婚？

答：因癸丑的丑在艮宫与地盘乙妻同宫，天任，生门也包含暗支丑，寅，也与乙妻同落兑宫，又有戊干，戊寅年刚好26岁（指虚岁）。从年支丑开始数1岁……

7. 为何断其小儿是1999年己卯属兔的？

答：因时干天盘壬在乾宫有伤门，天冲皆阳星为男，而时干之地盘又在卯宫，天盘壬下是己，己对应之年份为己卯（一般用神坐下之干为其年命）。

181

8. 为何断此男一大清早就去丈母娘家找?

答：因年命癸在卯宫，卯为清早，癸的地盘原在坤宫，现在癸与坤宫之天芮，死门同落外盘乙卯妻子的本宫即为丈母娘家。丈母娘还反对此男，因五行相克（宫、天干癸与天芮死门土相克）。

9. 为何断其妻要农历八月才能回?

答：因乙妻居兑宫克癸干震宫，说明妻子恨丈夫。但天任，生门属丑与乙妻同宫，乙妻之年支卯又和丈夫庚年命癸同宫，说明他们的感情没有彻底破裂，断八月回是相冲而有时格之故也。

例六：综合断例

辛巳年、乙未月，壬午日，丙午时（阴7局，甲辰旬，天冲星为值符，伤门为值使，艮震两宫空亡）。

蛇 死 乙 任 辛	符 惊 壬 冲 丙	天 开 辛 辅 癸(庚)
阴 景 丁 蓬 壬	庚	地 休 丙 英 戊
合 杜 己 心 乙	壬 伤 戊 柱 丁	武 生 癸(庚) 芮(禽) 己

来了3个人，两男一女，一中男，一中女，一青年男子，女的先到，坐于南方离卦，身穿黄色衣服，中男年命是庚寅。

1. 为何一开始就断他是为儿子的事而烦恼?

答：因坐方离卦与值符同宫（为目前的事体）。日干为来测者下临时干丙，（时干丙为阳为儿子）加之身穿黄色衣服，黄色为日干丁的食伤，食伤代表子女。

2. 为何断儿子吃官司，是为车祸之事？

答：因值符，坐方 [告知儿子又是壬戌年（1982年）的]，临惊门（主官司），受值使门伤门（主车）白虎冲克，故断之。

3. 为何断儿子有牢狱之灾，而且时间是3个月？

答：因壬为天网，儿子时干丙上为壬（为天网），主牢狱。儿子年命为壬居离宫，惊加景主词讼不息，惊加壬又主官司囚禁。又因儿子年命壬与地盘时干丙同居离宫，离主3。故断是3个月。

4. 为何断破财可解，而财之数是1~1.6万元？

答：伤门主公安与甲子戊，天柱破军星是同宫，主公安得了钱而此宫又休囚。加之辛为手铐临开门（主打开之象）克公安伤门坎宫。

5. 为什么断庚寅年的人有病？

答：因庚的长生在巳，病位在亥，目前落乾宫亥位上，又与天芮病神同宫。

6. 为啥断庚寅年的人学业不高，才读5年书？

答：因天辅文昌星虽生年命，但天辅星在坤宫入墓，天辅星又克庚宫中之天禽星，而坤代表2、5、8之数。故断之。

7. 为何断其父较有文化，以前还很风光？

答：因年干辛太岁与天辅文昌星同宫，又有开门，上乘九天（告之以前是国民党的官员）。

8. 为啥断其男把妻子打跑了？

答：因乙妻在巽宫，（乙+辛）青龙逃走之格，受庚年命宫乾宫冲克，庚在乾宫又有生门（主手）冲克，故断被他用手打跑了。

例七：官司生意例

甲申年，辛未月，甲辰日，己巳时（甲子旬，阴7局，天柱星为值符，惊门为值使，己酉年命的人坐于北方坎位求测运气：

虎 景 壬 冲 辛	合 死 辛 辅 丙	阴 惊 丙 英 癸(庚)
武 杜 乙 任 壬	庚	蛇 开 癸(庚) 芮(禽)戊
地 伤 丁 蓬 乙	天 生 己 心 丁	符 休 戊 柱 己

1. 为何断此男己酉年命的人忙忙碌碌，为生意钱财发愁？

答：因年命坐方同在坎宫休囚，（乙+丁）为朱雀入墓上乘九天，下临生门（生门主生意，九天主动）演卦生+坎得山水蒙卦（主蒙胧，开始），而且值符为先锋事体，下临戊，戊下坐年命己，又有天柱破军星临驿马宫空亡（空亡与值符同宫，出空不论空）。

2. 为何断心中已有投资项目，但缺本钱？

答：开门生年命生门，开门又与甲子戊同宫比和（主项目）。但缺本钱是甲子戊与天柱破军星同宫，又与值符借贷方落空，而值符又与地盘年命己同落空，主目前借贷无门，只有九十月出空方成。

3. 为何断此人还有官司？

答：因值使门为动态的临惊门来克年命与坐方坎宫。

4. 为何断还有外债，有社会上和公安方面找其麻烦？

答：因伤门为公安为讨债方，天蓬为黑社会性质，同在艮宫来克年命坎宫，欠债是自身生门休囚被克，甲子戊临天柱破军星一起之故。

5. 为何讨债人为何想打房子的主意？

答：因讨债方为伤门克年命，坐方，生门之坎宫，生门代表房屋。

6. 那此人该怎么办？

答：可以假离婚，把房产权过户给妻子，因景门为房产权证与妻子比和相生。

例八：综合断例

甲申年、辛未月、乙未日、辛巳时（甲戌旬，阴遁2局，天蓬星为值符，休门为值使）。丁巳年命与庚戌年命之人求测运气：

地 生 乙 冲 丙	武 伤 丙 辅 庚	虎 杜 庚 英 戊(丁)
天 休 辛 任 乙	丁	合 景 戊(丁) 芮(禽)壬
符 开 己 蓬 辛	蛇 惊 癸 心 己	阴 死 壬 柱 癸

1. 为何断丁巳年的人学业不高？

答：因天辅文曲星落离宫克年命丁巳兑宫。

2. 为啥断此人会开车，但又劝其别开？

答：开门为职业临值符，天辅伤门生开门值符，开门值符之宫又生年命宫之故。但目前不能开是因伤门临玄武，丙加庚为荧入白凶格克年命宫。

185

3. 为啥目前财运欠佳？

答：甲子戊与年命丁同宫空亡，又临天芮病星，说明钱财上有病。

4. 为什么断丁、庚两人准备出门发展？

答：因值符为动态，为事体，临开门在外居马星之宫。阴遁，一、八、三、四宫为外。

5. 为什么断其婚姻不顺，有过实际婚姻，又与一个 1978 年戊午年的女生一起照了结婚相，要在八月才结婚？

答：因年命丁壬合（为淫荡之合），有戊、景门的暗支是午，故断戊午年之女，他们同宫，又与六合、景门（主在一起照了相）他们所处在兑宫，此宫是酉，目前空亡，八月填实，故断酉月八月结婚。

6. 为什么断此男的异性朋友多，目前与戊午年的女生有口舌？

答：丁干临六合，兑宫主少女，又有丁壬之合（桃花之合），兑又主口舌。景门属火，离卦居兑宫得火泽睽卦（主夫妻反目）故断婚姻上有口舌。

7. 为什么断庚戌年的人要出远门发展？

答：因庚年命居坤宫，被开门值符艮宫居外卦冲之故。

8. 为什么断此人文凭比丁年的人好？

答：因庚年命居坤宫受天辅之生。

9. 为何断庚戌的人没结婚？

答：乙为妻在外卦，庚在内落空。

10. 为何断此人财运不好？

答：（庚+戊）为伏宫格凶，生门在巽宫克年命坤宫年命与甲子戊临天芮病星落空。

11. 为什么断此人性情急躁，肠胃有病？

答：年命临天英星，（主急躁）坤艮肠胃，戊又为肠胃下临天芮病神，（庚加戊）凶又临白虎。

12. 为何断此人在丙戌——丁亥年结婚？

答：乙下有丙，丙与庚一起，乙下之宫为杜门。又与庚同宫，庚下地盘有丁，而丙戌丁亥又含丙丁。故断之。

例九：综合实例

甲申年、辛未月，壬辰日，甲辰时（阴2局，天柱星为值符，惊门为值使，伏吟格）。年命：甲寅女，坐于正北方坎卦。

注：近期当前运气以方位定，大事长久之事以年命断。

合 杜 丙 辅 丙	阴 景 庚 英 庚	蛇 景　戊(丁) 芮(禽)戊(丁)
壬 伤 乙 冲 乙	丁	符 惊 壬 柱 壬
武 生 辛 任 辛	武 开 己 蓬 己	天 开 癸 心 癸

1. 为什么断近期运气不错？

答：因年命与开门同宫又有天心吉星，年命甲本长生在亥，癸帝旺在亥得时，得地，又有生门。甲子戊生之。

2. 为什么断其学业不高，在学校不是个好学生，不爱学习？

答：因年命与天辅文曲星相冲克，天辅临杜门（闭塞）休囚之因。

3. 为什么断其人是22岁上班的？

答：因流年运应从年命的年支本宫起1岁数至乾宫开门（主工作单位）亥位与年命癸同宫刚好是22岁（称虚岁）。

4. 为何断其婚姻不错？

答：婚姻先看乙庚，乙奇居震宫生庚金所居离宫加之年命又相同。

5. 为什么断工作职业有多种，很可能主要是干财务的？

答：因开门与年命居乾宫主公门，乾主金，主财又得甲子戊来生，断职业多是（癸+癸）天网四张，癸水主动，九天也主动。

6.为什么断其小孩（己卯年）个子小，白净，爱哭流泪？

答：个子小是小孩年命己居坎宫主矮，休囚主小。甲辰壬为时干（小孩）临惊门主哭，小儿年干己落坎宫临休门，天蓬星（主白净爱哭）。

7. 为什么断她小孩身体不好，而且是肠胃功能差，还常发烧？

答：因己在坎宫（休囚）受天芮（病神、坤、戊皆主肠胃）之宫所克。而且病神宫不仅有戊，还有丁和螣蛇（主爱发烧）。

8. 那该怎么办？

答：应找西方，或西北方（值符通关）名字带金傍或姓刘或属牛的医生可好。

9. 为什么劝此人不能投资？

答：财（甲子戊）临天芮病神（主财有病）、死门（主错误）生门逢空亡在外，临玄武、临辛金（罪过）之因。

10. 为什么断此人已经投资了，而且是在癸未年投的？

答：因癸临开门（主店面，开始），甲子戊又临未（坤宫含有未），故断为癸未年。

例十：电话预测断例

甲申年，辛未月，甲午日，戊辰时（阴2局，甲子旬，天芮星为值符，死门为值使，九星伏吟）。电话替己亥年命的朋友预测运气。

阴 伤 丙 辅 丙	蛇 杜 庚 英 庚	符 景 戊(丁) 芮(禽)戊(丁)
合 生 乙 冲 乙	丁	天 死 壬 柱 壬
壬 休 辛 任 辛	武 开 己 蓬 己	地 惊 癸 心 癸

1. 为何断己亥年的人有工作，而且有官，还是个贪官？

答：因年命己临开门居坎宫有天乙贵人（主工作和官贵），开门临玄武，天蓬主贪官。

2. 为何断此人目前出事了，而且是四处碰壁受攻击？

答：因月干辛为朋友，同事，同单位，时干戊为下属上乘值符（事体），景门（主状纸）克年命坎宫。故断被人（下属）联名写状纸到领导（值符）处去告此人，加之年命己亥之年命支亥之本宫在乾宫，有惊门（主官司）（癸+癸）天网四张凶格。

3. 为何断是因经济之事？

答：年命临天蓬，玄武（主有贪之象），受月干（同事）辛、艮宫原本有生门（主钱财有毛病之象）值符临甲子戊（事体，领导）景门同宫一起克坎宫。

4. 此事是否会丢官，该怎么办？

答：不会丢官，因证据（六合）克月干辛金，景门甲子戊坤宫。说明证据否认艮宫，坤宫之信息。又加之伤门公安又克艮，坤宫，故不会丢官，但以后还是应检点为好。

例十一：重断职业例

甲申年，辛未月，壬寅日，辛亥时（甲辰旬，阴遁7局，天冲星为值符，伤门为值使，戊申年命。

符 休 壬 冲 辛	天 生 辛 辅 丙	地 伤 丙 英 癸（庚）
蛇 开 乙 任 壬	庚	武 杜 癸（庚） 芮 戊
阴 惊 丁 蓬 乙	合 死 己 心 丁	虎 景 戊 柱 己

1. 为何断此人有工作，还有点官，但是副职？

答：因日干为求测者，今日干壬临休门，值符，故断有官，在巽4宫一般主副职。

2. 为什么断戊申年命的人目前在官场上不顺？

答：因戊年命景门落乾宫入墓，（戊+己）为贵人入狱，今与值符冲克（主与直接领导关系不好，爱和领导冲撞）。加之日干、休门在巽宫也为入墓，开门又空。

3. 为何断此人不想干工作？

答：因开门落震宫为门迫，又空亡，年命克之（主去否定开门工作单位之意）。

4. 此人要去养猪，为何劝其暂时别去投资为好？

答：猪可看亥，也可看休门，休门居巽宫，入墓又被天芮病星临太岁冲克（主猪会大批生病，六合临死门，也主猪会大批死亡之象），还有开门（主厂）落宫亡，生门又主利润克年命甲子戊（投资资金），所以劝其不投资为好！再加之甲子戊资本临天柱破军星，白虎，主血本无归。故断之（一般只要是甲子戊临天柱破军星时最好别投资）。

5. 为何断丁未年的婚姻不顺，成不了？

答：其女朋友是乙卯年命，卯居震宫，乙为妻又是女友的年命落空亡，景门主结婚证照入墓又克乙妻之宫。主音信皆无，加上乙庚相冲克，双方年命空又克。震艮空震木克艮土，亥时又属困卦，阴气过重，纯阴不生。

例十二：综合断例

甲申年，辛未月，癸卯日，丁巳时（阴7局，甲寅旬，天芮星为值符，死门为值使，此局是同行试探我之水平，他的专业长处是四柱，戊子年命，坐于坎卦方。

武 开 丁 蓬 辛	虎 休 乙 任 丙	合 生 壬 冲 癸(庚)
地 惊 乙 心 壬	庚	阴 伤 辛 辅 戊
天 死 戊 柱 乙	符 景 癸(庚) 芮(禽)丁	蛇 杜 丙 英 己

1. 为什么断此人年青时很风光，还是个头？

答：因戊子的年命支子与日干，坐方同落坎宫，上有值符太岁临之，坎宫又为中年。

2. 为什么断当官当得两袖清风，没捞到钱？

答：因甲子戊年命临天柱破军星，又临死门（主死板）又落空亡。同时生门又克年支子坎宫。年干戊居艮宫。（死+艮）得地山谦卦（主太过谦虚。年支子日干，坐方同在坎宫（景+坎）得火水未济兄弟持世也是无钱之象。

3. 为什么断此人有肾泌尿系统之病？

答：当年命与值符和病星天芮同落一宫时，那此人一定有病，日干坐宫又同居坎宫，坎主肾泌尿系统。

4. 为什么敢断其兄弟在小时候7岁时死了？

答：因戊年命下临死门，天柱凶星又落空亡。戊长生在寅（为老大）死在酉，戊下的天柱与地盘戊又在兑宫，上乘辛金月干兄弟，兑宫代表7，天柱与地盘戊又在兑宫，所以断弟弟在小时候7岁时死了。

例十三：综合实例

癸未年，癸亥月，丁亥日，戊申时（阴遁6局，甲辰旬，天芮值符，死门为值使。

年命：丁未坐于南方离卦求测运气。

虎 伤 丙 任 庚	合 杜 辛 冲 丁	阴 景 庚 辅 壬(己)
武 休 癸 蓬 辛	己	蛇 死 丁 英 乙
地 休 戊 心 丙	天 开 乙 柱 癸	符 惊 壬(己) 芮(禽) 戊

1. 为何断此人曾经吃过官司？

答：因此人坐在离宫，离宫地盘是丁年命（地盘主过去之事）上有辛金（辛为犯罪，辛在离宫为六仪击刑），故断吃过官司。

2. 为什么断在（23~24岁，即1990~1991年）之间，因出风头，打群架引起？

答：过去之事看地盘，地盘年命丁上临辛，辛的地盘在震宫（辛主犯罪过错），震宫有天蓬玄武，坐宫又有天冲（主冲动，出风头）有六合（主群体）震离两宫相生，又休囚（主过去）此人年命丁天盘丁又临螣蛇（主恶毒），天英临之（天英主急躁）。还可断此人是黑社会的，（23~24岁）是从未宫1岁开始数起到离宫刚好24岁。

3. 为什么断此人没财运？

答：因生门、甲子戊同落空亡。

4. 为什么断此人婚姻不顺只能算勉强凑合，而婚姻看乙庚，如今乙庚又相克？

答：大事长久之事主要看年命，此人的妻子（壬子年），本人年命丁，丁壬相合，两宫比和，丁在兑宫，壬在乾宫，壬子之子在坎宫，两宫相生，丈夫看庚，庚下有妻子之年命壬，故断之。

5. 为什么断其妻以前有过男朋友？

答：因地盘（地主过去）壬上有庚，妻子乙奇居坎宫，此宫又是妻子之年命地支，此宫又是日辰的桃花，生第三者丙奇所居之巽宫。

6. 为什么断这个男朋友较有文化素质？

答：因地盘壬上有庚，第三者男人丙下之庚，天盘庚居坤宫有天辅文曲星，又有景门。

7. 为什么断此人与妻子的父母、兄弟不和。而他们又怕此人？

答：因乙妻的本宫坎下有年干癸，癸又是乙之印，故断是妻子的父母，而此人年命丁居兑宫冲克天盘年干（太岁）震宫。

8. 为什么断妻子生小孩时开过刀？

答：妻子壬干年命临惊门（惊门主刀，残缺）壬己同宫、（壬+己）返吟蛇刑凶格，辰戌相冲，又有妻子乙与本宫壬子同在坎宫临天柱破军星。又有开门（开刀之象）地盘壬上又有庚，景门（主血光），加之白虎伤门宫又对冲妻子年命乾宫，地盘时干戊（主小孩）又与壬同落乾宫。

9. 为什么断此人是1993年（癸酉年）结的婚？

答：年命丁在酉宫（1993年为癸酉年）为桃花，暗支丁未在酉宫，酉宫丁下有乙妻。加之乙妻居坎宫是妻子年命支本宫下有癸，有天柱星临乙，天柱本宫在兑宫，暗支为酉，故断之。

10. 为什么断妻子在家为老大？

答：因其妻壬命上有值符居乾宫，地盘壬在坤宫为长生之地，又临太岁年支未之故。

例十五：综合举例

甲申年、辛未月、癸卯日、丙辰时（甲寅旬，阴遁7局，天芮星为值符，死门为值使）。男方年命乙卯，女方年命癸亥。

蛇 景 丙 英 辛	符 死 癸(庚) 芮(禽)丙	天 惊 戊 柱 癸(庚)
阴 杜 辛 辅 壬	庚	地 开 己 心 戊
合 伤 壬 冲 乙	虎 生 乙 任 丁	武 休 丁 蓬 己

1. 为何断两人打起来了？

答：因乙卯年与癸亥年命相冲克，值符与坐方为事体为来意，女方癸临值符与男方乙，坐方对冲克，乙庚又各居坎离对宫相冲。故断之。

2. 为何断是为经济，对方要2万而你只给1万？

答：因地盘癸上乘天盘戊又有天柱破军星，惊门（戊主钱财，临天柱惊门主破财，惊门又主口舌）克乙卯年命坎宫，要2万是甲子戊临天柱（主2）居坤宫（主2）。只给1万是乙卯年命与生门同落坎1宫之故。

3. 为何断有另外男人在追求其女友，而癸亥年命女友已开始接受，其母也偏于另一个男生？

答：因癸亥年干下临第三者男人丙奇，丙奇又居巽宫相生离宫，此宫有女友年干太岁，值符（可看为女友之父母）与乙卯年命坎宫冲。

4. 为何断乙卯年命的人不能投资？

答：因甲子戊在坤宫有惊门，天柱凶星克年命坎宫又休囚和门迫。

5. 为什么断第三者男生是辛酉年或丙辰年的？

答：因丙奇在巽宫（含辰、巳地支）丙和辛据年龄差异只有1976年丙辰和1981年辛酉符合情理，加之惊门天柱含酉，（告之：是1976年丙辰的、但在之前女友曾经有个1981年辛酉的初恋情人，她们已同居过。

6. 为什么断乙卯年的父亲（告之是1945年）乙酉年命的人年轻时左边受过重伤，目前的病应该是肿瘤，但无妨，立秋后就好？

答：因父亲年干乙居坎宫有生门，克死门（否定死）故断放心没生命危险。地盘乙居艮宫艮主（少男年青时）也主左边，临天冲，伤门故断年青时左边受过伤。断肿瘤是天芮病星临死门（主疤疾，肿块）又有太岁庚临之。立秋后好是父命乙酉年干年支立秋旺相，离宫病星休囚之故（地盘主过去之事）。

7. 为什么断甲寅年的人（正在断时此人来电话求测生意）有一个客户要拖他的货，又不给现钱，而可赊给他，钱在八月可收到？

答：值符为放货方，时干为要货方，今时干生日干，生值符宫可赊。货在巽宫有螣蛇（主是细长之货物）。在八月可收得钱是年命甲寅癸地盘上乘甲子戊，而此宫有惊门（主2主酉月）天柱也主酉月，坤宫主二也主两个月后刚好是八月。

例十四：综合断例

甲申年，己巳月，戊申日，丁巳时（甲寅旬阳2局，天柱星为值符，惊门为值使。）丁巳女命求测：

阴 生 乙 蓬 庚	合 伤 丁 任 丙	虎 生 己 冲 戊(辛)
蛇 休 壬 心 己	辛	武 景 庚 辅 癸
符 开 癸 柱 丁	天 惊 戊(庚) 芮(禽)乙	地 死 丙 英 壬

1. 为什么断此女朋友多，异性更多，对人好，桃花运好？

答：因丁巳年命在离宫有天任星，六合，又下临第三者男人丙奇共居桃花之宫（巳酉丑时桃花在午）。

2. 为何断此女文化不高最多中专学业？

答：因年命宫克天辅文昌星之宫。

3. 为何她是21岁参加工作的？

答：因丁巳年命的年支本宫在巽宫，巽宫含地支辰巳，从巽宫开始起1岁数至开门（工作单位）艮宫刚好21岁，又是其年命丁之地盘宫位。

4. 她丈夫是癸丑1973年的，为什么断她们是21岁认识就同居，24岁结婚，是男方住女方家？

答：丈夫癸丑，癸干，丑支都在艮宫临值符（事体）开门，地盘癸又有天辅星（含暗支巳女之年命支）有景门（说明文化高，条件好）。21岁认识就同居是年命地盘丁上有丈夫癸之年干，此宫又是丈夫之年支丑宫。又下临天柱破军星（主破女儿身之意）。24岁结婚是丁巳的本宫在巽，乙庚夫妻同宫，又临生门，生门之原宫含暗支丑丈夫年命支，又是女方的地盘，年干现今又同在巽宫女命丁巳的年命支本宫。此宫又含支辰，有庚，庚加辰为庚辰年（刚好是24岁）。丈夫住女方家是因：生门在丁奇女命的地盘宫，又是丈夫的年命支（生门含丑）同居巽4宫，此宫是女命丁巳的本宫，生门又代表房屋故断之。

5. 为什么断此女没见过她外公？

答：因乾主老头，在外与年命相冲之故，在外主外公，在内主祖父，坤代表老婆婆，又可看坤宫的内外定断祖母，外婆，内外是以阴遁和阳遁来区分的。阳遁一八三四宫为内，九二七六为外；阴遁以一八三四宫为外，九二七六宫为内。

例十七：测儿子学习、灾祸、官司例

甲申年、辛未月、丙申日、甲午时（阴2局、伏吟格、天任为值符、生门为值使，测儿子丁卯年命之运）。

地	武	虎
杜 丙	景 庚	死 戊(丁)
辅 丙	英 庚	芮(禽)戊(丁)
天		合
伤 乙	丁	惊 壬
冲 乙		柱 壬
符	蛇	阴
生 辛	休 己	开 癸
任 辛	蓬 己	心 癸

1. 为啥断其儿子考不上学？

答：儿子年命丁临死门（主脑子笨），天辅为学校，克丁年命，天辅星为学校，又空亡。

2. 为啥断儿子要受伤？

答：因伤门临儿子年支，又克儿子年干丁所居之坤宫，儿子年干丁上又有白虎和天芮祸星及死门。

3. 为啥断其儿子住院了？

答：因儿子年干丁临天芮病神，时干甲午辛在艮宫又入墓，（辛+辛）为极刑，为伏吟天庭凶格，全局伏吟主呻吟之象。

4. 为啥断其儿子为肾泌尿系统之病？

答：因天芮病神与年干居坤宫太旺，克坎宫之故。目前时令坎宫最为休囚。坎宫肾泌尿系统，男性生殖器，巽为女性生殖器、股部、神经、头发，震宫为脚，为肝胆……

5. 为啥断其儿子被人用手打了右边头面？

答：值符在艮宫（主手）冲年干丁之坤宫（坤为右边）临白虎之故。值符值使之宫可以去冲克任何一宫。

6. 为何断其儿应找一个东方，姓氏中带木字旁的人医治，吃中草药？

答：乙木居震宫克天芮病神之故。

7. 为何断其儿子被打一事应告学校？

答：学校目前不理在推脱责任（主要是逢空亡）。告学校是因惊门（律师）开门法官克天辅学校之宫。而且要找年青的女律师。（因惊门律师在克宫）。

例十六：重断房产例

甲申年、辛未月、丙申日、戊戌时。

甲午旬、阴二局天任星为值符，生门为值使、辛亥男命。

求测买房。

阴	蛇	符
生 癸 心 丙	伤 己 蓬 庚	杜 辛 任 戊(丁)
合 休 壬 柱 乙	丁	天 景 乙 冲 壬
虎 开 戊(丁) 芮(禽)辛	武 惊 庚 英 己	地 死 丙 辅 癸

1. 为啥断此楼房在 4 楼，下有医院？

答：生门代表房屋在巽 4 宫，此宫有天心星（医院）。

2. 为啥断此楼房只有 60~80 个平方米，建房有 8 年了？

答：生门为房在巽 4 宫受克，没有值符景门，也不旺相没有新房之象，是旧房，4×2 得 8，故有 8 年了。下有天心星（代表 6）、生门（代表 8）故断 60~80 平方米。断建房 8 年最主要是因：死门为地皮，冲生门房屋，死门上临丙（丙可看成丙子年），生门之地盘下又临丙，又从丙子年到目前甲申也正好是 8 年。

3. 为啥断房价为 18 万？

答：断房价要具体看房产在哪个地方，如在上海的中心地段肯定要多好几倍。因甲子戊在之艮宫（主 8），故断 18 万。

4. 为啥断此房装修不好？

答：天辅星代表房屋装修，在乾宫有死门临之，故断装修不好。

5. 为啥断能买成？

答：年命支亥在乾宫，乾为天心星之本宫，现与生门同落在一起，故断之。

例十八：风水断例

甲申年、辛未月、丁未日、乙巳时（甲辰旬、阴7局、天冲星为值符，伤门为值使），丁未年命请测看养牛场之风水。

地 休 丙 英 辛	武 生 癸(庚) 芮(禽)丙	虎 伤 戊 柱 癸(庚)
天 开 辛 辅 壬	庚	合 杜 己 心 戊
符 惊 壬 冲 乙	蛇 死 乙 任 丁	阴 景 丁 蓬 己

注：奇门、大六壬、六爻等只能预测风水，指导调节风水，绝对不能代表做风水，做风水应有专门的理论知识。

奇门指导预测风水应注意：

①风水之大忌：太岁之方不可冲，否则大凶，太岁之方可坐不可向。

②住居、厂矿、公司、单位皆以大门为主（除开楼房）。门相当于是动态的，太岁所临之方也相等于动态。

③风水主要看地盘宫。阳宅重开休生，阴宅重开休死，日时干及座向宫忌空亡、凶格……

1. 为什么要劝其将大门开向南方（离卦）位？

答：因他告之是养牛、羊的，生门原在艮宫含地支丑（牛）现居离宫，又去生甲子戊钱财、戊又生年命丁之乾宫。

2. 为什么要劝其将井打在东南方巽卦上？

答：休门主水，在巽宫为入库（水库），（丙+辛）丙辛合化水，地盘辛金又生水，同时演卦得休加巽，即坎加巽得水风井卦，全是井的符号，并且此宫又去生生门牛所居之离宫，离宫生甲子戊钱财、戊又生年命丁宫，"水生财"之故。

3. 为何断所养之牛好销售，明年就能赚钱？

答：因用神牛克日干，太岁又生甲子戊，故断容易出手。明年能赚钱是，明年是酉年，戊下有天柱（原在兑宫含酉）。甲子戊地盘又居酉宫之因。说明：这是问测风水，不是问投资，所以甲子戊临天柱星并不怕。

例十九：婚姻官司综合例

甲申年、辛未月、戊申日、丙辰时（甲寅旬、阴1局，天禽星为值符，死门值使），乙卯女命坐于坎位。

天	地	武
惊 辛	开 壬	休 戊
柱 丁	心 己	蓬 乙(癸)
符		虎
死 乙(癸)	癸	生 庚
芮(禽)丙		任 辛
蛇	阴	合
景 己	杜 丁	伤 丙
英 庚	辅 戊	冲 壬

1. 为何断此女目前财运不佳，只能勉强上班为好，不要去投资想发大财？

答：因年命乙在震宫为三奇升殿格，此宫又是年命地支临值符。生开门工作单位离宫。而财看甲子戊在坤宫临玄武、天蓬星，时干为客户又克年命（没有客户）。加之此女坐于北方坎卦临杜门落空。

2.为何断此女婚姻不顺？双方各有所欢？

答：因乙庚相冲，年命宫有丙第三者男生、丈夫也有外遇是此女告之丈夫是戊申年的，丈夫地盘戊上有丁（第三者女人）、庚金也为丈夫居桃花宫生坎宫丁奇。丈夫年命戊申居坤宫又有天蓬、休门、玄武一片财星（有财多妻多之说）。双方年命又相克。

3. 为何断其丈夫目前状况极差，而且是生病或出了其他凶事？

答：戊在坤宫、年支申也在坤宫受女命年命临值符值使宫克。戊在坤宫临一片旺水（天蓬休门、玄武皆水）为财（有水多土崩、财多累己之说），（戊+乙）又为利阴害阳。断其夫生病是值符值使临天芮病星克之故。而且还可断时间应发生在去年（癸未）——今年甲申之间（坤宫含地支未申）。

告之：去年8月份丈夫骑单车被汽车撞了，当时昏迷了很长时间。失血过多，目前神智有时不太清楚，花了8万多元，而造事司机当时给了3万多元。又告之司机是1974年（甲寅年命）的，此人是帮人开车，此车是入了保险的，当时车主家暗通关系将此第三人保险费已提走了，司机又跑了。

4. 问目前该怎么办？如打官司会赢否？加之目前又没有此笔诉讼费！

答：此官司目前对其不利，因对方时干六合（主证据）伤门（公安交警）都在乾宫克其女命年命宫。景门状纸又蓬空。但不应怕，此官司最终会胜，因年命乙本临值符值使，开门离宫克对方时干，伤门（主车主）。景门空亡主目下状纸还没有写好。目前法院暂时不受理，最终会受理的。

5. 此女想马上调动工作能成否？

答：不成，因年命受太岁庚冲克，上级不允，还有年命临值符（主直接领导舍不得）。乙卯在本宫有天芮（含地支未）卯未半合局，死+震得演卦坤加震得地雷复卦、六合卦，又是反复之象，故目前不成。

例二十：八字起局综合断例

己酉年、丙寅月、丁卯日、庚子时（阳9局、甲午旬、天冲为值符、伤门为值使，女命）。

地 生 己 蓬 壬	天 伤 乙 任 戊	符 杜 辛 冲 庚(癸)
武 休 丁 心 辛	癸	蛇 景 壬 辅 丙
虎 开 丙 柱 乙	合 惊 庚(癸) 芮(禽)己	阴 死 戊 英 丁

注：用四柱八字起奇门局预测：

取日干为主定六亲关系，男命女命取甲木为用神时以值符宫为主。男命以正印为母，偏印为父；女命以正印为父，偏印为母；男命以正才为妻；女命取正官为夫；男命以伤官为女儿，食神为儿子；女命以伤官为儿子；食神为女儿；男命以比肩为兄弟，比劫为姐妹；女命以比肩为妹姐，以比劫为兄弟。

1. 如断此命的父亲，就应以甲为主，甲是日干丁的正印，甲在坤宫（甲午辛）临值符，首取值符宫，以丁干为求测人，现甲午辛父亲在坤宫临值符（头领）、天冲（急躁）、杜门庚辛（主当过兵）。父亲甲午辛的地盘在震宫与日干丁同宫，加天心星又是乾宫（也代表老父），可断此女长得特像她父亲，加上丁日干宫的天冲星又跑去与父亲甲午辛在一起，天心星又为老父同在震宫卯位临休门，地盘甲午辛又主过去之事，故断1999年（己卯年）其父退休了。加之，此宫之流年己卯又克天盘甲午辛值符之因。

2. 断其母亲，应以偏印乙木为用神。乙在离宫临长生天任星（主母亲仁慈善良、性格好（稳重）。此宫又生甲午辛父亲宫（主其父母关系好）。又可断其母亲自从生了此女之后身体就开始不好（因天芮病神在坎宫有此女年命地盘己年干，此女之年支为酉，酉宫本门为惊门，今惊门又同落坎宫去克母亲乙奇之离宫）。

3. 断其外祖父，应以乾宫看（阳遁时乾宫为外），今乾宫有死门、空亡，又冲克年命，日干（故断此女没有见过其外公）。阴遁时乾宫为祖父，阳遁主外公。也可以母亲的正印、偏印为外公外婆；以父亲的正印、偏印为祖父祖母。

4. 断此人本身：以日干丁为主，下临天心星在震宫（主善良，正直），好打抱不平，还要和领导顶撞（克值符宫之故）。婚姻应看正官，丁日干之正官为壬水在兑七宫，有景门，天辅文曲星一起（主其丈夫文化素质高）。临螣蛇主瘦，断此人是 24 岁（1992 年）壬申年结婚的（因丁在震宫有天冲星，现落坤宫申位，申上之干为壬申流年，年命己下又有壬，己酉年命的酉位兑上有天盘壬，壬是日干之正官丈夫，而流年运只有 1992 年壬申较为符合，故断之婚后 1993 年（癸酉）生了个女儿（时干庚，时支子与癸同落坎宫，坎下为年命己，（己为日干丁之食神主女儿，惊门也主女儿）。婚后夫妻关系一直不好（因丈夫壬下有天辅星、景门主文化素质高，而克女命日干和年命己之震巽两宫、主妻子文化不高，也主双方层次差异大、观点性格不合，故关系不好）。此女是 18 岁（丙寅年）参加工作的，因开门主工作在艮宫临天柱星，此星含暗支酉，正好是女命之年支，又有值符冲起开门在艮宫之墓。开门宫又有丙干、地支寅，故断丙寅年 18 岁参加工作。26 岁以后只领死工资 620~690 元，因甲子戊代表工资在乾宫下临日干丁，而此宫位又正好是此女 26 岁上，戊下有天英星，死门主固定，含数字 2、7、9，乾宫为 6 数，故断 620 元~690 元的固定死工资。

5. 此女丈夫的妈（即老婆婆），丈夫是正官壬水、生壬水的就应是辛金（正印）为他母亲，正印辛金在坤宫受此女日干丁宫所克，说明此女讨厌丈夫的母亲。

6. 丈夫的父亲应看同性相生的偏印。生壬水之偏印庚金代表父亲即此女的老公公，丈夫之父庚金与病神同落坎宫（庚十己）为官符刑格，故断其父有肾泌尿系统方面的病，比如糖尿病。还可断丈夫的兄弟姐妹们都与其父在一起，而其母却与她们疏远（因壬水的比劫为癸水与父庚虽同宫，母亲辛金在坤宫克父亲、兄妹们的坎宫）。而却生丈夫之壬水兑宫，说明其母亲较为痛心，喜欢求测人之丈夫。

7. 还可断其女儿4岁时有一次病灾（因女儿时干庚临天芮病星在坎宫），从女儿酉年命之宫开始数1岁，到坎宫子位正好4岁。

8. 又问其丈夫的年命是1966年（丙年）生的，丙临天柱破军星，上乘白虎，丙年的年支午原之本宫在离宫，又有伤门，加之正官丈夫壬水居兑宫，有天柱星，今与开门、白虎、丈夫年干丙同在艮宫受值符冲（值符所在之宫或冲克之宫主一定会有好坏事发生），故断丈夫头面部一定会受伤。

9. 此女是己酉年命，出生时应看地盘之干，今地盘己在坎宫，应以坎为中点。可断小时出生地有条河，河水长流不断（因坎主水，上有癸水、惊门、庚金生助，坎宫又生日干丁所居之震宫、震宫有休门，下有辛金、天心星、玄武生助），故断有条长流不断之河。又断此河水是往东方向东南方流的（休门为河，有玄武水在东方，天蓬、壬水在巽宫东南方）。现时又可断东南方应有一个大水库（天蓬星、壬水都主大水，有己土、生门土堵住，而巽宫又是水的墓库之原因断之）。在南边还有一片树林（因伤门为木，乙为木，杜门为木，天冲星也为木，同时两宫出现主多，有值符，坤方为西南为木库主聚集，多则成林，聚则成片）。而断为松树和柏杨树是因：伤门、天冲星属木，而它们的本宫地支是卯，今上有天盘天干辛，辛加卯为辛卯，六十甲子纳音为"庚寅辛卯松柏木"。故断之。

10. 断其祖坟：应以死门看，今死门在乾宫（乾为老）为西北方向上，距离此女家有15里（因己年命在巽4宫，要经过中5宫，才到乾6宫，即4+5+6=15，故断15里）。住家离市中心有13里路（以巽→离→坤算。以值符坤宫为市中心。巽含4，离含3、9，坤含2、5、8之数，故断之）。

下 篇

大六壬

术数之学，以奇门、六壬为最古。奇门始于伏羲，而传自文王。六壬始于黄帝，而传自姜尚。皆以卦为体，而为《易》之用，同源异派，各秘其术。子胥沼越，用在六壬。张良佐汉，用在奇门。迨夫李唐一行、虚中之辈出，乃有星命堪舆之学，至于子平，始于宋之徐居易，年近而更下了。

从六壬、遁甲、太乙三式往前追索，当得归于《易经》。

在测占上古人称之"最验"——遁甲相对过于高深，在明清时代更被六壬占尽风头，因之它并不能从根本上动摇"帝王之学"的地位。

而大六壬与遁甲的血缘性较太乙更为紧密，古人称之"壬遁之学"，以其表面看，遁甲是天干学，六壬是地支学，其实不然……

第一章
大六壬的起局方法

六壬之命名

天干凡十，壬课独取壬者。盖壬乃阳水，天一生水，为数之始。壬寄宫在亥，亥属乾宫，亦《易》卦首乾之义，此立名之宗也。

六壬之组织

凡学识，皆由几个单位组织而成，六壬之组织为干支，月将、占时、地盘、天盘、四课、三传、天将、遁干、年命等项相聚而成。

干支说明

甲、乙、丙、丁、戊、己、庚、辛、壬、癸为十天干。

甲为阳木，乙为阴木。丙为阳火，丁为阴火。戊为阳土，己为阴土。庚为阳金，辛为阴金。壬为阳水，癸为阴水。

子、丑、寅、卯、辰、巳、午、未、申、酉、戌、亥为十二地支。

子为阳水，丑未皆为阴土。寅为阳木，卯为阴木，辰戌皆为阳土。巳为阴火，午为阳火。申为阳金，酉为阴金，亥为阴水。

太岁说明

例如甲子年，太岁即为甲子，明年为乙丑年，太岁为乙丑，后年为丙寅，简言之，太岁即是流年干支。

月将说明

月将者,一月之将也,视太阳入何宫,即为何将。太阳于每月中气过宫,故月将亦应逢中气而交换。兹将分述各月节、气、月将如下:

节气:

正月建寅,立春节,雨水气。
二月建卯,惊蛰节,春分气。
三月建辰,清明节,谷雨气。
四月建巳,立夏节,小满气。
五月建午,芒种节,夏至气。
六月建未,小暑节,大暑气。
七月建申,立秋节,处暑气。
八月建酉,白露节,秋分气。
九月建戌,寒露节,霜降气。
十月建亥,立冬节,小雪气。
十一月建子,大雪节,冬至气。
十二月建丑,小寒节,大寒气。

月将:

雨水至春分,月将为亥。
春分至谷雨,月将为戌。
谷雨至小满,月将为酉。
小满至夏至,月将为申。
夏至至大暑,月将为未。
大暑至处暑,月将为午。
处暑至秋分,月将为巳。
秋分至霜降,月将为辰。
霜降至小雪,月将为卯。
小雪至冬至,月将为寅。

冬至至大寒，月将为丑。

大寒至雨水，月将为子。

占时说明

占时之法有三。有以圆形木盒，雕刻十二孔，每孔书一时辰，刻成子、丑、寅、卯、辰、巳、午、未、申、酉、戌、亥十二字，置珠摇动，视珠落某时，即为占时。

又有以十二竹签（或木或象牙皆可）。每签刻一时辰，闭目任抽一签，视抽得之签为某时，即为占时。

亦有随意口报一时者，如报辰时，即以辰时为占时。

地盘说明

地盘，即子、丑、寅、卯、辰、巳、午、未、申、酉、戌、亥之十二占时也。其式如下，乃静而不动，定而不变也。

巳	午	未	申
辰			酉
卯			戌
寅	丑	子	亥

天盘说明

天盘，即月将加于占时，而成功者也。月将与占时未必相同，故其地位，错综参伍，不若地盘之呆定不变。举例如下：

正月雨水后亥将申时天盘式：天盘亥将，地盘即申时。

申	酉	戌	亥
未			子
午			丑
巳	辰	卯	寅

四课说明

四课,乃以本日干支,会同天、地盘而演成者也。其演法分为四步,先述明十干之寄宫,再叙演法如下。

十干寄宫歌诀

甲课寅兮乙课辰,丙戊课巳不须论。
丁己课未庚申上,辛戌壬亥是其真。
癸课原来丑宫坐,分明不用四正神。

解释:甲寄寅宫,乙寄辰宫,丙与戊寄巳宫。丁与己皆寄未宫,庚寄申宫。辛寄戌宫,壬寄亥宫,癸寄丑宫。四正神,即子午卯酉也。

演法第一步

先将日干写上,然后依十干寄宫例,查其寄入地盘何宫,即从其处。将天盘所加之字,写于干上。即为第一课。

演法第二步

以干上所得之字,写于日干之左,从地盘上查此字上之天盘为何字,即书于此字之上。是为第二课。

演法第三步

将日支写在第二课之左,与第一、二课之下一字平列。乃从地盘上查得支上所加之天盘为何字,写于支上。是为第三课。

演法第四步

以支上所得之字,写在支之左。再从地盘上查得此字上之天盘为何字,即写于此字之上。是为第四课。

例如：甲午日戌时申将（占得之时为戌时）。

寅	辰	戌	子
辰	午	子	甲
第四课	第三课	第二课	第一课

卯	辰	巳	午
寅			未
丑			申
子	亥	戌	酉

说明：

甲寄寅宫，视地盘寅上得子，写于甲上，得子甲，是为第一课。

再将子字写于甲字之左，视地盘子上得戌，写于子上，得戌子。是为第二课。

一、二两课，乃由日干而得，名曰"日上两课"。

又将日支午字，写于子字（第二课）之左，视地盘午上得辰，写于午上，得辰午，是为第三课。

再将辰字写于午字之左，视地盘辰上得寅，写于辰上，得寅辰，是为第四课。

三、四两课，乃由日支而得，名曰"辰上两课"（壬学中简称日干为日，日支为辰）。

三传说明

三传者，初传（又名发用），中传、末传是也。乃由四课之上下克贼，或他种情形而成（上克下曰克，下克上曰贼）。

三传取法，分为九类。兹先述五行之生克，再详叙三传之取法于后。

五行生克之前上两篇已述，再次重述如下：

金生水，水生木，木生火，火生土，土生金。

金克木，木克土，土克水，水克火，火克金。

三传取法第一类——贼克

歌诀：

取课先从下贼呼，

如无下贼上克初。

初传之上中传取，

中传之上末传居。

说明：

如四课中有一下贼上，先以受克之神为初传。次从地盘视初传上天盘所加之字，为中传。再由中传上天盘所加之字，为末传，名曰"始入"。

如四课内有上克下，又有下贼上，则取下贼上为初传。中、末传之取法，与始入同，名曰"重审"。

又如四课中，无一下贼上，而有一上克下者，即以上克下者为初传。中、末传之取法，与始入、重审皆同，名曰"元首"。

例一：四月丙戌日巳时申将。

```
申 酉 戌 亥
未     子
午     丑
巳 辰 卯 寅

辰 丑 亥 申
丑 戌 申 丙

    申
    亥
    寅
```

说明：

四课中，第一课申丙，为丙火克申金，下贼上，余皆无克。故以受克之申金为初传，查地盘申上得亥，亥上得寅，故以亥为中传，寅为末传。

例二：四月丁丑日子时申将。

```
丑 寅 卯 辰
子       巳
亥       午
戌 酉 申 未

巳 酉 亥 卯
酉 丑 卯 丁

    巳
    丑
    酉
```

说明：

四课中，惟第四课巳酉，为巳火克酉金，上克下，余皆无克。故以巳为初传，查地盘巳上得丑，丑上得酉，故以丑为中传，酉为末传。

注：凡取克为发用，不论上克、下贼、俱取上一字为初传，不用下一字。

三传取法第二类——比用。

歌诀：

克贼或不止一课，

知一之法须先明。

择与日干比者用，

阳日用阳阴用阴。

说明：

四课中，有二三下贼上者，或有二三上克下者，则当取与日干相比者为初传，名曰"比用"（二下贼上曰"比用"，二上克下曰"知一"）。

日干相比者，如甲日用子寅等阳支，乙日用丑卯等阴支是也。其中传、末传之取法，与贼克法同。

例一：八月壬辰日巳时辰将。

```
辰 巳 午 未
卯       申
寅       酉
丑 子 亥 戌
```

```
寅 卯 酉 戌
卯 辰 戌 壬
```

```
戌
酉
申
```

说明：

四课中，第一课戌壬、戌土克壬水，为上克下。第三课卯辰，卯木克辰土，亦为上克下。因壬水为阳干，故发用为阳土之戌，而非阴木之卯，所谓日干相比者是也。

例二：十月甲寅日酉时寅将。

```
戌 亥 子 丑
酉       寅
申       卯
未 午 巳 辰
```

```
子 未 子 未
未 寅 未 甲
```

```
子
巳
戌
```

说明：

四课中，未甲与子未，皆为下贼上，因甲为阳木，故取用子水，而不用未土。盖子为阳水，与日干相比。

注：

如四课中有二上克下，又有一下贼上，应取下贼上，作"重审"论。如有二上克下，又有二下贼上，则取下贼上相比者为用。亦名"知一"。

例三：八月庚午日巳将戌时。

```
子 丑 寅 卯
亥         辰
戌         巳
酉 申 未 午

申 丑 戌 卯
丑 午 卯 庚

      戌
      巳
      子
```

第一课卯庚，第二课戌卯，第三四课无克，取第二课戌卯。因庚为阳日，故取戌为初传，戌与庚俱比。卯为阴，与庚不比，故不取。

注：

十天干为甲、乙、丙、丁、戊、己、庚、辛、壬、癸；其中甲、丙、戊、庚、壬为阳，乙、丁、己、辛、癸为阴。十二地支为子、丑、寅、卯、辰、巳、午、未、申、酉、戌、亥；其中子、寅、辰、午、申、戌为阳，丑、卯、巳、未、酉、亥为阴。即甲、丙、戊、庚、壬与子、寅、辰、午、申、戌比，乙、丁、己、辛、癸与丑、卯、巳、未、酉、亥比。

三传取法第三类——涉害

歌诀：

涉害行来本家止，

路途多克初传取。

孟深仲浅季当休，

复等柔辰刚日拟。

说明：

凡四课中，或二上克下，或二下贼上，而与本日之日干，或俱比，或俱不比（阳见阳，阴见阴，为俱比；阳见阴，阴见阳为俱不比），则各就所克之处，由地盘涉归本家，以克多者为发用。

其克若相等，则以在地盘四孟上者为发用（四孟，寅申巳亥是也），如无孟，则取仲上者为发用（四仲，子午卯酉是也）。如又无仲，则不取季上者（四季，辰戌丑未是也），而阳日取干上神发用，阴日取支上神发用。中末传之取法，与元首、知一等课相同。

例一：正月丁卯日亥将丑时。

```
                    己未
        戊 卯  辰 巳 午
        辰 乙  寅    未
           卯  丑    申 戌
               子 亥 戌 酉
               丑

           亥 丑 卯 巳
           丑 卯 巳 丁

                  亥
                  酉
                  未
```

说明：

第一课巳丁无克；第二课卯巳无克；第三课丑卯木克土；第四课亥丑，土克水。皆为下贼上。且丑土、亥水皆属阴，与丁火阴日干为俱比，致无从取用。

乃以丑土，由地盘所临之卯位，历归本家。经过卯木，为一重克，至辰位，辰中有寄宫之乙木，又一重克。再由巳、午、未、申、酉、戌、亥、子各位，历归本家丑位，共得两重克。是涉害较浅。

再以亥水，由所加之丑位，历归本家。经过丑土一重克；至寅位、卯位无克，至辰位，辰土又一重克；至巳位，巳中有寄宫之戊土，又一重克；午位无克；至未位，未土又一重克；未中有寄宫之己土，又一重克；申位，酉位无克；至戌位戌土又一重；历归本家亥位，共得六重克，是涉害较深，故以亥为初传。

例二：四月庚子日申将戌时。

```
               申庚
  卯 辰 巳 午
  寅         未 酉
  丑         申 辛
  子 亥 戌 酉
       癸 子

  申 戌 辰 午
  戌 子 午 庚

       午
       辰
       寅
```

说明：

第一课午庚，火克金；第三课戌子，土克水；两课俱是上克下。

庚金阳日，午戌亦皆阳神，是与日俱比。故以戌土，由所临之子位，历归本家。子一重克；至丑位，丑中有寄宫之癸水，又一重克，次历寅、卯、辰、巳、午、未、申、酉以至于本家戌位，俱无克。

再以午火，由所临之申位，历归本家。申金一重克；申中有寄宫之庚金，又一重克；至戌位，戌中有寄宫辛金，又一重克；以次列亥、子、丑、寅、卯、辰、巳各位，以至于午的本家俱无克。

戌土由子位，历至戌之本位，止有二重克。午火由申位历归午之本家，有四重克，午之涉害较深，故取以为用。

例三：正月丙子日亥将辰时。

```
丙 巳 午 未 己 丁
子  丑 寅 卯
亥         辰
戌         巳  戌
酉 申 未 午
         丑
寅 未 未 子
未 子 子 丙
         子
         未
         寅
```

说明：

第一课子丙，二课未子，三课未子，四课寅未，乃系四上克下。二、三两课相同，且未为阴土，与丙火阳日不比，姑且不论。

子水，寅木皆属阳，与丙火俱比，以子由巳上历归本位，经丙、巳、午、丁、为四重克；寅由未上历归本位，经未、巳、戌、丑亦为四重克，是涉害深浅相等。寅加未，未乃季土；子加巳（丙课在巳），巳乃孟上；故取子水孟上神为用。

例四：五月庚午日未将卯时。

```
酉  戌  亥  子
申          丑
未          寅
午  巳  辰  卯
```

```
寅  戌  辰  子
戌  午  子  庚
```

```
    辰
    申
    子
```

说明：

二课辰子，四课寅戌，辰土克子水，寅木克戌土，是二上克下。寅、辰俱是阳神，俱与庚金阳日相比。以辰字由子上涉归本位，经子、癸二重克。以寅字由戌上涉归本位，经戌、丑二重克，是涉害又复相等。查辰寅二神，俱非加孟，则当取仲上，故以辰为用。盖辰加于子上也。

例五：十一月戊辰日丑将午时。

```
戌     未 巳
子  丑  寅  卯
亥          辰
戌          巳  戌
酉  申  未  午
```

```
    癸  子  亥  壬
午  亥  未  子
亥  辰  子  戌
```

```
    子
    未
    寅
```

说明：

一课子戊，二课未子，三课亥辰，四课午亥，乃三下贼上。而亥为阴水，与戊日阳土不比，故不取。则子、午二神，与日干俱比。但历归本家，又俱经四重克。子加巳（戊课在巳），午加亥，又俱是孟上神。涉害、孟神皆相等，戊为阳日，取干上先见之子为发用。

注：如例一与例二，皆以涉害深者发用，名曰"涉害"。

如例三，孟上神发用，名曰"见机"。

如例四，以仲上神发用，名曰"察微"。

如例五，阳日用干上神，名曰"缀瑕"，又名"复等"（阴日用支上神亦曰"缀瑕"、"复等"）。

凡查涉害深浅，其为上克下，应以上者查所克地盘之神；其为下贼上，应以上者查受克于地盘之神，而计深浅，方无差误。

如例一，第三、第四两课皆为下贼上，故以丑土查受克之木，亥水查受克之土。如例二，第一、第三两课皆为上克下，故以午火查所克之重，以戊土查所克之水。

三传取法第四类——遥克

歌诀

四课无克取遥克，

日与神兮递互招。

先取遥神克其日，

如无方取日来交。

遥克或者有两神，

择与日比为初爻。

说明：

四课中无上克下，亦无下贼上，则取四课上神来遥克日干者为发用。如无，则取日干遥克之神为发用。若日干遥克两神，或两神遥克日干，则取与日干相比者为发用。

中传、末传之取法，与元首，重审等课相同。

例一：七月壬辰日巳将寅时。

```
申  酉  戌  亥
未          子
午          丑
巳  辰  卯  寅

戌  未  巳  寅
未  辰  寅  壬

    戌
    丑
    辰
```

说明：

四课俱无上下克，课上神未戌，来克日干壬水。壬水阳干、未乃阴支，与日不比，故不取。戌为阳土，与日相比，故取为发用。

例二：正月壬申日亥将申时。

```
申  酉  戌  亥
未          子
午          丑
巳  辰  卯  寅

寅  亥  巳  寅
亥  申  寅  壬

    巳
    申
    亥
```

说明：

课中无上下克，又无上神遥克日干，则取日干遥克之神发用。壬水遥克巳火，故以巳为初传。

注：如例一，课上神遥克日干，名曰"蒿矢"。如例二，日干遥克课上神，名曰"弹射"。

或蓬四课上下无克，但有课上神遥克日干，又日干遥克课上神，则取克日者为用。

三传取法第五类——昴星

歌诀：

无遥无克昴星论，阳仰阴俯酉位参。

中末二传须记取，日上神与辰上神。

刚日先辰而后日，柔日先日而后辰。

说明：

四课无上下克，又无遥克，曰"昴星"。

阳日取地盘酉宫上神为初传，中传取支上神，末传取干上神。

阴日则取天盘酉下神为初传，中传取干上神，末传取支上神。

例一：八月戊寅日辰将子时

```
       酉 戌 亥 子
       申       丑
       未       寅
       午 巳 辰 卯

       戌 午 丑 酉
       午 寅 酉 戊

               丑
               午
               酉
```

说明：

一课酉戌，二课丑酉，三课午寅，四课戌午。既上下无克，又无遥克，乃昴星课也。戌是阳日，故取地盘酉上之丑为初传，支上午为中传，干上酉为末传。

例二：七月丁亥日巳将寅时

```
申 酉 戌 亥
未       子
午       丑
巳 辰 卯 寅

巳 寅 丑 戌
寅 亥 戌 丁

      午
      戌
      寅
```

说明：

一课戌丁，二课丑戌，三课寅亥，四课巳寅，即上下无克，又无遥克。丁为阴日，故取天盘酉下之午为初传，干上为中传，支上寅为末传。

注：阳日昴星名"虎视"，阴日昴星名"冬蛇捕目"。

三传取法第六类——伏吟

歌诀：

伏吟有克仍为用，无克刚干柔取辰。

初传所刑为中传，中传所刑末传存。

若是自刑发为用，中传颠倒日辰寻。

中传更复自刑者，末传中冲不论刑。

说明：

此歌对于伏吟课之三传取法，尚欠周详。按月将与占时相同，致天地盘同位，名曰"伏吟"。

若四课上下有克，照常取克为初传。中传取初刑，末传取中刑。若初传系自刑，则取支上神为中传，中刑为末传。若中传又系自刑，则取中冲为末传。

若四课上下无克（不取遥克），阳日取干上神发用，中传初刑，末传中刑。如初传是自刑，则取支上神为中传。如中传又是自刑，亦取中冲者为末传。末传是自刑，取干上神为中传，中刑为末传。如中传又是自刑，亦取中冲者为末传。

三刑：寅刑巳、巳刑申、申刑寅、丑刑戌、戌刑未、未刑丑、子刑卯、卯刑子。

自刑：辰午酉亥为自刑也。即：辰刑辰、午刑午、酉刑酉、亥刑亥。

例一：六月癸丑日午将午时。

```
巳  午  未  申
辰          酉
卯          戌
寅  丑  子  亥

丑  丑  丑  丑
丑  丑  丑  癸

    丑
    戌
    未
```

说明：

第一课丑癸有克，照常取克为用，故以丑为初传。丑刑戌，戌为中传。戌刑未，未为末传。

例二：四月丙辰日申将申时。

```
巳  午  未  申
辰          酉
卯          戌
寅  丑  子  亥

辰  辰  巳  巳
辰  辰  巳  丙

      巳
      申
      寅
```

说明：

四课无克，丙乃阳日，故取日上巳为初传。巳刑申，申为中传。申刑寅，寅为末传。

例三：五月丁丑日未将未时。

```
巳  午  未  申
辰          酉
卯          戌
寅  丑  子  亥

丑  丑  未  未
丑  丑  未  丁

      丑
      戌
      未
```

说明：

四课无克，丁乃阴日，故取支上之丑为初传。丑刑戌，戌为中传。戌刑未，未为末传。

例四：三月壬辰日酉将酉时

```
巳 午 未 申
辰         酉
卯         戌
寅 丑 子 亥
```

辰 辰 亥 亥
辰 辰 亥 壬

亥
辰
戌

说明：

四课无克，壬为阳日，故取干上之亥为初传。亥乃自刑，故以支上辰为中传。辰又自刑，故以辰冲之戌为末传。

注：如第一例，照常取克为用，名曰："不虞"。

如第二例，阳日无克，取干上神为用，名曰："自任"。

如第三例，阴日无克，取支上神为用，名曰："自信"。

如第四例，阳日无克，取干上神为用，初传自刑，中传取支上神，中传又自刑，取中冲为末传，名曰："杜传"。

三传取法第七类——返吟

歌诀：

返吟有克亦为用，无克别有井栏名。

丑日用亥未用巳，辰中日末容易寻。

说明：

月将与占时相冲，致天地盘各居冲位，名曰"返吟"。若四课有克，以克取初传，初上为中传，中上为末传。若四课无克（惟辛未、丁未、己未、辛丑、丁丑、己丑六日），以驿马为初传，支上为中传，干上为末传。

驿马：

寅午戌日马在申，申子辰日马在寅。

巳酉丑日马在亥，亥卯未日马在巳。

例一：四月庚戌日寅将申时

```
亥  子  丑  寅
戌          卯
酉          辰
申  未  午  巳

戌  辰  申  寅
辰  戌  寅  庚

        寅
        申
        寅
```

说明：

第一课寅庚，下贼上。故以寅为初传，寅上申为中传，申上寅为末传。

例二：正月辛丑日亥将巳时

```
亥  子  丑  寅
戌          卯
酉          辰
申  未  午  巳

丑  未  戌  辰
未  丑  辰  辛

        亥
        未
        辰
```

说明：

四课无克，取驿马为用。丑之驿马在亥，故以亥为初传，支上未为中传，干上辰为末传。

三传取法第八类——别责

歌诀：

四课不传三课备，无遥无克别责例。

刚日干合上头神，柔日支前三合寄。

中末皆归日上神，刚柔二日初无异。

说明：

凡四课不全，只得三课，又无上下克，又无遥克，曰"别责"。阳日取干合之上神为初传。中末传俱用干上神。阴日则取支前三合为初传，中末传俱用干上神。

三合：申子辰三合，亥卯未三合，

　　　寅午戌三合，巳酉丑三合。

干合：甲己合、乙庚合、丙辛合、戊癸合、丁壬合。

例一：八月丙辰日辰将卯时

```
午 未 申 酉
巳         戌
辰         亥戌辛
卯 寅 丑 子

午 巳 未 午
巳 辰 午 丙

      亥
      午
      午
```

说明：

第一课与第四课相同，乃四课相同，乃四课不全，仅有三课，既无上下克，又无遥克，丙乃阳日，应取干合上神为用。丙与辛合，辛寄宫在戌，戌上是亥，故以亥为初传。中末传俱用干上午。

例二：十二月辛酉日子将丑时

```
辰  巳  午  未
卯          申
寅          酉
丑  子  亥  戌

未  申  申  酉
申  酉  酉  辛

        丑
        酉
        酉
```

说明：

第二课与第三课相同，乃四课不全，只有三课。又无上下克及遥克，应取支前三合为初传。酉之三合乃巳酉丑，丑在酉前，故以丑为初传，中末传都用干上酉。

注：

别责与昴星之分别，乃在于昴星则四课全备，别责有两课相同，实际只得三课。别责不论阳日阴日，皆名"芜淫"。

三传取法第九类——八专

歌诀：

两课无克曰八专，阳日日阳三位前。

阴日辰阴逆三位，中末总向日上眠。

说明：

四课中干支同位，只有二课，且上下无克（不取遥克），曰"八专"。则阳日以干上神，在天盘顺数三神为初传。中末传皆用干上神。阴日以第四课上神，在天盘逆数三神为初传，中末传皆用干上神。

例一：十一月甲寅日丑将辰时。

```
寅 卯 辰 巳
丑         午
子         未
亥 戌 酉 申

申 亥 申 亥
亥 寅 亥 甲

    丑
    亥
    亥
```

说明：

干支同位，只得两课，且上下无克，不取遥克。甲为阳日，以日上亥在天盘上顺数三神，至丑。故以丑为初传，中末传俱用干上神亥。

例二：八月丁未日辰将丑时

```
申 酉 戌 亥
未         子
午         丑
巳 辰 卯 寅

丑 戌 丑 戌
戌 未 戌 丁

    亥
    戌
    戌
```

说明：

此课亦干支同位，只有二课，且上下无克。丁乃阴日，以第四课上神之丑，在天盘逆数三神，至亥。故以亥为初传，中末传用干上戌。

例三：三月己未日酉将未时

```
    未  申  酉  戌
    午          亥
    巳          子
    辰  卯  寅  丑

    亥  酉  亥  酉
    酉  未  酉  己

            酉
            酉
            酉
```

说明：

此亦两课无克。己为阴日，从第四课上神之亥，在天盘逆数三神，至酉。故以酉为初传，中末传俱用干上酉。

第二章
大六壬占断基础知识

一、遁干说明

六壬所注重的遁干，实质上是遁三传的旬干也。遁干的具体方法，应先查日辰在于哪个旬中，再推及于三传的天干。六十花甲子，共分十旬，列举于后。

甲子、乙丑、丙寅、丁卯、戊辰、己巳、庚午、辛未、壬申、癸酉，为甲子旬，戌亥为旬空。

甲戌、乙亥、丙子、丁丑、戊寅、己卯、庚辰、辛巳、壬午、癸未，为甲戌旬，申酉为旬空。

甲申、乙酉、丙戌、丁亥、戊子、己丑、庚寅、辛卯、壬辰、癸巳，为甲申旬，午未为旬空。

甲午、乙未、丙申、丁酉、戊戌、己亥、庚子、辛丑、壬寅、癸卯，为甲午旬，辰巳为旬空。

甲辰、乙巳、丙午、丁未、戊申、己酉、庚戌、辛亥、壬子、癸丑，为甲辰旬，寅卯为旬空。

甲寅、乙卯、丙辰、丁巳、戊午、己未、庚申、辛酉、壬戌、癸亥，为甲寅旬，子丑为旬空。

例如：亥月戊辰日寅将卯时。

```
辰  巳  午  未
卯          申
寅          酉
丑  子  亥  戌
```

```
寅  卯  卯  辰
卯  辰  辰  戌
```

丁卯
丙寅
乙丑

按：

戊辰日在甲子旬，三传卯寅丑。卯遁干丁，寅遁干丙，丑遁干乙者，从甲子数到卯，为丁卯，寅为丙寅，丑为乙丑也。

二、天将说明

天将共计为十二个，为贵人、螣蛇、朱雀、六合、勾陈、青龙、天空、白虎、太常、玄武、太阴、天后是也。学习六壬者，不可不知。

其程序为：

一贵人、二螣蛇、三朱雀、四六合、五勾陈、六青龙、七天空、八白虎、九太常、十玄武、十一太阴、十二天后，此为永定律。

天将有昼夜之分：

占时属于卯、辰、巳、午、未、申时辰者，为昼时。属于酉、戌、亥、子、丑、寅时辰者，为夜时。占时有昼夜之别，天将亦有昼夜之分。

贵人作为十二将之首，即要知道天将程序，即应识得昼贵人与夜贵人（壬学中亦称昼贵人为阳贵人，夜贵人为阴贵人）之分，这样就可推及其他诸将之昼夜矣。

昼贵人歌

甲羊戊庚牛，乙猴己鼠求。

丙鸡丁猪位，壬兔癸蛇游。

六辛逢虎上，阳贵日中求。

夜贵人歌

甲牛戊庚羊，乙鼠己猴乡。

丙猪丁鸡位，壬蛇癸兔藏。

六辛逢午马，阳贵夜时当。

例如：

甲子日，占时为卯，卯为昼时，则甲日之昼贵在未，未即贵人也。因此顺推，可知螣蛇在申，朱雀在酉，六合在戌，勾陈在亥，青龙在子，天空在丑，白虎在寅，太常在卯，玄武在辰，太阴在巳，天后在午。

又如：

辛未日，占时为酉，酉时为夜时，则辛的夜贵在午，午即贵人也。因此顺推，可知道螣蛇在未，朱雀在申，六合在酉，勾陈在戌，青龙在亥，天空在子，白虎在丑，太常在寅，玄武在卯，太阴在辰，天后在巳。

天将之布法：

天将之布法有顺逆之分，凡贵人临于地盘的亥、子、丑、寅、卯、辰六位，则天将顺布；凡贵人临于巳、午、未、申、酉、戌六位者，则天将逆布。如图：

天空	白虎	太常	玄武	青龙	勾陈	六合	朱雀
青龙			太阴	天空			螣蛇
勾陈			天后	白虎			贵人
六合	朱雀	螣蛇	贵人	太常	玄武	太阴	天后

　　　贵人在亥顺行图　　　　　　贵人在戌逆行图

腾蛇	朱雀	六合	勾陈		贵人	天后	太阴	玄武
贵人			青龙		腾蛇			太常
天后			天空		朱雀			白虎
太阴	玄武	太常	白虎		六合	勾陈	青龙	天空

　　　贵人在辰顺行图　　　　　　贵人在巳逆行图

三、生克定名说明（六亲说明）

五行生克的代名词，壬学中也占有重要地位。生我者谓父母，我生者谓子孙，克我者谓官鬼，相异为官、相同为鬼，我克者为妻财，与我同类者谓兄弟。"我"字指日干，基本与四柱六爻论法相同。

四、年命说明

年者，行年所落到之宫也。命者，人受生之年所值的干支也。查行年有男命女命之分，立表如下：

男命行年表：

丙寅一岁、丙子十一岁、丙戌二十一岁、丙申三十一岁、丙午四十一岁、丙辰五十一岁。

丁卯二岁、丁丑十二、丁亥二十二、丁酉三十二、丁未四十二、丁巳五十二。

戊辰三岁、戊寅十三、戊子二十三、戊戌三十三、戊申四十三、戊午五十三。

己巳四岁、己卯十四、己丑二十四、己亥三十四、己酉四十四、己未五十四。

庚午五岁、庚辰十五、庚寅二十五、庚子三十五、庚戌四十五、庚申五十五。

辛未六岁、辛巳十六、辛卯二十六、辛丑三十六、辛亥四十六、辛酉五十六。

壬申七岁、壬午十七、壬辰二十七、壬寅三十七、壬子四十七、壬戌五十七。

癸酉八岁、癸未十八、癸巳二十八、癸卯三十八、癸丑四十八、癸亥五十八。

甲戌九岁、甲申十九、甲午二十九、甲辰三十九、甲寅四十九、甲子五十九。

乙亥十岁、乙酉二十、乙未三十、乙巳四十、乙卯五十、乙丑六十。

女命行年表：

壬申一岁、壬戌十一、壬子二十一、壬寅三十一、壬辰四十一、壬午五十一。

辛未二岁——辛巳五十二。

庚午三岁——庚辰五十三。

己巳四岁——己卯五十四。

戊辰五岁——戊寅五十五。

丁卯六岁——丁丑五十六。

丙寅七岁——丙子五十七。

乙丑八岁——乙亥五十八。

甲子九岁——甲戌五十九。

癸亥十岁——癸酉六十。

说明：

查本命，应从本年太岁地盘起一岁，顺数整岁。地支隔一位起十年，再隔一位起二十年，依次逆推，既得其整数所值之年，再就该年逆数，足额计算其岁数，即得到其生年干支矣。

如丙子年，来人四十八岁，即丙子上起一岁，丙寅十一岁，丙辰二十一岁，丙午三十一岁，丙申上四十一岁，得其整岁，再就该年逆数，乙未上四十二，甲午上四十三，癸巳上四十四，壬辰上四十五，辛卯上四十六，庚寅上四十七，己丑上四十八，即知四十八岁本命为己丑，男女命皆如此推算。

五、六壬占演程序

六壬的基本组织，现已逐项说明，其程序如下：

1. 查明太岁、月将、日干、日支；
2. 占时；
3. 立天盘；
4. 演四课；
5. 发三传；
6. 布天将；
7. 查遁干；
8. 推算年命并写在地盘上。

例如：丙子年，七月十二日壬午日（处暑后），月将在巳，占时为丑，本人三十七岁，男命庚子。

天盘天将布法：

```
    勾  龙  空  虎
    酉  戌  亥  子
  合 申          丑 常
  朱 未          寅 武
    午  巳  辰  卯
    蛇  贵  后  阴
```

四课：

```
阴  朱  龙  武
卯  未  戌  寅
壬  卯  午  戌
```

三传：

```
癸  未  官  朱
乙  亥  兄  空
己  卯  子  阴
```

行年：壬寅

本命：庚子

五行旺衰

当令者旺，我生者相，生我者休，克我者囚，我克者死。

春为木令，夏为火令，秋为金令，冬为水令，四季为土令，（四季指立春、立夏、立秋、立冬之前各十八天也。）

十二长生

指长生、沐浴、冠带、临冠、帝旺、衰、病、死、墓、绝、胎、养。

德

德者，福佑之神也，指：天德、月德、日德、支德四种。

天德：

正丁二坤中，三壬四辛同，五乾（亥）六甲上，七癸八寅中，九丙十居乙，冬蛇（巳）丑月庚。

月德：

寅午戌月在丙，申子辰月在壬，亥卯未月在甲，巳酉丑月在庚。

日德：

甲己寅兮乙庚申，丁壬亥位丙辛戊癸皆在巳。

支德：

子日在巳、丑日在午、寅日在未……亥日在辰。

注：壬课除日干外，均取地支，应将天干所寄之宫考虑进去。

禄

禄即日干之禄，为吉神，在壬学中站有重要地位。

甲禄在寅、乙禄在卯、丙戊禄在巳、丁己禄在午、庚禄在申、辛禄在酉、壬禄在亥、癸禄在子。

丁神

丁神由遁干产生，性质如驿马，如甲子旬，丁神在卯，甲午旬，丁神在酉，余仿此。

刑、冲、害、合、破

干合：甲己合土，乙庚合金，丙辛合水，丁壬合木，戊癸合火。

支六合：子丑合，寅亥合，卯戌合，辰酉合，巳申合，午未合。

支三合：申子辰三合水，亥卯未三合木，巳酉丑三合金，寅午戌三合火。

支刑：寅刑巳、巳刑申、申刑寅、丑刑戌、戌刑未、未刑丑（为朋刑）。

子刑卯、卯刑子（为无礼之刑）。

辰午酉亥为自刑。

支冲：子午冲……巳亥冲。

支破：子酉破、丑辰破、卯午破、未戌破……

支害：子未害、丑午害、寅巳害、卯辰害、酉戌害、申亥害。

十二支藏干

子中藏癸水，丑中癸辛己，寅中甲丙戊，卯内独乙木，辰中乙戊癸，巳中庚丙戊，午内丁己同，未中乙己丁，申内戊庚壬，酉内独辛金，戌中辛丁戊，亥内甲壬藏。

十二生肖

子鼠、丑牛、寅虎、卯兔、辰龙、巳蛇、午马、未羊、申猴、酉鸡、戌狗、亥猪。

占时

占时为先锋门：

盖传课未观，由占时之推察，即见事之凶吉也。

时为日干之财，更乘旺气，得吉神良将，定主财帛之事。

时为日马，若不值天空，不落旬空，定主出入道路，攸往咸宜之事。

时为日贵，日德，日禄，又带财星，定为官贵之财，或托人办事获福，若披刑带煞（指刑日干，劫煞，灾煞，大煞等各种凶煞也）。传见凶将，又主争财官府，若传见青龙、六合、太常、与日三合、六合，不见刑克，仕人加官，庶人得之，见官得理，或得高人提携。

时为日干三合，六合，主外事和合，若合中带财，得吉神良将，主获外财及妻子和合之事。盖财亦为妻妾也。

时为日支三合，六合，主内事和合，若式中子孙爻乘旺相气，而带吉神者，又应添丁或子孙有和合之事。若支合中带鬼，上见朱雀，勾陈，定主眷属仇视，及为内事竞争。若仕人得之，主同僚不睦，公史则同辈相残。

时合日干，又合日支，主两动，应内外和合，非一事也。

时为日干六害，主外扰，时为日支六害，主内忧。

时为日之空亡，事主虚诈，闲占无益。若式中见三合，六合，上带合，后、龙、常、凡占空喜，终难成功。惟病讼，以时落空亡为吉，然新病逢空则病散，旧病逢空则人亡，此又不可不知也。

时为干冲，主外动；支冲主内动，或主家宅卑幼，及与人相争之事。

时为日刑，主出入事速。

时为日破，主破财走失。

时为日破，上带吉神，式中见玄武，与日干相合而为财者，物虽失可复得。

时为日破，上见凶神，式中见玄武，而所乘之神又克财爻者，主物难寻。若玄武乘神与日为鬼，值旺相而为刑害者，定主盗贼伤人。若勾陈为玄武所制，又主捕盗人受伤，有昼占而得夜时者，事多暗昧，病重讼凶；夜占而得昼时者，光明可期矣。

月将

月将为值事门。

盖占事以月将加占时，分四象之阴阳，别三才之生克，非神不能决祸福，非将不能取吉凶也。月将入传，为福不浅，系吉神则增吉，系凶神能减凶，即值空亡，亦不以空论。盖月将乃每月中气后，太阳躔次也。太阳为诸曜之主，管三旬之事，不可得而空也。

日辰

日干为外事门。

盖占事，以日干为人。动作谋为，皆主乎日也。支辰为内事门。

凡占事，以支辰为宅。欲知盛衰，须察支之吉凶也。

充其量，论其变，则占婚姻，以日为男，辰为女，占讼词，以日为告状人，辰为被诉人，占疾病，以日为病人，辰为所患之病；占胎产，以日为子，辰为女；占交易，以日为人，辰为物品；占坟墓，以日为生人门，辰为亡人之墓；占奴仆，以日为主，辰为仆，占出行……以日为住、为陆，辰为行、为水；占谋望，以日为我，辰为所求之人。占交战，以日为我军，辰为敌军；占动静，以日为动，辰为静。

事类分繁，不尽细举，一言以蔽之一。则日为主体，为阳，辰为客体，为阴也。

日上神生日，诸事皆吉，主有人助神庇。

日上神克日，诸事皆凶，主被人害鬼扰。

日生日上神，主耗损；日克日上神，主抑塞。日上神生辰，辰上神生日，主宾主相得，双方均顺利。

日上神克辰，辰上神克日，主宾主不投，双方均不利。

日上神脱辰，辰上神脱日（泄气谓脱，如壬水生卯木，卯泄壬气。亦可日卯脱壬水）。主彼脱此耗。

日上神为辰之帝旺，辰上神为日之帝旺，主静吉而动凶。

日加辰上，被辰克，辰加日上，又克日，主骨肉乖违一。

辰加日上，被日克，日加辰上，又克辰，主命运困顿。

日加辰上被辰生，主受人包容；辰加日上又生日，主得人周济。

日加辰上又生辰，生人衰宅旺；辰加日上又脱，主身弱财亏。

日上神为驿马，主官职荣迁；辰上神为驿马，主家宅移动。

日上神见日禄，主扬名于他日；辰上神见日禄，主受屈于他人。

日辰上神，各见日德，再乘吉将，主有意外之喜。

日辰上神为六合，主合作成就，但占病、词讼，则反凶。

日辰均乘墓，或坐墓，主闭塞难通。

日辰上神，各见败气（败气即沐浴），主人气衰血败，宅则屋舍崩颓。

日辰之上，各见绝神（即长生十二名词中之绝），宜结束旧事。

日辰上神，各见空亡，主虚空不实。

日课不足，主心意不安；辰课不足，主家宅不宁。

日辰上见卯酉，主阻隔不通；日辰上见魁罡（魁即戌、罡即辰），主伤折难免。

三传

初传（又名发用）为发端门：

凡占，以初传为应事之"始"。传吉事吉，传凶事凶，祸福之端，皆从此发也。

日上两课为初传，主外事。

辰上两课为初传，主内事。

日上两课为初传，贵人顺布，初传在贵人前，吉凶应皆速。

辰上两课为初传，贵人逆布，初传在贵人后，吉凶应皆迟。

第四课为初传，主有巧遇。

上克下为初传，主事自外来，利男不利女，利先不利后，利尊长，不利卑幼。

下贼上为初传，主事自内起，利女不利男，利后不利先，利卑幼，不利尊长。

下贼上为初传，逢内战，主事将成而中变；逢外战，主身不由己，受人驱策。

上克下为初传，逢内战，主有阻隔，目的难达。

初传为日干生，主谋为顺利。若坐墓，主旧事复发。

初传遇败与死，主毁坏无成。

初传遇绝，主事即了结。占行人，主有信息至。

初传遇墓，主缓滞不进。占病，主缠绵床褥；占失物，并未遗失；占行人，即归；占旧事，不再发。

初传与日上神，见刑冲破害，均主阻隔不通。

初传遇空亡，忧喜皆不实在。忧则虚惊，喜则空喜。

初传克日，主身心不安。克辰，主家宅有扰。克占时，主变生意外。克末传，主有始无终。

克本命上神，主财运不通。克行年上神，主事情乖舛。

初传值休，主疾病。值囚，主刑罚。

初传所乘吉将，与初传为同类（如贵人乘丑，青龙乘寅之类，盖贵人属丑土，青龙属寅木也），主喜上加喜。初传所乘凶将与初传为同类（如申乘白虎，巳乘螣蛇之类），主凶中有凶。

初传为太岁，中末传见月建或日辰，有移远就近之象，事宜急速进行。

中传为移易门：

凡占，以中传为应事之中。初吉而中凶，其事由吉变凶，如初凶中吉，亦能由凶转吉也。

初中，母传子则顺，子传母则逆。

中传为鬼，主事坏。

中传为墓，主事止。

中传为害，多阻隔。

中传为破，主中辍。

中传为空，主事不成。

末传为归计门：

凡占，以末传为应事之"终"。初中虽凶，末传若吉，事终有成。初中虽吉，末传转凶，事终有悔也。

若初传受下贼而克，末传能制其贼克，终可反凶为吉。

末克初，为终克始，远行万里，入水不溺，入火不烧，病更生灾止。若加破害，则有阻隔，吉凶皆不成。逢空亡，则事无结果。

初为日之长生，末为日之墓库，则有始无终。

初为日之墓库，末为日之长生，则先难后易。

初传凶，中传吉能解之；初中凶，末吉，亦能解。

三传凶，行年吉，能解之；若三传、行年俱凶不能解也。

三传神将，若将克神，为外战，忧轻，虽凶可解。神克将，为内战，忧重，虽吉有凶。

三传皆空，占事了无一实。如两传空，一传实，却见天空，亦作三传空论。如初中空，以末传为主；中末空，以初传为主。

三传自干上发用，传归支上者，主人来托我干事，易于成合。

传吉神吉，妙不可言；传凶神凶，祸不旋踵。

三传不离干支，求物得，谋事遂，行人回，贼不出乡，逃不脱。

三传不离四课，谋事成，吉则吉，凶则凶，忌占病讼生产。

三传离日远，凡事难成，惟占避难及讼灾，可退。

三传生日，百事吉；三传克日，百事凶。

干克初，初克中，中克末者，求财大获。

三传日辰全逢，下贼上者，毫无和气，讼必刑，病必死，占事则家法不正，自取其辱。

三传日辰互换，三合递相牵连，占事翻来覆去，不易妥当。

三传三合，为日干全脱、全生、全鬼、全财、全兄弟，俱视天将吉凶及五行制化何如。假如全鬼，为凶兆，若年、命、日、辰四处有子孙爻，则制鬼矣。故脱气要见父母，全生不可见财。

三传见日辰上下皆合紧，则不宜妄动。得日月冲破之，方可他求。然又要看三传吉凶何如，若吉，则宜合，不宜冲破；凶遇冲破，则凶解散。

年命

年命为变体门：

凡占，以年命为事之变易。盖命为一生之应一，年为用事之助，传有一定吉凶，人有各殊年命，若传财本吉，年命见官鬼而反凶；传鬼本凶，年命见子孙而成吉。故谓之"变体"也。

年命临生旺地者吉，临死绝地者凶。与日上神及发用，生合比和者吉，与日上神发用，刑冲破害者凶。

发用虽吉，若为年命上神所破坏，则反吉为凶。发用虽凶，若若为年命上神所克制，则化凶为吉（例如日财发用利于求财，年命上神若为日之官鬼，则财能生官鬼，谓之脱气，反主脱耗也）。

日鬼（即官鬼之鬼）发用，不利于占病。年命上神若为日之子孙，则子孙能制日鬼，自不能为祸也。

年命上见日财，宜求财；见日官，宜求官；见月将最吉，消一切祸，降一切福。

见天马驿马，主迁官，尤利远行。见天喜贵人，凡事吉庆。

见传送（即申）乘凶将，主疾病服药。见登明（即亥）乘凶将，主水厄。

见螣蛇，主凝滞。见白虎乘死炁克日，而无救助，不日必死，见白虎乘生炁克命，主有痨瘵之疾。

占个人休咎，须与年命合参，始无舛误。

十二天将

（一）贵人

天乙贵人，属己丑，吉将也。为十二天将之主，降祥锡福，解厄扶危。顺布者吉，逆布者凶，与所乘之神相生或比和者吉，相克者凶。

贵人顺布，更与日干相生，虽课传见螣蛇、勾陈凶将，不为深害。

贵人逆布，更克日干，虽传中见六合、青龙，不为深喜。

贵人得地则贵，失地则贱。故临君子之命降福，临小人之命反生殃。

贵人逢空、落空（逢空者，所乘之神为空亡也；落空者，所临之地盘为空亡也），主当忧不忧，当喜不喜。

太岁作贵人，不必入传，也主救助，凡事可得贵人助力。惟不救病。

贵人发用，若课体为富贵、龙德，皆主升迁求谋，无不遂意。

贵人在日辰前则动，在日辰后则宁。贵人有日夜之分，日占，则昼贵显，而夜贵隐；夜占，则夜贵显而昼贵隐。此隐藏之贵人，谓之"帘幕贵人"，以其隐在帘幕中也。考试占得帘幕贵人，与日干相生，必得高第。又谋事遇两贵人同入传，或一居日上、一居辰上，必分外得力。

日夜二贵人，分临卯酉，谓之"关"；分临子午，谓之"隔"。惟甲日、戊日有之，均主闭塞不通。

贵人临子名"解纷"，一切纷扰，皆可解散。临丑名"升堂"，投书进策，主有贵人接引。临寅名凭几，宜私门请谒。

临卯名"登车"，临酉名"入室"，均主烦躁不宁，关隔不通，家宅有迁移之象，人口有疾病之虞。

临巳、午，名"受赏"，主有荐拨迁擢之喜。临辰、戌名入"狱"，主有烦恼，凡占请谒，遇入狱必阻滞，即相见，亦欠利。

临申名"移途"，宜途中干谒。临未名"列席"，主有宴会之事。

临亥名"还官"，又名"贵登天门"，诸煞被制，利于进取。

贵人怡丑，十二将各归本家，不治事，效用全失。

贵人之类神，为官贵，为尊长，为俸禄，为之章，为首饰，为珍宝，谷，麻，牛，等；于病为寒热头晕；于色为黄；于数为八。

(二) 螣蛇

螣蛇属于丁巳火，凶将也，主火光惊疑，忧恐怪异等事。与所乘神相生，或比和，则吉，反是则凶，空亡减半。披刑带煞，灾病立至。

螣蛇乘旺相神，更相生者，主胎产与婚姻之喜。以其为阴私、血光之神故也。

占怪异，遇螣蛇乘旺神，必为生物。乘死囚神，必为死物，或有声无形。

占梦与怪异，先视螣蛇及其阴神，日辰，传次之。

螣蛇乘火神，临火乡（火神、火乡、均指巳午），或占时下见火，主有火灾，亦主口舌官事。

螣蛇所乘神为日财，且神将旺相相生，占求财大吉，反是主惊恐。螣蛇临日辰，占进货，必得下贱之物。

螣蛇临子名"掩目"，不能伤人。临丑名"盘龟"，主祸消福至。

临寅名"生角"，旺则得时而成蛟龙，利于进取；衰则失时而蜥蜴，宜于退藏。

临酉名"露齿"，主阴人灾疾，口舌怪异。临午名"乘雾"，主怪梦，占讼大忌。

临巳名"飞空"，主小儿夜啼，克支主难产。临未名"入林"，主停柩未葬，或家鬼作祟。临亥名"堕水"，主逢凶化吉。临申名"衔剑"，临卯名"当门"，均主灾难不测。临辰名"象龙"，临戌名"入冢"均主灾难全消。

螣蛇之类神：为文字，为火光，血光，痫妇，荧惑小人，为蛇，蛟，豆，黍等。于病为手足头目瘫肿见血；于色为紫；于数为四。

(三) 朱雀

朱雀属丙午火，凶将也。得地则吉，主文章印信事；失地则凶，主火灾、词讼、财物损失、牲畜灾伤等事。若所乘神旺相，且披刑带煞，为害尤深，反此则浅。

占公事，遇朱雀逆布，且刑克日干，必被长官嗔责。反此无害。

占考试，须先视朱雀，如所乘神为太岁、月建，或为月将、或与岁月日相合，且遇禄马及日德，临生旺之乡，必辍高第。若被刑克，或落空亡，或临死绝之乡，试文必不合格。但课体三传均吉者，不在此例。

朱雀乘火神，临火乡，占时又值火，必生火灾。若系伏吟课体，神煞伏而不动，或可避免。

朱雀临子名"损羽"，占考试，主落第；占词讼则无妨。临丑名"掩目"，动静俱吉，无口舌之扰。但不利考试。

临寅、卯名"安巢"，主文书迟滞，占口舌则可平息。临辰、戌名"投纲"，主文书遗亡。

临申名"励嘴"，临午名"衔符"，主怪异，又主经官涉讼，占考试则吉。临未名"临坟"，临亥名"入水"，不宜投书献策，又主失财。

临酉名"夜噪"，主有官灾，又主疾病。临巳名"昼翔"占口舌词讼则凶，占文书音信则吉。

正月乘酉，二月乘巳，三月乘丑，四月乘子，五月乘申，六月乘辰，七月乘卯，八月乘亥，九月乘未，十月乘午，十一月乘寅，十二月乘戌，名"朱雀衔物"，主婚姻财物。

正月乘巳，二月乘辰，三月乘午，四月乘未，五月乘卯，六月乘寅，七月乘申，八月乘酉，九月乘丑，十月乘子，十一月乘戌，十二月乘亥，名"朱雀开口"，主争斗口舌。

朱雀之类神：为疯妇，为荧惑小人，为羽毛，为文章，为獐，为马，为果，为谷；于病为胸腹阴肿，为呕血；于色赤；于数为九。

（四）六合

六合属乙卯，吉将也。得地则为相合之神，主婚姻、信息、交易等事；失地则为虚诈之神，主阴私暗昧等事。

六合顺布，乘旺相神而发用，或入传，定主婚姻或胎产喜。若所乘神死囚，且刑克日干，则主财物口舌，或阴人缠扰。

六合乘酉戌，主奴仆走失。若占盗贼，则逃亡难获。

六合与天后入传，谓之"狡童佚女"卦，主奸邪不正，一切事须谨防。

六合乘申酉，为内战，主阴私妇人事，亦主兄弟口舌；乘辰戌丑未，为外战，主事从外发，宜暗求私祷。

六合乘子午卯酉，谓之不合，阴阳相杂，为阴私不明，遇之者凶。

六合乘亥，名"侍命"，主事皆吉。临巳名"不谐"，主事皆凶。

临子名"反目"主夫妻反目。临酉名"私窜"，主男女淫奔。

临寅名"乘轩",临申名"结发",主婚姻美满。

临辰名"违礼",临戌"亡羞",主冒渎得罪。

临午名"升堂",临卯名"入室",主事已成就。

临未名"纳采",临丑名"严妆",主事将成就。

六合之类神:为子孙,朋友,媒妁,牙侩,巧工,术士,为竹,为木,为盐,粟,兔;于病为阴阳不调,心腹虚损;于色为青;于数为六。

(五) 勾陈

勾陈属戊辰土,凶将也。好争讼。蓄二心,主战斗词讼等事勾留迟滞,枝节横生。

在官者,以勾陈为印绶,旺则吉,衰则凶。

占讼事,以勾陈为主。勾陈克日,冤不得伸;日克勾陈,讼终得直。勾陈之阴神(阴神后面论)乘蛇雀,且带煞克日者,尤凶。若勾陈克日,而勾陈之阴神乘贵人、生日,可化凶为吉,但须本人行年不落空亡。

占捕盗,遇勾陈克日,主获。勾陈所乘之神,克玄武所乘之神,亦主获。勾陈所临之地,克玄武所临之地,主盗自败,或自首(如玄武临申酉,勾陈临巳午即是也)。

占宅墓,则勾陈乘旺相气,临宅墓者(墓即干,宅即日辰之辰),主安。若乘休囚气,且与宅墓刑克者,主不安。

勾陈乘辰戌丑未,谓之交会。主祸患连绵。乘辰戌尤凶。正月乘巳,逆行十二支,谓之仗剑。主疾病伤残。勾陈若披刑带煞,灾祸即临。

勾陈临子名"沉戟",临丑名"受钺",均主暗遭凌辱陷害。

临寅名"遭囚",宜上书献策。临巳名"捧印",居官者迁擢,常人遇之反凶。

临卯名"临门"(又名"入狱"),主家室不和。临酉名"披刃",主有刑责。

临辰名"升堂",主狱吏勾通。临午名"反目",主被他人牵累。

临未名"入驿",临戌名"下狱",均主词讼稽留。

临申名"趋户"，临亥名"褰裳"，均主勾连反复。

勾陈之类神：为将军，为兵卒，为丑妇，为狱吏，为贫薄小人，为田，龙，水虫。于病为脾虚；于色为黄；于数为五。

(六) 青龙

青龙属甲寅木，吉将也。得地则富贵尊荣，失地则财物外耗，主财帛米谷喜庆等事。占公事，以青龙为喜神。若所乘之神，披刑带煞，入传且克日干，反主凶。

占婚姻，以青龙为夫，天后为妇。新妇入门，占得天后克青龙所乘之神，定主克夫。

占求财，以青龙为主。乘旺相气，临旺相乡，与日辰相生，或与日辰作三合六合者，吉。但须入传，或临日辰上，否则龙居闲地，仍不得力。占婚姻胎产，可依此例。又所乘神生本命，主进财；克本命，主退财。

占捕盗，最忌青龙入传，因龙有见首不见尾之象也。占行人，遇青龙入传，亦主转往他方。

占病，见青龙入传，其病必因酒食而得，或因房事而得。

占官职，文视青龙，武视太常。与日干生合者吉，反此则凶。龙常乘太岁入传，必主迁转。凡青龙与凶煞合并，加日辰者，主喜庆中有斗杀。

孟月乘寅，仲月乘酉，季月乘戌，谓之"青龙开眼"，主消灾降福。

春乘丑，夏乘寅，秋乘辰，冬乘巳，谓之"青龙安卧"，主灾祸随临。

青龙临酉名"伏龙"，宜退守，不宜进取。临丑名"蟠泥"，主有谋未遂。

临戌名"登魁"，主小人争财，临巳名"飞天"，主有重重喜庆。

临寅名"乘龙"，临卯名"驱雷"，均利于经营。

临未名"无麟"，主有伤身之害。临申名"折角"，主有斗讼之怨。

临午名"烧身"，临辰名"掩目"，主有不测之忧。

临子名"入海"，临亥名"游江"，主有非常之虞。

青龙之类神：为官贵，为富人，为田主，为夫，龙，虎，豹，狸猫，雨。于病为肝气，为痫疾；于色为碧；于数为七。

(七) 天空

天空属戊戌土，凶将也。得天地之杂气，作人间之诈神，动无利济之心，静有妖毒之气。位居天乙贵人对方，有名而无实，盖与空亡相类，主虚伪诈巧等事。

占词讼，发用或末传乘天空，定主讼解。占求财则大忌。

占婚姻，遇天空发用，或临日辰，其家必有孤寡之人。否则主祖业凋零。

占奴婢，以天空为主，若所乘之神，与日相生、相合吉，否则主逃亡。所乘之神为魁罡，奴婢必非良善。

占考试，遇天空发用，亦吉。因天空为奏书之神也。

托人谋事，遇天空发用或入传，须防虚诈。

天空乘辰戌丑未，谓之"天空闭"，可成小事，不可大事。若贵人顺布，与所乘神旺相相生，主奴婢同心。所乘神为日财，更遇天喜，占求财，主赖小人或僧道之助。又主所获之财，由虚诈而来。

天空临子名"伏室"（又名溺水），主百事有忧。临戌名"居家"，百事俱虚。

临丑名"侍侧"，仕宦主迁擢，平民防播弄。临未名"趋进"，主欺诈得财。

临巳名"识字"，临申名"鼓舌"，均主情伪难测。

临辰名"肆恶"，临卯名"乘侮"，均主暴客欺凌。

临酉名"巧说"，临亥名"诬词"，均主奸人诡计。

天空之类神：为奴婢，丑妇，五谷，狼，犬，金铁空虚之物，为晴。于病为气虚，为下痢；于色为黄；于数为五。

(八) 白虎

白虎属庚申金，凶将也。得地则威猛，失地则狠狈。主刀剑血光、疾病死亡等事，披刑带煞，灾祸立至。

白虎为威权之将，施大功，作大事，最喜白虎发用或入传，其功立成，其事立就。

占官爵，亦喜白虎，带刑煞尤佳，所谓不刑则不发也。

占疾病，最忌白虎，如所乘之神克日，或带煞克日，或斗魁乘白虎克日、克行年，或白虎之阴神克日辰年命，皆凶。

白虎临空亡，或附日德，可化凶为吉。但凶煞太重，亦不能救。

占公事，最忌白虎及螣蛇克日，因二者皆为血光之神也。

占墓宅，视白虎临何方，可断其方有岩石或神庙。

占行人，以白虎定之。乘初传立至，乘中传主在途，乘末传主失约不来。白虎带丧门、吊客临支，主家中有丧服，或外服入宅。

占天时，白虎发传，主大风。

正月乘申，二月乘寅，三月乘巳，四月乘亥，周而复始，谓之"白虎仰视"，主殃咎大作。乘巳午，名"白虎遭擒"，主灾祸潜消。

白虎临亥、子名"溺水"，主音信阻隔。临巳、午名"焚身"，主殃祸消失。

白虎临卯、酉名"临门"，主折伤人口。临丑、未名"在野"，主损坏牛羊。

临寅名"登山"，仕宦占得大吉，平民占得大凶。临戌名"落阱"，主反祸为福。

临申名"衔牒"，主有佳音。临辰名"咥人"，主官灾刑戮，至凶之象也。

白虎之类神：为病人，为道路，麦，猿猴，为虎，为金铜铁器。于病为呕血，为怔忡；于色为栗；于数为七。

(九) 太常

太常属己未土，吉将也。为四时之喜神，主宴会酒食衣冠文章等事。

占官最喜太常，如初末传见太常，且遇天马驿马，所求必遂。传中见河魁、太常，主有两重印绶。盖河魁为印，常为绶也。

太常发用，又临日辰，为印绶星动之象，定主喜庆。若所乘之神旺相，而与之相生，仕宦主迁官职，平民主媒妁婚姻。所乘之神休囚，而与之相刑相克，则主财帛不安，货物小足。

春乘辰，夏乘酉，秋乘卯，冬乘巳，谓之"太常被剥"，主百事销铄。

太常临子，名"荷项"，主因酒食而受罚。临寅名"侧目"，主有谗佞离间。

临卯名"遗冠"，主财物损失。临戌名"逆命"，主尊卑不和。

临申名"衔杯"，临丑名"受爵"，均主进职迁官。

临巳名"铸印"，临未名"捧觞"，均主征招喜庆。

临午名"乘轩"，占文书远近均吉。临辰名"佩印"利仕宦不利平民。

临亥名"征召"，主上喜下憎。临酉名"立券"，主事后有争夺。

太常之类神：为武官，为酒食，为衣冠，为麻，为雁，为羊。于病为四肢头腹不宁；于色为黄；于数为八。

（十）元武（又名玄武）

元武属癸亥水，凶将也。气当六甲之穷，位在四时之尽，为北方至阴之邪气，主盗贼、阴私、逃亡、遗失等事。

占盗贼，以元武为主。元武之阴神，谓之盗神。若阴神上下比和，即可断为盗贼所匿之处。若上下相克，则再须视盗神之阴神，盗神所生之神，为赃物藏匿之地。

元武之阴阳神（阳神即元武所乘之神），与盗神之阴神递相生，或盗神乘吉将，主难捕获。若三神相克或乘凶将，则主败露。

元武临日辰，须防盗贼失脱，又主小人暗算。

元武附日德，临日辰，占走失人物，主获寻或自归。

昴星课，元武临寅卯，必主失脱，公家须防狱囚走失。

元武乘辰戌丑未，谓之"横截"，主有盗贼侵凌。

元武临子名"散发"，主走失财物。临丑名"升堂"，王诈骗财物。

临寅名"入林",主安居乐业。临辰名"失路",主人狱遇刺。
临卯名"窥户",主诸事不利。临巳名"反顾",主百争背空。
临亥名"伏藏",主事有转机。临未名"人城",主变生不测。
临午名"截路",临酉名"拔剑",均主贼怀恶意,不宜反攻攻。
临申名"折足"。临戌名"遭囚",均主贼失势头,定可擒获。
元武之类神:为盗贼,为奸邪小人,为豆,为猪。于病为肾亏,为血崩;于色为褐;于数为四。

(十一) 太阴

本阴属辛酉金,吉将也。得地则正直无私,失地则淫乱无耻。主阴私蔽匿,奸邪暗昧等事。

占盗贼,遇太阴人传,或临日辰,定主难获。以太阴天地之私门也。

占墓宅,遇太阴人传,则其所临之方,定有佛寺或奇美景物。

占婚姻,遇太阴临日辰,乘酉亥未发用,其女必不正。

太阴临日本(日本者,日之长生也)克日,主淫乱。

占刑事,遇太阴人传,与日相生,宜自首。

太阴乘申酉,谓之拔剑,主暗中陷害。

太阴临子名"垂帘",主妾妇相侮。临丑名"守局"主尊卑相蒙。

临亥名"被察",主阴人暗损。临辰名"遭",主勾连争讼。

临寅名"跣足",临午名"脱巾",主财物文书暗动。

临亥名"裸形",临巳名"休枕",主盗贼口舌惊忧。

临酉名"闭户",临未名"观书",主家宅安宁。

临卯名"微行",临申名"执政",主起居佳适。

太阴之类神:为兄弟,为姊妹,为小麦,为鸡,为雉。

于病为肺痈,为痨瘵;于色为白;于数为六。

(十二) 天后

天后属壬子水,吉将也。得地则高贵尊荣,失地则奸邪淫乱。主阴私暗昧蔽匿等事。

天后乘太岁，临日干，主大赦。课体为"三光三阳"者尤准。

天后所乘之神，如遇下贼，主有小人凌辱之事。

占婚姻，以天后为主。天后与日干相生，或与日干作三合六合者成，反此不成。

天后克日干，主女有意而男不愿；日于克天后，主男有意而女不愿。若课体吉，主先阻后成。

天后遇驿马，本命上见解神，主离婚。

天后之阴神乘玄武，主暧昧不明。天后之阴神乘白虎，主妻妾危殆。

天后乘天罡，临行年，主堕胎。

天后阴日乘申、阳日乘酉，主淫乱。

天后临子名"守闺"，临亥名"治事"，主动止成宜。

临卯名"临门"，临酉名"倚户"，主奸淫无度。

临戌名"褰帏"，临午名"伏枕"，主叹息呻吟。

临巳名"裸体"，临辰名"毁妆"，主悲哭羞辱。

临寅名"理发"，临申名"修容"，主优游闲暇。

临丑名"偷窥"，临未名"沐浴"，主悚惧惊惶。

天后之类神：为贵妇，为妻，为稻，为豆，为鼠，为蝙蝠。于病为痢，为腰痛；于色为黑，于数为九。

按：所谓类神者，比附而得之事物。壬学中类神之说，诸家颇有异同出入，棼如乱丝，至为难治。且事物纷繁，日新月异，全在识理既明，经验既丰，想像而得。如占投机物价之涨落，应以食粮为太常之类神，盖太常属食物也。标金为白虎之类神，白虎属庚申金。纱花为青龙之类神，青龙属甲寅木。公债为太岁之类神，太岁乃众煞之主，犹如一国之政府，而公债属政府之债券。凡新兴事物，及前人所未述者，不胜枚举，然皆可反复设想之，本节所述，略举其例而已。

十二地支

(一) 亥

别名：登明。五行：水神。节气：立冬，小雪。月将：正月将。

寄托：壬寄其上，木生其下。音：角。数：四。色：褐。味：咸。星：室、壁。宫：双鱼。

分野：陕西、绥远、内蒙古。位：西北。

主事：祯祥征召阴私污秽等事。乘凶将，主争讼、拘系、沉溺。巳酉丑日占，主失物。

类神：为雨师，为孙，为舟子，为私识妇。加四仲乘六合，为幼子。加子加酉，为醉人，乘玄武，为盗贼。

为发、为肾、为膀胱、为头风、为颠狂、为疟疾。加日干为头、加巳为坏头面。阳日加申，阴日加未，为足。加年命为泄泻，加子为痰火。乘玄武为眼目流泪，乘天后为溺毙，乘螣蛇为哀哭，乘贵人为征召。

为庭院，为园墙基，为厕，为仓库，乘青龙为楼，乘六合为阁。加卯为台，加戌为厕。乘勾陈为狱，乘太常为廪。

为图画，为幞，为帐，为伞，为笠，为圆环。加巳为管龠，为野猪，为熊，为鱼，为鳖，为稻，为梅花，为葫芦，为炸酱。

乘太常为谷，加子为麦，乘朱雀为盐。

为姓杨、朱、鲁、魏、于、房、任季、邓、范、冯、点水之类。

(二) 戌

别名：河魁。五行：土神。节气：寒露、霜降。月将：二月将。

寄托：辛寄其上，火墓其下。音：商。数：五。色：黄。味：甘。星：奎、娄。宫：白羊。

分野：甘肃，新疆。位：西方偏北。

主事：欺诈及奴婢逃亡等事，又主印绶。若发用，主旧事重新，又主破财聚众。

类神：为阴，为云，为奴，为军人，为皂隶，为猎人，为僧道，为小童。加子午为舅翁，加申为兵卒。乘朱雀为官吏，乘天后为长者，乘白虎克日为盗贼，乘玄武为乞丐，乘勾陈为聚众。

为脾，为命门，为膝，为足，为胸肋，为腹痛，为脾泄，为梦魂颠倒。加年命为足疾，乘天空为行步艰难。

为城郭，为土冈，为营寨，为廊庑，为虚堂，为仆室，为浴室，为牢狱，加四季为墙垣。

乘蛇加巳午为窑冶，乘白虎为坟墓，乘玄武加寅为坑厕，甲日加寅为墙倒。

为山狗，为狼，为豺，为五谷，为麻，为豆，为蚕丝，为礼服，为印，为鞋，为军器，为锄，为锁钥，为碓磨，为瓦器。乘太常为印绶，乘玄武为枷，乘勾陈加申酉为石。

为姓魏、王、鲁、徐、倪、娄、土旁、足旁之类。

（三）酉

别名：从魁。五行：金神。节气：白露、秋分。月将：三月将。

音：羽。数：六。味：辛。色：白。星：胃、昴、毕。宫：金牛。

分野：四川、川边、青海。位：正西。

主事：阴私、解散、赏赐等事，又主金钱、奴婢、信息。

类神：加子为霖雨，加戌为霜，巳午加之为雪。加巳为海，加子为江，乘玄武为水边。

为婢，为姊，为少女，为外妾，为酒人，为赌徒，为金银匠人，为胶漆工人。加子丑为老婢，乘天空为小婢，乘青龙为妾，乘太常加卯为乐伎，乘六合加寅申为尼，乘白虎临四孟为边兵。

为肺，为肝胆，为小肠，为耳目口鼻，为皮毛，为精血，为音声，为咳嗽劳伤。乘蛇雀，为目疾。丙丁日干加之，为赤眼。加行年刑本命，为刀伤。乘太阴，为脾肺伤损。

为塔，为山冈，为街巷，为仓廪，为门户，为酒坊，为石穴，为碑碣，为碓磨，为金银首饰，为珍珠，为铜镜。乘龙虎旺相为金玉，囚死为小刀。丙丁日乘太阴为钱，甲乙日乘白虎为孝服。

为小麦，为酒浆，为菜蔬，为姜蒜，为鸟，为鸭，为鹅，为雉。

为夫妻不和，乘天后为私通。乘贵人为赏赐，乘勾陈为解散，乘朱雀为喧聒。

为姓赵、金、乐、石、刘、闵、郑、程、吕、金旁、立人旁之类。

(四) 申

别名：传送。五行：金神。节气：立秋、处暑。月将：四月将。

寄托：庚寄其上，水生其下。音：徵。数：七。味：辛。色：栗。星：觜、参。宫：阴阳。

分野：云南、西藏。位：西南。

主事：道路、疾病、音耗等事。

类神：为行人，为公人，为兵卒，为邮使，为金石匠、为商贾，为屠户，为医（一说乘六合），为巫，为猎人（一说乘白虎），乘太常为僧。

为肺，为肝胆，为大肠，为筋为骨，为心胸，为脉络，为音声，为缺唇，为堕胎，为白虎，为疮肿骨痛。

为城，为神祠，为邮亭，为马舍，为道路，为陵寝，为廊。乘天后为湖，或为池。

为猿，为猩猩，为大麦，为绢帛，为絮，为羽毛，为药物，为金银，为刀，为剑。乘白虎为兵器，乘天空为碓磨。

为疾病，为馈送，为升迁，为驿递，为死尸，为灵枢。

乘玄武加亥为失脱，乘勾陈为攻劫，乘螣蛇为丧孝。加亥克日，为水厄。

为姓袁、郭、申、晋、侯、韩、邓、金旁、走旁之类。

(五) 未

别名：小吉。五行：土神。节气：小暑、大暑。月将：五月将。

寄托：丁寄其上，木墓其下。音：徵。数：八。味：甘。色：黄。星：井、鬼。宫：巨蟹。

分野：广西、贵州。位：西南偏南。

主事：酒食、婚姻、祀祭等事。

类神：为风伯，为父母，为妹，为寡妇，为道士，为酒师，为帽匠，为熟识人，为宾客。加亥为继父，加酉为继母，乘太阴为姨，亦为小姑，乘天后为舅姑。加未为醉人，加寅为婿。加酉丑为老人。

为脾，为胃，为肩背，为脊梁，为腹，为口，为唇，为齿，为伤食，为翻胃呕逆，为痨瘵。乘太常为气噎。

为土冢，为墙垣，为井，为茶肆，为酒肆。乘天空为井泉，加辰为田园，加卯为林木。乙日乘白虎，为坟墓。

为桑叶，为木棉，为小麻，为冠裳，为印信，为笙歌，为医药，为酒食，为帘。加子为酱，为庆贺，为宴会。壬癸乘日雀勾为争讼，乘青龙为征召，乘朱雀加亥子为蝗虫。辛巳日乘白虎，为大风。

为姓朱、秦、高、张、章、羊、杜、井、魏、杨、羊旁、土旁之类。

(六) 午

别名：胜光。五行：火神。节气：芒种、夏至。月将：六月将。音：宫。数：九。味：苦。色：赤。星：柳、星、张。宫：狮子。

分野：湖南、广东。位：正南。

主事：主文书官事。

类神：为霞，为晴，为妇女，为蚕姑，为旅客，为军官，为骑兵，为女巫，为铁匠，为伴侣。乘天后为宫女，乘青龙为使君，乘贵人为善人，乘勾陈为亭长。乘太阴为妾。

为心，为口，为舌，为营卫，为神气。乘玄武为目，加亥为心痛。乘螣蛇为惊恐，加子为疝气，加卯酉为目疾。乘朱雀为伤风，下痢。

为宫室，为城门，为堂，为窑冶，为山林，为田宅。乘白虎为道路，乘太常加申酉为厨房。

为火烛，为旌旗，为丝绣，为书画，为蒸笼，为衣架，为炉，为柜。乘常合为衣物，亦为帐被。

为獐，为鹿，为丝，为绵，为黍稷，为红豆。加卯为小豆，亦为禾黍。

为文书，为信息，为光彩，为火怪，为词讼。乘朱雀为诚信，乘六合为通语，加申为咒诅，乘白虎为道路，亦为刀兵。

为姓萧、张、李、许、周、马、朱、柳、狄、冯、马旁、火旁之类。

(七) 巳

别名：太乙。五行：火神。节气：立夏、小满。月将：七月将。

寄托：戊寄其上，金生其下。音：角。数：四。味：苦。色：紫。星：翼轸。宫：双女。

分野：江西、福建。位：东南。

主事：争斗，口舌，惊恐，怪异等事。

类神：为虹霞（冬至后为雪），为长女，为朋友，为主妇，为画师，为术士，为厨夫，为窑，为骑卒，为手艺人。乘太阴为娼妇，辛日乘螣蛇为吊客，加辰戌为囚徒。

为心，为三焦，为咽喉，为头面，为齿，为股，为小肠，为胃，为雀斑，为齿痛，为吐血。乘太阴为口疮，乘螣蛇为头面疼痛。

为窍，为灶，为炉，为筐筐，为磁器，为砖瓦，为弓弩，为乐器，为车骑，为布帛，为花果。加申为釜，加酉为罂。戊日乘勾陈为管龠，加未为灶畔有井，未加之为井旁为灶。

为飞鸟，为蜥蜴，为蚯蚓，为飞虫。

为黍稷，为红豆，为长绿树，乘六合为鸣蝉。

为文学，为取索，为孕。乘螣蛇加辰为双胎。克日辰为詈骂，加酉或酉加之，为徒配。乘白虎克日辰，为外服。

为姓陈、石、赵、田、张、荆、余、朱、郝、楚、杞、耿、龚、纪、火旁、走旁之类。

(八) 辰

别名：天罡。五行：土神。节气：清明、谷雨。月将：八月将。

寄托：乙寄其上，水土墓其下。音：商。数：五。味甘。色：黄。星：角、六。宫：天秤。

分野：浙江、安徽。位：东南偏东。

主事：争斗、词讼、死丧、田宅等事。

类神：为雾，加阳支为晴，加阴支为雨。

为狱神，为军人，为凶徒，为皂隶，为渔夫。乘玄武加子为强盗，乘白虎为屠人，加巳午为老人。

为脾，为肝，为肩，为项，为皮肤，为顶门，为风瘫，为痈肿，为偏首。乘勾陈为咽喉肿塞。

为冈岭，为荒冢，为池沼，为寺观，为廊庑，为祠堂，为沟浍，为石栏，为田园，为墙垣，为井泉。乘天后加亥为海水，乘玄武加巳为井，乘天空为山坡。

为甲胄，为缸瓮，为砖瓦，为破衣，为蚕箔，为簿书，为死尸，为鱼，为五谷，为麻。乘螣蛇为纲罟，加亥乘青龙为蛟龙。

为顽恶，为坚硬。乘天空为欺诈，乘勾陈为战斗，乘玄武为妖邪。乘六合为宰杀，加日辰为惊悸。乘天后为娠妊，乘蛇虎克日为自缢。

为姓马、郭、乔、郑、邱、岳、龙、陈、田、庞、周、土旁之类。

(九) 卯

别名：太冲。五行：木神。节气：惊蛰、春分。月将：九月将。音：羽。数：六。味酸。色：青。星：氐、房、心。宫：天蝎。

分野：江苏、山东。位：正东。

主事：驿邮、舟车、林木等事。

类神：为雷震，巳日乘青龙为雨。

为长子，为经纪人，为盗贼。乘贵人为术士，乘勾空为沙门，加未为兄弟，加巳午为匠人。

为肝，为大肠，为手，为背，为筋，为目眦，为膏肓病，为胸肋多风。乘六合为骨肉酸痛，加卯或卯加之为目疾。春日乘天后加子，为疫病。

为池，为泽，为大林，为竹丛，为舟车。加辰为桥梁，乘螣蛇为水，乘白虎为陆。

为窗牖，为前门，为梯，为衣架，为园，为水径，为门户，为棺，为梳，为床，为幡竿，为香盒，为笙簧，为鼓笛，为俎，为箱，为牌坊，为轮。加申酉为木器，加丑未为竹器。乘天后加子为水车，乘青龙为竹棒。

为狐，为貉，为羝羊，为驴，为晚禾，为瓜果。乘螣蛇加巳午为骡。

为姓朱、房、鲁、杨、张、卢、高、刘、雷、宋、柳、茆、季、李、钟、蔺、木旁、草头之类。

（十）寅

别名：功曹。五行：木神。节气：立春、雨水。月将：十月将。

寄托：甲寄其上，火生其下。音：微。数：七。味：酸。色：碧。星：尾箕。宫：天马。

分野：辽宁、吉林、黑龙江。位：东北。

主事：木器，文书，婚姻，财帛，官吏等事。

类神：为风伯。乘白虎加申，为大风。

为督邮，为宾客，为家长，为夫婿。乘龙合为秀才，加申为道士。乘朱雀加申戌为胥吏，乘天后加未为医。为肝，为胆，为手，为筋，为脉，为发，为口，为眼，为三焦，为目痛，为肝胃痛。

为道路，为公廨，为寺庙，为丛林，为曲堤，为书室，为前廊，为卖酒家。加辰戌为峦。

为花草，为屏风，为机杼，为棺椁，为禅椅，为木器，为文书。乘天空为棒杖，加午或午加之为栋柱。乘朱雀为火炬，乘玄武为杂色斑文。

为豹，为猫，为旱禾，为瓜果乘六合，壬癸日为丛木，丙丁日为柴薪。

为谒见，为升迁。乘朱雀为诚信，乘贵人为征召，乘太常为书籍，加卯为文章，乘螣蛇加午为五色，加巳亥为迷路。

为姓韩、苏、曾、乔、林、霍、杜、程、朱、木旁、山头之类。

(十一) 丑

别名：大吉。五行：土神。节气：小寒、大寒。月将：十一月将。

寄托：癸寄其上，金墓其下。音：徵。数：八。味：甘。色：黄。星：斗、牛。宫：魔蝎。

分野：直隶、热河。位：北方偏东。

主事：田宅，园圃，争斗等事。又主财帛燕喜。

类神：为雨师。乘白虎为风伯，加卯为先雨后雷，卯加先雷后雨。

为神佛，为僧，为尼，为贤者，为旅客，为军官，为农夫。加太岁为宰执，乘勾陈为将军，亦为兵卒。乘贵人为长者，乘天空为侏儒。

为脾，为肾，为小肠，为腹，为足，为肩背，为耳，为秃发，为病目，为腹病，为脾病，为气喘。乘贵人为腰腿痿加亥或亥加之为肠泄。

为墓，为田，为社坛，为仓库，为厨墙，为桑园，为厨房。辛酉日乘青龙为桥梁（一说加亥），加申为僧舍（一说为传舍），加巳或巳加之为土坑。乘六合为道院，乘贵人加寅为宫殿，乘太常为田宅，巳日加戌为土地。

为秤，为斗斛，为鞋，为食物。乘贵人旺相为珍珠，加未为不完物；乘天空为罐，加卯酉为缸；乘太常为甜物，卯日为车桥。

为龟，为蜈蚣，为大麻，为黄豆，为野菜，加子为鳖（一说乘蛇空）。

为咒诅，乘朱雀加寅为文书，丙日乘朱雀为举荐。

为姓田、孙、邱、牛、吴、赵、杨、杜、董、岳、王、黄、汪、土旁之类。

(十二) 子

别名：神后。五行：水神。节气：大雪、冬至。月将：十二月将。音：宫。数：九。味：咸。色：黑。星：女、虚、危。宫：宝瓶。

分野：山西、察哈尔。位：正北。

主事：阴私、啼昧、妇女等事。

类神：为云、为雨水、为天河。子日乘龙玄，为大雨，加酉为天阴；冬至后加巳午为雪。

为妻、为媳、为女、为渔夫为淫女、为乳媪、为舟子、为屠夫。乘天后为幼女，加亥为小孩，加未丑为夫妇，加日辰为舅姑。乘太阴为婢妾，亦为妯娌，加酉为孀妇。乘白虎加辰为军妇。勾陈为橐驼，乘玄武为盗贼乘太常为娼妇。

为肾、为膀胱、为月经、为腰、为伤风、为肾竭、为痴、乘天后为血崩，乘白虎克日为血疾。

为江湖，为沟渠，为水泊，为卧室，为冰冷物，为石灰，为笼，为匣。乘玄武加亥为糖，加辰戌为瓦。乘天后加寅卯为布帛（有说乘六合加日辰为瓶盖）乘螣蛇为浴盆。

为蝙蝠，为燕窝，为鱼鲜，为黑豆，为菱芡。

为胎产，为淫乱。乘六合为奸邪，乘青龙为亡遗，乘天空为哀声（有倪加巳）。

为姓孙、齐、谢、耿、聂、沐、漆、汪、任、姜、孔、陈、傅、冯、水旁、走曲之类。

按：辰戌丑未，位兼中央，以分野论之，可兼河南、湖北。

课体

元首课

统乾之体，元亨利贞之象。婚姻和谐，谋为顺利，孕育生男，兵讼客胜，官职升擢，经商获利。

此课大体虽吉，然或得凶神恶将，三传不顺，反主下顺而上不从。又或上乘休囚死气，下却旺相德合，反主上虽制下，而下不受制，即不能以吉课论矣。

重审课

统坤之体，柔顺利贞之象。事宜后起，祸从内生。用兵主胜，受孕女形，诸般谋望。先难后成。贵人顺布者吉，逆布者凶。

初传墓绝，末传生旺者吉；初传生旺，末传墓绝者凶（生旺墓绝，均指日干而言）。末传克初传者吉，初传克末传者凶。末传如乘天月德等吉神，自可化凶为吉也。

知一课

统比之体，去谗任贤之象。事起同类，祸从外来。失物寻人，俱在邻近。兵讼宜和，凡事狐疑不决。此课大体舍远就近，舍疏就亲，为恩中有害之象。

涉害课

统坎之体，苦尽甘来之象。风波险恶，度涉艰难。谋为名利，多费机关。婚姻有阻，疾病难安，胎孕迟滞，行人未还。受克深，灾深难解；受克浅，灾浅易解。事虽难，而终成。又上克下忧轻，下贼上忧重。神将吉忧轻，神将凶忧重。

见机格

利涉大川，有孚贞吉。动作见机，不俟终日。名利难遂，胎孕未实，疑事急考，犹豫有失。神将吉，则断为吉。
神将凶，则断为凶。若魁罡加日，主官事将起。

察微格

笑中有刀，蜜中有砒，人情阴险，须察其微。若魁罡日辰，主孕妇难产。

缀瑕格

两雄交争，经延岁月，人众牵连，灾耗不绝。君子亲，小人当黜，胎孕逾期，行人无息。若月建吉神入传，辰有气，事虽延滞，可望有成。

遥克课

统睽之体，狐假虎威之象。

蒿矢格

始有凶势，久而渐休。忧喜未实，文书虚谋。凡事忧在西南，喜在西北，利主不利客，利小不利大。神将凶，日辰无气，主盗贼阴谋，神将吉，日辰有气，则干贵有喜。行人来，访人见。

弹射格

用兵客利，事宜后为。访人不见，行人未归。空亡发用，动作尤虚。如神将凶，带刑害，贵人逆布，则主亲朋和悦。吉象。

昴星课

统履之体，虎狼当道之象。

虎视格

关梁闭塞，津渡稽留。祸从外起，守静无忧。此课如日辰用神囚死，罡乘死煞，蛇虎入传，大凶。病者死，讼者入狱。若日用旺相，则减凶。

冬蛇掩目格

进退失据，暗昧不明。访人不见，作事难成，行人淹滞，逃亡隐形。此课如螣蛇入传，主多怪梦。申加卯，为车轮倒斫。传中见玄武，甚凶。惟午加卯为明堂，主万事昌隆，纵遇衰败凶神，亦能化凶为吉。

别责课

卦体不明，逡巡不进之象。谋为欠正，财物不全，临兵选将，欲渡寻船。求婚另娶，胎孕多延。此课主凡事倚仗他人，借径而行，吉凶不能自主。若占家庭事，主闺房淫乱。

八专课

统同人之体，协力同心之象。二人同心，其利断金，将兵多胜，失物内寻。阳日为尊长欺卑幼，主事超进迅速。阴日为妻奴背夫主，主事退缩迟缓。

占婚姻及进人口，主口舌分离。占忧喜事俱重叠。若逢天乙龙常吉将，及天月二德，则主同人协力，众手易举。

帷薄不修格

嫂通其叔，妹私其兄，家庭丑行，防范无从。

独足格

移动维艰，谋为费力，舟。占胎不吉，凡八专课，末传遇空产者，亦作独足格断。

伏吟课

统艮之体，守旧待新之象，考试及第，求名荣归，病忧土怪，争讼田庐。春冬灾浅，夏秋势。动作无虞，凡事主屈而不伸，静中思动。

自任格

任己刚暴，必成过愆。行人立至，逃亡眼前。胎孕聋哑潜藏伏匿，祸患流连。若日辰用神旺相，传中见驿马，主待时而动，或不得已而动，亦动中有成。

自信格

潜藏伏匿，身不自由，逃亡内搜。病者暗哑，行为淹留。若日用神旺相，主不获已而动。

杜传格

居者将移，合者将离，中道而废，事宜改为。寻求失物，不出庭除。如传中见驿马，则静中有动，主有远方信息到门。

返吟课

统震之体，重重震惊之象。

无依格

变迁无定，成败难凭。此课大抵主动，惟得失未有一定，有旧事复发之象。

无亲格

行人阻遏，盗贼相攻，内外多怪，上下不恭，旁求事就，直求道穷。凡事主速成易破。

阴神

凡神，有阳必有阴，阳神显而阴神隐。欲穷事之究竟，必须兼视阴神。十二天将除贵人以昼夜互为阴阳外（即昼占以夜贵为阴神，夜占以昼贵为阴神），其他各以所乘神之上神为阴神（例如甲子日丑时酉将，腾蛇乘申临子，视地盘申上得辰，辰即腾蛇之阴神也。乙卯日子时亥将，白虎乘丑临寅，视地盘丑上得子，子即白虎之阴神也）。

占盗贼，视玄武阴神，若上下比和，即可断其所匿之处。占疾病，视白虎阴神，若克日辰年命，主其病不救。占词讼，视勾陈阴神，若乘凶将克日，必遭刑责。

遁干

壬学中四课三传，皆支神出现，支常静而不动。遁干，则运此移彼，变动无方，祸福潜伏其中，最宜参看。例如发用虽非鬼，若其遁干克日，则以鬼论矣。发用虽非财，若其遁干为日所克，则以财论矣。

克应

课式之吉凶既定,则当查其应验之时期。

壬学上谓之克应,太岁发用,应在本年之内;月建发用,应在本月之内;月将发用,应在月将管事之内(如亥将发用,应在雨水后、春分前;戌将发用,应在春分后、谷雨前。余类推);四立发用,应在本季之内(四立者,立春、立夏、立秋、立冬,四日之支也。如甲子日立春,春季占得发用为子,应在正二三月之内);二十四气发用,应本季之内;旬首发用,应在本旬之内;七十二候发用(每一气分三候,一候为五日),应在本候之内。

本日之支发用,应在当日;占时发用,应在当时。如岁月气候日时均不见发用者,当从本日之支,次第推之。如丑日用寅,应在第二日;用卯,应在第三日;用辰,应在第四日;出四位则不取矣。

须视地盘太岁上之神,以定其月。如子年占,巳加子应在四月,以四月建巳故也;酉加子,应在八月,以八月建酉故也。

太岁在中传,为去年事;在末传,为二三年前之事。

中、末传见月建,亦然。又旺气发用,为现在事;相气发用,为未来事;休囚等气发用;为过去事。亦宜兼参也。

此外,关于克应之说,尚多。有以日干所生为吉事之应期,日干所克为凶事之应期者。有以初传所合为成事之应期,末传所冲为散事之应期者。有以发用之绝神、墓神为应期者(阳日发用取绝,阴日发用取墓),又有以末传合神之下神,为吉事之结期者,各持一说。含至理,总在临时触机,择期与事实相近者而定之。

如占行人,如课传中已见归象,则以初传墓上之神为归期,此又诸家所一致主张者也。

德

德有天德、月德、日德、支德四种,德为最吉,临日入传,能转祸为福。宜旺相,不宜休囚,忌逢空落空,及神将外战。

第一课上克下发用为德,仍作德断,不可作鬼断。盖德能化鬼为吉也。

下贼上发用为德，得贵人生扶（如乙未日酉时亥将占，第二课申加午发用。申为日德。受制于午上，乘贵人丑上，能生申金），仍作全吉断。若无生扶，又见克泄（泄即脱也），主喜中有忧。

德临日干，又作贵人，主有意外之喜。惟不宜占病讼。

德临死绝之地，又值凶神，减力十之七。

日德发用，上下神同克干（如乙酉日卯时寅将，申加酉发用。申为日德，上下神申酉同克日干，申为酉挟，化德为鬼），名鬼德格，主邪正同途。

日德发用作日官（即官鬼之官），又乘朱雀（如己巳日申时亥将，寅加巳发用，寅为日德乘朱雀），名文德格，主应举得官，在官得荐。

禄

禄，即日禄也。临日入传均吉，宜旺相，不宜休囚。

禄，主食禄吐王。禄所临之处，即为食禄之方。

禄临支，马临干，为真富贵课。仕宦占得，主加官添俸；平民占得，反凶，主身移宅动；占病涊亦凶。

禄临支，占求官为暂摄之象，不能久于其位。

禄若逢空或落空，不论入传或不入传，占病必死。

驿马

驿马，有年月日时四种，普通所乘之马，系指日驿马而言。

仕宦占遇马，主升擢；平民占遇马，主奔波。

马与禄会，尤吉，忌互空、落空。

马临长生或落空亡，占行人必不归。

丁

丁，即旬丁，性质与马相类，亦为发动之象，丁与马会，发动尤速。

金日（即庚辛日）遇丁入传，殃祸立至。水日（即壬癸日）遇丁入传，财气大来。占捕盗，遇盗神乘丁神，必不能获。

鬼

鬼，即官鬼之鬼。传中多鬼，事事不美，主公讼是非，神占病讼，忌鬼入传，或临日，见子孙爻为救神，减凶。

占盗，遇鬼入传有冲，或与盗神（盗神即玄武之阴神）相冲，其盗自败。若逢空落空，则难捕获。

干上鬼发用，事多不美。若见德合，犹可望事求官。

传鬼带合，又克日上神，凡事主反复进退而后成。

鬼宜衰败，不宜生旺。发用为鬼，又临克日之乡（如庚辰日，午加巳发用之类），名"攒眉格"，主有两重不美，即遇救神，惟解其一。辰上神发用为鬼，防家人暗算。

鬼多而有制，不为凶。占事虽先值惊危，终乃无恐。惟白虎发用则大忌，须年命上有制虎之神，始可解。

日上神发用为鬼，得支上神救者，主事自外来，须家内人解救。发用为鬼，生末传，末传又为日干之长生，名"鬼脱生格"，主先凶后吉。

三传合局，局化为鬼，返生日上神（以生日，如庚午日，日上神为辰，三传戌午寅火局为鬼，生起辰土，辰土生日干庚金），主化凶为吉。

鬼虽入传，若日上神为贵人，兼日德，名"贵德临身"，可以制鬼。

仕宦以鬼为官星，忌逢空落空。鬼乘白虎，名"催官使者"，临日或发用，为立即赴任之象。占疾病则大忌，遇之必死。

墓

墓入传，临日主，一切闭塞暗昧，壅蔽不通。

辰未为日墓，丑戌为夜墓，日墓刚速，夜墓柔迟。夜墓临日，自暗投明，诸事尚有解救。日墓临夜自明投暗，一切愈见模糊。

发用为墓，宜日干旺相，否则占病防死。中传见墓，占讼防屈，百事不顺，进退有咎。末传见墓，百事无成就。

墓逢冲则吉，逢合则凶。若年命上神能克制之，亦可解救。

初传生旺，末传为墓，成而后败。初传为墓，末传生旺，败而复成。长生坐墓（如甲日亥加未之类，因甲日生在亥，墓在未故也），谓之"自生入墓"，如入堕井中，呼天不应。若发用或临日，尤凶，占病必死，占贼难获占行人不来。

长生乘墓（甲日未加亥之类），主新事无成，旧事再发。

日上神为墓，谓之墓神覆日，主昏晦不明。

干支乘墓，主人宅各欠亨通。干支坐墓，主人宅自招祸患。

空

空即旬空，消极事宜空，积极事不宜空。

日上神为空，且乘天空，占事全无实象。

占仕宦，忌官鬼爻空。

占父母病，忌父母爻空。余可类推。

日辰上俱值空亡，宜解散，不宜谋为。占病，久病者死，新病者愈。

凶神宜空，空则不凶。吉神不宜空，空则不吉。

合

合有三合、干合、六合三种，三合者，五行合也；干合者，与日干相合也；六合者，与日支相合也。六壬除日干外，皆用地支，故以三合、六合为主，干合则为遁干与日干之合，不甚重要。

三合入传，主事关牵连，必过月方能了结。又为亲戚朋友众多之象。

三合入传，缺一神，为"折腰格"，亦名"虚一待用格"，占事必待缺神值期，方能成就。若所缺之神有日辰凑足之，为"凑合格"，主有意外和合之事，以所凑合之神决之。

日辰上下作三合，而日上神克辰，辰上神克日（如甲子日第一课戌甲，第三课申子，日上下戌寅，辰上下申子，均为三合。日上戌克辰，辰上申克日），主外合中离，各怀猜忌。或为挑拨，以致不和。

六合与德同入传，百事皆吉，即为凶神，亦主凶中和合。

六合入传，视其进退，传进利进，传退利退。

六合入传，谋事皆成，但不能即时了结，不宜占病、占讼。

六合有刑害，虽乘吉将，其力亦减，但可宛转小用。

六合逢空落空，又见刑害，主和中藏祸，有德可解。

六合克日，或乘蛇雀虎等凶将，主合中有害，不可托人谋干。

天后与神后作合，占婚立成。

寅合亥，为破合；巳申合为刑合；均主合而不合，成而不成，谋为费力，然终有济。日辰相合，日辰上神亦相合（如乙酉日第一课戌乙，第三课卯酉之类），名"同心格"，主一切谋望，皆能同心合力。若见刑害，又主同心之中，暗生妒忌。

日辰相害，日辰上神相合又相破（如壬申日第一课寅壬、第三课亥申之类），主外面假意相助，心中百般暗毒。若合而不破，仅主貌合神离，无大危险。如值空亡，则其凶与破等。

凡日干与支上神相合，支辰与干上神相合，名"交叉格"，主交易、交换之事，大抵利合谋，不利解散。此例除甲寅、丁未、己未、庚申、癸丑五日干支同位不能交叉相合外，余则一日一课。有十种分别，占事各随所宜，列举于下。

1. 长生合

干上神与支合，又为支之长生；支上神与干合，又为干之长生（如甲申日第一课巳甲，第三课亥申之类），是名长生合，宜合本营谋。

2. 财合

干上神与支合，又为支之财；支上神与干合，又为干之财（如辛丑日第一课子辛，第三课卯丑之类），是名财合宜交涉。

3. 脱合

干上神与支合，而脱支，支上神与干合，而脱干，是名脱合，不宜交涉，主彼此各怀相脱之意（如戊辰日第一课酉戊，第三课申辰之类）。

4. 害合

干上神与支合，而害干，支上神与干合，而害支（如丁丑日一课子丁，三课午丑之类）是名害合。主彼此合谋，暗中相害。

5. 空合

为旬空，与支合；支上神为旬空，与干合（如辛亥日一课寅辛，三课卯亥之类），是名空合。主先好后恶，有始无终。

6. 刑合

干上神刑干，与支合；支上神刑支，与干合（如癸卯日第一课戌癸，第三课子卯之类），是名刑合。主和美中生出争竞。

7. 冲合

干上神与支合，支上神与干合，而干支及干支上神各相冲（如甲申日第一课巳甲，三课亥申之类），是名冲合。主先合后离。

8. 克合

干上神克支，与支合；支神上克干，与干合（如庚子日一课丑庚，三课巳子之类），是名克合。主交涉中生出争讼，或匿怨相交，笑里藏刀。

9. 三交合

干上神与支合，支上神与干合，而干支之上下神为同类（即同为孟神，或同为仲神、季神，如己酉日一课辰巳三课午酉之类），是名三交合。主和合中有奸私，或生出二三种交涉。

10. 交会合

干上神与支合，支上神与干合，而三传又为三合（如乙丑日一课子乙，三课酉丑，三传巳酉丑之类）是名交会合。主合作成就，且有外人相助，惟忌空亡。

刑

自刑主自逞自作而自败。事非顺成，死非正命。

互刑主无礼无义，大荡小淫。

子刑卯，门户不正，尊卑不睦。

卯刑子，子息不育，水陆不通。

朋刑主无情无恩，威凌势挟。

寅刑巳，刑中有害，举动艰难，灾讼骈至。

丑刑戌，刑中有鬼，贵贱相侮，病狱交臻。

巳刑申、戌刑未，刑中有破，长幼不和，家道零落，发用为刑，必见刑伤；刑干忧男，刑支忧女，刑时忧事。

时刑日，忧小人；日刑时，忧君子。

旺刑衰，则福过；衰刑旺，则祸起。

发用刑月建，不可涉讼。刑日阴（即日之阴神），不可远行。刑干支，诸事不安；刑干应在外，速；刑支应在内，迟。

上下相刑发用，又为鬼，主反复戾，公私两忧。

冲

冲，为反复不宁之象。冲日，主身有攸往；冲辰，主宅有移动。

子午相冲，谋为变迁，举动乖异；

卯酉相冲，分离失脱，更改门户。

寅申相冲，邪鬼作祟，夫妇异心；

巳亥相冲，顺去逆来，重求轻得。

丑未相冲，弟兄不睦，谋望无成；

辰戌相冲，悲喜不明，奴婢逃亡。

太岁、月建，皆不宜冲。冲岁，岁中不足；冲月，月中不足。

吉神不宜冲冲则不吉凶神宜冲冲则不凶。

破

破，临日入传，宜散凶事，不宜成吉事。

日破或支破发用，主事多中辍，，有更易，一切难望完全。

午卯相破，主门户破败。

辰丑相破，主墙墓颓圮。

酉子相破，主阴小灾晦。戌未相破，破中有刑，主人物刑伤。

亥寅相破、申巳相破，均破中有合，主败而复成。

凡破冲，主人情暗中不顺。占婚，虽强成，难久；占产，虽胎动，难生。若逢吉神，主历尽艰难而后成。若逢空落空，则有声无形。

害

害，临日入传，主事多阻隔。

子加未，主事无终始，官非口舌；

未加子，主营谋阴滞，暗里生灾。

丑加午，主公讼不利，夫妻不和；

午加丑，主事不分明，终难成就。

寅加巳，主出行改动，退利进阻；

巳加寅，主谋事阻难，口舌忧疑。

卯加辰，主有事虚争，人情反复；

辰加卯，主求谋多阻，干事无终。

酉加戌，主门户损伤，阴小灾疾；

戌加酉，主暗中不美，奴婢邪谋。

申加亥，主先阻后得，事必有终；

亥加申，主图谋未遂，事必无终。

害为和气乖违之象，只宜守旧，动即有失。

第三章
大六壬课堂综合实例剖析

例一：

卯月、乙丑日、亥将、辰时。戌亥空亡，癸丑女命。

```
    贵 后 阴 武
    子 丑 寅 卯
蛇 亥         辰 常
朱 戌         巳 虎
    酉 申 未 午
    合 勾 龙 空

    蛇 空 勾 武
    亥 午 申 卯
    乙 亥 丑 申

    丁 兄 卯 武
    甲 才 戌 朱
    己 子 巳 虎
```

问：此女是为何事而测？

答：她准备买车。

因日上神乘亥为印、为驿马，支上神为传送申（道路），全是车的信号，故断是车子之事。而断买车不是卖车是因兄弟临玄武发传，主花钱之象。

问：国家准备拉泥去填水库，需要很多车子，而时间又长，量又大，不愁没货拉，钱也不愁结账，为何断不能买车？

答：首先干上空亡临螣蛇凶神，支上申临勾陈又在年命支上，而且申克日干，干上神与支上神亥申相害，三传又有兄弟临玄武发动与日干乙（寄宫辰）相害，中传戌为财空亡又临朱雀，又与日干寄宫辰相冲而且还是日干之墓，末传子孙虽可生中传财，可惜乘白虎凶将而坐空，年干支（癸丑）同位上有申金勾陈，一片凶象，故断不能买，否则破财伤人。

结果是不听劝告硬性去买，先是财运很好，还有意说测不准，幸好没听老师的，要不就错过她发财的机会了！然而，好境不长，两个月后得知：车翻人伤，劳命伤财，后悔莫及！

例二：

甲申年、丙寅月、壬申日、亥将、酉时，壬寅年命，戌亥空亡。

```
        勾  龙  空  虎
        未  申  酉  戌
    合 午          亥 常
    朱 巳          子 武
        辰  卯  寅  丑
        蛇  贵  后  阴

        阴  贵  虎  武
        丑  卯  戌  子
        壬  丑  申  戌

            兄 子 武
            子 寅 后
            官 辰 蛇
```

问：此人是问何事？

答：应该是官司病灾之事；而且此人还有官！

因干上神为官鬼，支上神又是官鬼，还临白虎，干支皆有丑、戌刑，申、亥（壬寄宫在亥）害，初传兄弟发传主争讼，玄武主小人，末传又是官鬼、华盖、墓、螣蛇克日干，加之螣蛇辰土又临年命之上，一片凶象，故断之。有官是日干、年命上临官鬼之因。加上年命日干又是月将和禄，年支又临月建。

问：此人是吃什么官司？会不会丢官？

答：年命支寅为驿马，被日支上申金冲克，太岁又是申金来冲，主变动，初传为兄弟临玄武主小人，中传传子孙年命支寅木，子传官鬼临螣蛇，主有人想告他、想把他的官告下。断他不会丢官是因子水兄弟本可生中传寅木子孙，可喜子水坐空无用，看中传寅木子孙，寅上本是年命支，但上乘官（也主当官之人）子孙虽可克官，但末传官星辰土又传午火生助，午又传申临青龙太岁冲去子孙寅木，故无妨。

问：此人之前的官运如何？何年升官？运势怎样？

答：1996年丙子，子上有寅木本命，又是驿马，寅申冲主有动之象，可惜寅木本是子孙克官之神，主1996年欲动又最终不能升迁。应在1998年戊寅年可升迁。（1998年寅上乘辰土官鬼，主此年得官之象，辰土临螣蛇主得之不易）。1999年己卯，卯上有巳火生助，此年财官两顺。2001年辛巳，巳上有未土官（未含丁）也主财运大发、官运顺。2002年壬午，午上青龙申又为父母、传送皆主车，主此年配上了车。申又为年干日干之长生、父母、冲克寅木，主又升了一级。而在2003年癸未，未上有酉临天空、酉又为桃花沐浴、为酒为小妾，未中含丁财又是丁壬淫荡之合，主此年酒、色、财气样样来，因而到至今年甲申年旳官司。还有2001年辛巳，就开始有了情人，因巳上之未含丁，而丁壬合为桃花淫荡之合。

说明：1998年戊寅得官主要是年命寅上有官星辰土而又在三传中见。

例三：

申年、未月、已酉日、午将、辰时，甲辰旬，寅卯空，癸卯女命问测儿子庚午年命的学业。

```
  龙   勾   合   朱
  未   申   酉   戌
空 午           亥 蛇
虎 巳           子 贵
  辰   卯   寅   丑
  常   武   阴   后


  合   蛇   蛇   后
  酉   亥   亥   丑
  巳   酉   酉   亥


  兄 丑 后
  鬼 卯 武
  父 巳 虎
```

问：为何断其儿子不愿读书、也读不了书、还要受伤？

答：母亲问儿子应取伤官为用神（申为伤官为儿子；酉为食神为女儿），申临勾陈坐于儿子年支午上，入初传之墓，末传父母临白虎坐空与儿子伤官申金刑，初传丑又与儿子年支天空午相害，主儿子不愿学习，年支午火临天空主爱说谎话，又有刑害，主儿子受过伤。应在三岁和今年甲申年。儿子好动，因儿子伤官申为勾陈传送主车。今年受伤是临太岁，太岁也主动，动则与末传巳火白虎发生刑，主与车有关而受伤（告知是骑自行车摔伤的）。加之，演卦：申为坤卦，戌为乾卦，戌加申得天地否卦，乾为头，坤为地，头接触地，主头被摔在地上之象。看学业重看父母、官星，今官星寅卯又空亡，父母巳火坐空，年支午火父母又乘天空，故断之。

问：为何断癸卯年命的人目前情况很遭，有头昏之病？

答：因求测人癸卯，今干上神为子孙，主脱耗，支上神为驿马主走动大，年支卯为又蓬空亡，主目前情况不好。初传丑为兄弟华盖，主合伙之象，年命卯临鬼乘玄武又是灾煞（巳酉丑灾煞在卯）主身体不好，鬼临玄武主心脑血液或头昏之病。

问：为什么断其丈夫（庚子年）的财运好、而她本人应吃过官司？

答：丈夫看官鬼寅木今空亡，主无官，但丈夫看正官寅木坐子水财又是丈夫之年命，子水年支财又临贵人，皆主财运好。而且还应是1996年丙子年开始好的。而癸卯本人1996年却有官灾，因年支卯上巳火父母临白虎又与官鬼寅木相刑，子卯又刑，故断有官灾（告知此年因工作吃了官司带了手铐）。

例四：

申年、未月、已酉日、午将巳时、寅卯空、年命戊申女命。

```
        空 虎 常 武
        午 未 申 酉
    龙 巳         戌 阴
    勾 辰         亥 后
       卯 寅 丑 子
       合 朱 蛇 贵

       常 武 阴 后
       申 酉 戌 亥
       己 申 酉 戌

         才 亥 后
         才 子 贵
         兄 丑 蛇
```

问：为什么断其母亲（告知庚寅年命的头上长了瘤）之病是良性，可以放心作手术？

答：女测母看巳火偏印，临青龙，初传亥水财相冲克，主确实有问题，但母临青龙，而病看官鬼今逢空亡，主不严重，其母年支寅木官鬼逢空，也主有病但病无妨，又有太岁，干上神子孙申金制鬼也无妨，但是太岁在干与年支、用神母亲巳火三刑，初传又冲之，主有被开刀手术之象，亥、申日作最好。

问：为何断求测人单位要调整货柜摊位，她不想搬而断非搬不可？而还断搬了之后生意还将会更好？

答：因初传亥水驿马发动，传子水，子水又传丑土，亥子丑三会水局财神，故一定要搬，而且搬后财运会更好。

问：为何断她会被搬到楼梯下侧的北方位置？

答：三传亥子丑，丑是艮卦，代表楼梯，坐于子水财上，水主低矮处，也主北方。故断之。

问：为何断其丈夫（辛丑年命）想养鸡、而要劝其千万别去养，否则妻子求测人找的钱只能拿去填空？

答：丈夫看官鬼今空亡，鸡看酉，酉入墓于末传丑兄螣蛇，酉上乘戌，酉戌相害，酉又克官鬼丈夫，官又在年支丑上空亡，故劝不能养，否则鸡死财破，她找的钱只能去填补空缺了。

问：为何断其找的乙卯年命女职工不会长久帮她，八月就要走？

答：职工乙卯年命，今年支卯空，卯为太冲、受中传子水刑，卯下又空，卯临六合，六合主有结婚之象，八月走是卯酉相冲之因。

注：看六亲的属相，天盘六亲下临地盘之支可能是其六亲的属相。如：上一课看儿子，儿子为伤官，伤官是申金，申下地盘是午，属马。

例五：（主断行人、姓氏）

申年、未月、壬子日、午将巳时，寅卯空，父母测儿子丙寅年命的人出走、在何方、有危险否、何时能回？

```
   蛇  朱  合  勾
   午  未  申  酉
贵 巳          戌 龙
后 辰          亥 空
   卯  寅  丑  子
   阴  武  常  虎


   虎  常  常  武
   子  丑  丑  寅
   壬  子  子  丑


        子 寅 武
        子 卯 阴
        官 辰 后
```

问：为何断其儿子是偷偷跑的，还是被父母打跑的？

答：儿子年命、用神子孙寅木临玄武（主暗昧、偷偷）带驿马发传，儿子年命、用神子孙寅木被太岁（主父母）冲克，故断之。

问：为后断其儿子走得不远、是在他家的东边或东北边，又是在他同学家隐藏起的，距离6、7里路，此同学家姓林或柳及他家的情况……申时能找回或寅卯日回？

答：干上神、干之阴神为外为远，支上神、支之阴神为近为内，其儿子在支上之阴神上，主去不远，在东边或东北边是因：寅、卯木在东，年命用神寅下坐丑为东北。是在朋友同学家是因：寅上为卯为太阴，寅卯比和主朋友同学，加之寅为日干之文昌（庚猪辛鼠壬逢虎为文昌星）。与文昌有关的朋友一般为同学学友。隐藏是卯临太阴（主隐藏）。6、7里远是丙辛寅申7、丁壬卯酉6之数断之。姓林或姓柳是因：寅上是卯，寅卯为双木，双木为林；姓柳是因：寅木加卯为柳字。他家东边有口干水塘（卯上乘辰，辰为库）。周围有树林（寅卯木之因），申时回是冲寅木用神之因；或寅卯日回是填实值旺。

结果：根据以上预测提示申时去同学柳家找回。

例六：

申年、未月、庚戌日、午将酉时、寅卯空，丁巳女命求测。

```
      龙 勾 合 朱
      寅 卯 辰 巳
空 丑           午 蛇
虎 子           未 贵
      亥 戌 酉 申
      常 武 阴 后

      朱 龙 贵 合
      巳 寅 未 辰
      庚 巳 戌 未

      鬼 巳 朱
      才 寅 龙
      子 亥 常
```

问：为何断其女没有结婚，可是曾有过实际婚姻？

答：日干上乘官又与日干合（庚干寄宫申、巳申合），主有个同居丈夫。中传青龙（主男）逢空，末传子孙克夫与初传官鬼相冲。子孙亥水坐空、巳上乘寅木青龙空，也主没家庭之象。

问：为何断同居之人是甲寅1974年的，而且是2001年辛巳年同居的，其人之情况是怎么断的？

答：辛巳年同居是：日干上是巳，年命巳上是青龙，青龙寅木可断甲寅较合情理而不断壬寅、丙寅。青龙寅木主人才长得好，只是没钱，因财临寅木青龙逢空，故断之。

问：为何断当时是男方父母反对？

答：对象寅木的父母应是亥水，与女方年支巳火相冲克……

问：为何断其女的文化学业很不错？

答：因日干上为官为日干长生，朱雀（主文），日支又是父母（也主文）又临贵人相生，加之年命巳发传又坐于日干禄上。

问：为何断其女目前经济较困顿？

答：因财空，财又与巳年命、太岁三刑，财源子孙亥、子水坐在空亡之地无力去生助财星寅卯木。

问：为何断她的钱是花在生病上？

答：因财与官鬼相生又相刑，寅、巳、申（太岁、日干、年支）又是三刑。主要体现在今年四月。

问：为何断今年其女坐不住要出门去发展？

答：因年命临日干、太岁、驿马，年支上有寅、支下坐申、初传又被末传冲，皆主动象。

问：为何断是去大城市，西方？

答：大城市是太岁申金主之。西方是日干与年支下坐申金传送驿马。

问：为何断其出门找不到钱，只能是遇上桃花运？

答：地盘申酉西边上乘天盘是巳午火官鬼，西边属金是日干庚金之比肩，西边酉上乘午火为桃花沐浴（庚日干长生在巳、沐浴在午），又临螣蛇、午酉又破，故去找不到钱只有桃花。劝其今年明年申酉两年别去，丙戌年再去（因戌上有贵人相生，又是财库未土）。

问：为何断此女与（告知牵挂1963年癸卯的男人）之没有姻缘，又是怎么断其男的情况的？

答：1963年为癸卯，卯上乘子水白虎，卯为桃花（寅午戌日卯为桃花），主此人犯桃花，卯上有子水子孙主有子女，但子卯相刑，子在卯上临白虎，卯又空，主他们曾经有个小孩但已经打掉了。此人年命卯上有子、子卯相刑为无礼之刑，主此人专横不讲道理，说话自相矛盾。此人身高1.76米（男人身高基数一般断1.67~1.76之间）卯为6，卯又在高处。此人背有点驼（因卯上乘勾陈）；头发也应是卷的（卯临勾陈、卯在午上、午为头）。此人左边身上受过伤或与刑伤有关的职业。（卯上子刑、白虎皆主血光，卯主左边）告知此人是外科医生，专作手术，故免自身受伤。

问：为何断此女克母，是怎样断其母亲的？

答：母亲可看辰，辰上丑临天空，支上未戌相刑，又可看戌，戌下丑又刑，又可把寄宫考虑进去，女的母亲为戊，戊寄宫巳，上有寅相刑又空，又是与太岁日干三刑，加之戊寄宫巳，被中传刑，被末传亥水冲克，故断克母。

问：为何断其母死于1995年乙亥年、怎能断其病是心脏病或脑溢血？

答：因亥临末传冲巳（巳为戊土母亲用神之寄宫），巳又是本命，不是母灾就是她本人的难运。断其母为心脏病或脑溢血是巳是螣蛇属火、又是朱雀皆主心脑血管方面，受亥水冲克之故而断之。

例七：（主断婚姻克夫例）

甲申年、辛未月、癸丑日、午将巳时，丁酉女命。

```
蛇  朱  合  勾
午  未  申  酉
贵 巳          戌 龙
后 辰          亥 空
   卯  寅  丑  子
   阴  武  常  虎

      武 阴 武 阴
      寅 卯 寅 卯
      癸 寅 丑 寅

         子 寅 武
         子 卯 阴
         官 辰 后
```

问：为何断此女婚姻不好、克夫？

答：因干支上神一片子孙，三传三会子孙局，初中传传进又是子孙，故克夫，末传官又坐空。

问：此女告知丈夫是1960年庚子年命，为何会断轻则离别、重则死亡？

答：因丈夫年命是庚子，子上是丑，女命酉上是戌，丑戌相刑，加上日干支是丑，月建未，又构成丑、戌未三刑。又日干为癸水，丈夫可看官鬼辰土空与年命子上丑，丑辰又破。再者，末传辰土又是丈夫子水之墓库华盖。故断之。

问：此女告知其夫已死。怎样断他是1986、1987年丙寅、丁卯两年有灾，而应死于1988年戊辰年的？

答：因1986年为丙寅子孙、1987年丁卯也为子孙又与丈夫年支子水相刑，子孙克夫；而1988年戊辰之辰为丈夫年命子水之墓库华盖，三传寅卯木传进又三会子孙木局克丈夫，故断之。

问：此女又告知：是1986年开始生的病，1988年死的。为何断其丈夫是死于肝病？
答：因一片寅卯木、木为肝胆，旺极生灾，物极必反。

问：为何断其女目前什么也没有，可怜之命？
答：因干支上神、三传皆空，日干阴神、中传为灾煞又冲年支酉，（巳酉丑见卯为灾煞，）年命酉下坐戌，酉戌相害；日干支、月建未，构成刑、冲、破、害凶局！

例八：癸丑女命电话求测。

甲申年、未月、癸丑日、午将辰时，甲辰旬，寅卯空。

```
        朱 合 勾 龙
        未 申 酉 戌
    蛇 午         亥 空
    贵 巳         子 虎
        辰 卯 寅 丑
        后 阴 武 常

        阴 贵 阴 贵
        卯 巳 卯 巳
        癸 卯 丑 卯

          子 卯 阴
          才 巳 贵
          官 未 朱
```

290

问：为何断此女是个读书人、吃官家饭的？

答：年命与日干支癸丑相同，丑临太常、干支年命上皆为卯，卯为文昌又发传，又为长生，中传巳为贵人为财，末传为官，三传传生，故断之。

问：为何断其女已离开家乡，是在出生地的西北边或接近水边？

答：因年命丑坐驿马，在乾亥位，亥为西北为水边或海边。

问：为何断此命个子身高为1.66米？

答：日干支年干支上为卯木、为长生，取丁壬卯酉6之数。

问：为何断其还有一技之长、应与医有关、还没结婚？

答：因年日为华盖，干支上又临长生文昌，又为子孙（主医生），故断与医有关；还没结婚是：因临华盖、子孙临干支发传。告知：是军医（因临太常主武），还没结婚。

注：一般子孙发传、末传是官对女生是主晚婚。

问：是怎样断其学业的？

答：1993年癸酉离开家，因酉为印主文书学校冲年日上神及初传长生文昌卯木之因；1995年乙亥又升学，因为马星、命下坐太常（主武、军队）。告知考上军医大学。

问：为何断今年（甲申）就会有男朋友？

答：因太岁申上有官星戌土，又是青龙（测婚姻女视青龙，青龙主男友）。辰戌为年干、日干之官，辰、戌又代表军警，申为传送代表车子，申为太岁又代表领导，官星戌土青龙去生太岁申金，可断其是军人、是为领导开车的。此人在今年的七~九月就会出现，因为年干日干支上子孙卯去合青龙官鬼戌土，戌又坐太岁申上。

问：是怎么断其男老人己丑年的运程的？

答：此人是官场上的，（因己丑，己寄宫在未，未为官发传）未临朱雀，主常给人开会；此人是走南闯北的（丑上卯为太冲与未上酉对冲，卯酉为门户）；1995年搬过家（因1995年为乙亥为马星）；此人很善于计谋，可说是老谋深算（年命丑上卯木临太阴）；此人事业的重新起步应在1997年或1999年（1997年为丁丑，丑上子孙为脱神，卯又为日干长生主开始，1998年寅木为子孙也是脱神，主没效益。1999年、2000年，卯、辰上有巳午财星，主此两年找了大钱）；此人2001年辛巳，巳上未土临官鬼朱雀是年干己之寄宫、又与年命支丑土冲，主此年有官司；2002年、2003年支为午未，上乘申酉父母主扩大事业生产；今年甲申心太大，自身条件还不够，容易陷进去（戌为青龙主心大，戌为财库，主把钱投进去）；年命丑与末传太岁上之戌土相刑，应注意六月、九月，怕受不住，如受伤、破产等，最好找人合作分担一下为好。

问：是怎么断其老母戊子年命的？

答：此人身体不好（因地盘年命子上子孙寅木空亡，天盘子水被地盘戌土官鬼克，又临白虎、和干支上神子卯刑、与末传子未相害，主有伤灾或开刀手术之灾）。时间应是1987年丁卯、或1991年辛末、1999年己卯可能性大（因这几年有刑、冲、害）。

问：又是怎么断1983年（癸亥）女命的？

答：此人已不在家（年命支临驿马），亥水长生在申，而被申上之戌土盖头克，而年命亥居酉上，酉为沐浴，又为年命癸的偏印（主偏母），可能是跟着别人长大的；而且目前应考上大学在外读书，以后也不会回来了。

告知：此人是从小抱养出去的，现在在外读大学，目前是想把她接回来故问其情况如何！

例九：

甲申年、辛未月、癸丑日、午将酉时。甲辰旬、丁巳女命求测。

```
    蛇  贵  后  阴
    寅  卯  辰  巳
朱  丑          午  戌
合  子          未  常
    亥  戌  酉  申
    勾  龙  空  虎
```

```
龙  常  龙  常
戌  未  戌  未
癸  戌  丑  戌
```

```
官  戌  龙
官  未  常
官  辰  后
```

问：为何断此女男朋友很多、但目前还成不了，带过残疾，坠过胎？

答：干支、三传一片官鬼（主男朋友多），初传青龙、末传天后，干支上神、三传皆相冲相刑，故男朋友虽多却成不了。干支上寅木子孙临螣蛇、年支下太岁申构成三刑，鬼太多又主身体不好，故断带残疾或坠过胎（年命上神有寅木子孙相刑又空）。

问：为何断此女与1963年（癸卯）的男生成不了，成了也不好；又是怎么断这个男生情况的？

答：此男较有文化（年支卯为文昌、贵人）；此人已结婚（年支下坐妻才，又坐桃花）；1990年庚午结的婚（年支卯坐桃花午火妻才，1990年刚好是午年）；此人目前情况不好、外表堂皇而实际不行（年支卯空亡，卯去生午火又是耗）；此人说话言行不一（地盘卯、天盘子，子卯相刑为无礼之刑，主不讲礼)。故断之。

问：为何要劝此女凡事从宽处想，要乐观些，还要小心被骗？

答：因日干太弱，一片官杀克，干支上神及三传又刑，年命支上又有螣蛇与太岁三刑。故劝之。

哭诉说曾经有过自杀的念头！

例十：

申年、未月、甲寅日、午将辰时（子丑空、戊子女命求测，丈夫是己丑年的。

```
        空  虎  常  武
        未  申  酉  戌
   龙  午          亥 阴
   勾  巳          子 后
        辰  卯  寅  丑
        合  朱  蛇  贵

         合  龙  合  龙
         辰  午  辰  午
         甲  辰  寅  辰

          才  辰  合
          子  午  龙
          官  申  虎
```

问：为啥断其今年有住居、工作之变动？

答：此人有工作是有禄（年命子上临日干之禄寅木）；变动是官临驿马发传，日支又为家宅，课传中构成寅申聚会（主职地变动）。加之工作房屋看父母，今课传一片子孙妻财冲克。

问：为何断今年七月应小心，不要爬高、远行、骑车？

答：因干支上为财、子孙一片脱耗，三传又有才、子，末传马星临鬼带白虎旺相、又是太岁冲克日干，年支地盘子空，上乘之寅木临螣蛇又被末传之太岁白虎马星旺克，七月为申金，故劝之小心。

问：为何断其与丈夫关系不好？

答：官鬼申金有干支上妻才发传临六合生，来克年支上神及日干。而丈夫年支丑上乘卯又为桃花、朱雀（主丈夫有外遇口舌）。

问：为何断丈夫己丑年命是官、是找大钱的人？

答：因丈夫年支丑为财、为贵人，下临天门亥"为贵登天门大吉格"。看丈夫又可看申金，申为马星太岁又有众财生之。故断之。

问：为何断丈夫有了桃花后花了不少钱？

答：因丈夫年支丑为财，今空亡，又被羊刃、太冲卯木桃花临之来克。

问：是怎样断丈夫桃花运程的？

答：丈夫1997年丁丑开始有外遇，1999年己卯处于火热，因桃花卯坐在年支丑上，1999年己卯桃花值流年太岁。但成不了，现已开始有矛盾冲突（因丈夫己丑、己寄宫未，丑上卯与未上酉相冲克，又临朱雀主口舌，酉又为妾）。

问：为何断她与丈夫离不了婚，而丈夫还会有大发展？

答：因双方年命相合，三传才、子、官发动通关；有大发展是：丈夫年命丑为财、为贵，又有三传生扶，官星丈夫申金又是太岁，故断之。

问：又是怎样断其儿女的？

答：儿女临青龙发传，主儿女很好，前途较好！

问：怎么断丁巳年的儿子与其女友戊午的婚姻？

答：女命午带文昌青龙，午上又乘太岁马星白虎申金（主说明此女是个性子急、有文化，是个男生个性，爱管其儿子）。目前儿子受不了这种性格而想甩掉（因儿子巳下卯克午下辰）。但地盘巳午比和，天盘又生（主甩不掉）。子孙发传，但又是日干的死地（主他们曾经怀过孕，可是坠胎了）。他们最终还是会成为夫妻。

例十一：

申年、未月、癸丑日、午将申时，甲辰旬、寅卯空，庚申女命求测。

```
   朱   蛇   贵   后
   卯   辰   巳   午
合 寅            未 阴
勾 丑            申 武
   子   亥   戌   酉
   龙   空   虎   常

   空   常   空   常
   亥   酉   亥   酉
   癸   亥   丑   亥
```

　　　　兄亥空
　　　　父酉常
　　　　官未阴

问：为何断此女有学业但不高，有工作而且是搞财务或服务行业的？

答：因年命支上乘午火财（财克父母文书，主学业不高）。而天盘申金为父母主文、主单位，又是其年命、太岁（主命中有工作单位）。而今又落财库戌上（火之财库在戌），驿马发传，申又为传送。告知：是在电信局工作负责收款。

问：为何断她现有男朋友，目前还没公开，此男还很可能是1979年属羊的？

答：因地盘年支申上有桃花午，年支申上又坐官星戌上，三传又有官鬼，而官星在末传临太阴主没公开，属羊是末传官星为未再结合外应身穿黄色和有人打电话买羊子之故。

问：是怎样推断男友及她本人其他情况的？

答：断男友1.74米高是因：未上乘巳，巳代表7和4之数，因巳在巽宫主4，又有寅申巳亥7之数；此男长得好是因：未土官星为小吉临巳火贵人；此男很喜欢此女是因：天盘巳午比和，地盘未申相生；男友目前财运不好是因：生未土的巳可代表男友的父母，巳上卯空亡，主男友的父母条件不好，男友本身年龄不大，既然其父母不好，那男友肯定目前也不会好；断还有其他男生在暗中追求此女是因：申年支上有桃花午，天盘申下官鬼戌土又临玄武；再断其男友会开车是因：驿马发传冲巳火，巳上本位有太冲卯之故；断此女工资为900元是因：午为财在年支上，甲己子午9之数；断其与同事之间关系不好、有谣言是因：初传兄弟临天空（主空话、谣言）克年命申上午火。

告知：传言他与领导有暧昧之事，以致她目前思想压力大（因桃花午与年命太岁一起，午克申，申为年命支、为太岁领导）。

问：是怎么断其父母的？

答：断其母亲有官、有社交能力、能喝酒是因：因母亲看中传之酉，酉临太常（太常主酒），临将星主领导，坐亥宫为天门驿马主社交好；看其父（日干之正印为父偏印为母，看申金，与本人同在固断其女与父亲多方面特象）因不知其父母年命，但可看出父母有外遇，关系不好。因酉为偏印母亲临沐浴，正印父亲申临玄武，地盘申上乘午火财爻桃花之故。

告知：父母已离婚而也各有新欢。

例十二：

甲申年、未月、乙卯日、午将巳时，甲寅旬，子丑空，己未年女命求测。

```
        空  虎  常  武
        午  未  申  酉
    龙  巳          戌  阴
    勾  辰          亥  后
        卯  寅  丑  子
        合  朱  蛇  贵


        龙  空  勾  龙
        巳  午  辰  巳
        乙  巳  卯  辰


            才  辰  勾
            子  巳  龙
            子  午  空
```

问：为何断她在家排行是老大？

答：因日干乙木长生在午发传，己未年命，未上为太岁申金，申又是年命的长生之地，水土长生在申，故断其为老大。

问：是怎样断其有男朋友、而男友的家与此女的家很近，之前就很熟？

答：因年命上神为官鬼申金，天地盘又邻近相生。

问：是怎么断其男友情况的？

答：男家条件很好，会开车、爱喝酒，因：申为太岁，为传送主车，太常临申、申下临己未小吉，申上又为酉、玄武主酒之象；男友很可能是属猴或鸡的，因：未上是申官、申上又是酉官之故。

问:为何断此女目前不想结婚,想出外读书?而且此女的文凭高而多?

答:因日干、三传子孙临驿马(子孙克夫、驿马主出外),文昌发传又传进,干支、中传、末传皆为文昌长生,故断之。

例十三:

甲申年、辛未月、甲寅日、午将酉时(八专课),癸丑男命求测。

```
      龙  勾  合  朱
      寅  卯  辰  巳
空 丑           午 蛇
虎 子           未 贵
      亥  戌  酉  申
      常  武  阴  后

      常  后  常  后
      亥  申  亥  申
      甲  亥  寅  亥
```

才 丑 空
父 亥 常
父 亥 常

问:为何断此人目前没有财、还没有结婚?
答:因初传天空妻财空亡发传。

问:为何断此人曾经有过工作(指国家政策性的工作)?
答:因日干支上乘长生,有禄、有日德。

问:为何断此男目前常与母亲在一起?
答:因亥为母,子为父,干支上神为亥水为长生。告知:母亲是1952年壬辰的。

问：为何断此男目前没有房子？

答：因丑为房子、为财，上乘天空空亡发传。

问：为何断此男以前有过大坎坷？

答：因年命丑、上神为戌、丑戌相刑。

问：为何断其是22岁那年为了钱财或斗殴吃了官司？

答：22岁是1994年甲戌、戌上是未，未是财，临贵人主大财、公家之财，戌上未，年命丑与之构成丑戌未三刑，为持势之刑，年命丑上之戌为财、又临玄武（主贪、偷骗），丑又发传，故断之。

告知：是1994年因赌钱挪用单位公款14万吃官司坐牢。

问：为何能断他被判了4~5年刑？

答：因戌是5数，"戊癸辰戌五"，戌之地盘数到丑又是4之数。

告知：被判了5年刑，减了一年刑刚好坐了4年的牢，1998年出狱（因日干长生、年命、驿马逢合）。

问：为何断此男克父，其父1996年生病，是肺病的可能性大，可能是1999年去逝的？

答：甲日干之父亲看子水，母看亥水，今子水临白虎空亡；1996年丙子生病是因：子空、上临酉金官鬼，酉为肺主肺病；1999年去逝是因：父亲子水临白虎空之，坐于1999年己卯太岁上，子卯相刑，卯又是日干的羊刃（羊刃克父），子水长生在申死在卯，加之卯又为年命丑之丧门吊客（主死人穿孝服）。故断之。

问：为何断其父亲可能是属兔的？

答：因天盘用神所落之地盘之位很可能是用神之属相。子落卯位，卯属兔（甲木日干之父为子水，母为亥水）。

后告知：其父是1951年（辛卯）的。补充：其父卯现落地盘午位，卯木长生在亥，死在午也主死亡之象。还有是寅卯辰见巳为孤辰，见丑为寡宿，其母亲年命辰上丑为天空、空亡、寡宿丑发传，主孤身一人（因前面已得知其母是1952年壬辰的。再有就是三传或干支上有孤辰寡宿，主家有孤寡之人）。

问：为何断此男戌年可结婚，否则只有丑年？
答：因丑戌为妻财，填空填实。

例十四：

申年、未月、乙卯日、午将午时，伏吟格。

```
        龙  空  虎  常
        巳  午  未  申
    勾  辰          酉  武
    合  卯          戌  阴
        寅  丑  子  亥
        朱  蛇  贵  后

           勾  勾  合  合
           辰  辰  卯  卯
           乙  辰  卯  卯

              才 辰 勾
              兄 卯 合
              父 子 贵
```

壬子年男命测厂之事：（父为厂、子孙为产品）

问：为何断此厂在北边，风水不错？
答：因年命与厂子水临贵在子水北方本位。

问：为何断此厂交通不好？

答：因卯为太冲、主道路，与厂子水相刑，辰卯子又发传。卯辰相害，卯子相刑。

问：他准备去南方建厂问风水好不好？

答：好！南边是大平原，广阔，有公路（南在午、上有天空，左有驿马巳主路，右有未土主平地），午、天空（可主眼界开阔）。而且附近有一家大型企业（未为财，临月建旺相，又临白虎，有时白虎可作大财等视之。）

告知：是水果冷藏库（水果属木，木库在未，信息相通）。

问：此人问收钱能得否，为何断可得？

答：干为外、支为近为内，干上财发传，传卯主内，又传年命，即辰传卯，卯传子，外传内传、又传年命，干传支是由外往内，支传干是由内往外，故断可收得。

问：是怎么断其朋友己酉年的人买车是顺利的？（代问朋友买车好否）

答：车看太冲卯，传送申，卯车已发传（说明已经买了）。传送申金车与年命酉比和，年命酉克卯而不是卯车克年命，所以断无凶，并且已经买了。卯车临六合，传送申车临太岁、太常主是新车。

问：为何断其原材料不会涨价，还会降价？（此人问他厂里准备进一大批原材料问其情况）

答：因财发传旺相，主已到顶峰，秋后子孙又休囚，主不会涨，还会下降，目前暂时保持原状态。

例十五：（主断婚姻升官）

申年、未月、乙卯日、午将辰时，子丑空亡，1964年甲辰男命求测婚姻、升官：

```
       龙  勾  合  朱
       未  申  酉  戌
 空  午          亥  蛇
 虎  巳          子  贵
       辰  卯  寅  丑
       常  武  阴  后

       空  勾  虎  龙
       午  申  巳  未
       乙  午  卯  巳
```

官申勾

才戌朱

父子贵

"测婚姻、男女年命相同时，天盘主男、地盘主女。"

问：为何断此人目前应有点官，是副职而且之后也升不了？

答：官星临太岁发传主有官，问升官可惜干支上神皆子孙，年命上又是天空子孙，自身年命辰又坐于地盘寅木羊刃兄弟上受克，主升官希望渺茫，没有升官之象。又因官星太岁上之戌土发传冲克年命辰。目前只能当个副局级。

问：（告知目前真是副局长）问正局长是否会调走，一走就有机会。

断曰：正局长可能是1958年戊戌属狗的。（因官星上是戌，又发传冲年命辰）此人口才很好，（因临朱雀主口才）坐于太岁官星上发传，太岁申传官星戌，戌又传父母子水贵人（主此人官当得稳当）。临勾陈、又是财和本命发传（主不会走，也主此人财权都很实在）。官临太岁、本人戌土坐于上（说明与上级关系很好）。戌临财去生太岁官（主也给上司送了钱）。日支卯戌合，又是日干的墓库（主正局长走不了，他自己也升不了）。年命辰与中传冲，辰上天盘午又与末传冲。主他本人目前无钱，干支上子孙脱耗，年命辰上午临天空，辰下地盘兄弟羊刃克也主无钱之象。

问：婚姻怎样？（已知他妻子也是1964年甲辰的！）

答：妻子看地盘，过去妻子很喜欢此男（地盘上午生天盘辰）。目前因有桃花运而妻子对他失去了爱心（桃花子水发传冲地盘妻子上乘之午火），地盘寅克天盘辰，中传戌冲辰，末传子冲地盘妻子辰上的午（应已离婚或分居）。孩子看子孙午在地盘与妻子辰土相生（主孩子归妻子）。支上子孙巳是驿马（说明此人是想调动或有迁居之事）。

例十六：

申年、未月、丙辰日、午将巳时，（别责课）妹妹替哥甲辰年命、嫂子壬寅年命求测：

```
      龙  勾  合  朱
      午  未  申  酉
空 巳          戌 蛇
虎 辰          亥 贵
   卯  寅  丑  子
      常  武  阴  后

       龙  勾  空  龙
       午  未  巳  午
       丙  午  辰  巳

        官 亥 贵
        兄 午 龙
        兄 午 龙
```

问：为何断其哥是手艺人，财运不好？

答：因其哥年命为华盖子孙（主手艺）；财运不好是四课三传无财，兄弟羊刃太旺。

问：是怎么断其哥嫂婚姻家庭以及父母情况的？

答：哥嫂关系不好（双方年命天地盘相克）；

嫂子不在家（年支寅木坐空，临驿马）；

两人火气太重（四课三传一片火地）；

哥克妻（兄旺带羊刃发传，妻财不现）；

要离婚、是其哥主动（兄弟羊刃发传）；

以前他们流过产，目前克子，无小孩（子孙临白虎、又相害，寅下子孙又空亡）；

你和你哥们兄弟姐妹多（四课三传皆兄）；

但你们兄弟姐妹中应有丢失的（官鬼亥水发传冲）；

你父母经济条件不好、但他们很善良（父母看木，木主善良，今木处休囚与财克）；

你母亲是排行老大（初传亥水生合母亲寅木，寅又是日干长生，寅长生在亥水初传）；

你母亲一生清贫，勤劳无财（寅木母亲坐空，临驿马主奔波）；

你父亲是手艺人，忙忙碌碌一生（父看卯木，卯上为华盖主手艺，卯下坐马星主忙碌）；

他应该是木匠或土建的（卯临土木）；

你父母小时候两家很近（寅卯天地盘相邻）；

你父亲爱喝酒（卯临太常主酒，初传亥水也主酒生卯、又半合卯父）；

你父亲还很会游泳（水生合用神或年命克水皆主会游泳）。

丁巳年男命又在此时求测：

断曰：

应该没结婚（兄旺财星不现，婚姻男为青龙、女视天后，今青龙天后相冲）；

以前有工作（年命巳是日干禄）；

现在没有（初传亥冲巳、巳又临天空）；

目前找工作不稳定，工作看父母临驿马落空）；

在家排行不是老大（年命巳被初传冲，年支巳前辰，地盘上又是巳兄）；

小时候头上受过伤（年命上午为灾煞发传，"申子辰见午、寅午戌见子、亥卯未见酉、巳酉丑见卯是灾煞"，午午又自刑发传，又有亥属乾宫为头，发传冲克年命巳）；

受伤时间是 6 至 7 岁（1983 癸亥~1984 甲子年）或者 13 岁（1989 年己巳年被亥水冲、巳上又是灾煞）；

是水火之灾、烫伤之类（因午午自刑、火旺、还有是亥水发传冲克年支巳午火，水火交战）；

当时很严重，之后无妨（午火旺又为灾煞，主灾旺，但午上临青龙吉神，故无妨）；

2003 年（癸未）有过女朋友，后分手了（未上申金是偏财临六合，有跟别人合好之意）；

今年有许多人介绍，远近都有（太岁为财、天地盘都有，天盘主外、地盘主近）；

七八月会有外地的而且很漂亮（天盘申酉为财为桃花，天盘主外，申酉又主七八月）；

但最好别成（因酉为桃花，酉上戌暗藏丁火比劫，酉戌又相害主已有个男人，不是女儿身，酉又为妾、为酒为能说会道、为歌女、为小姐之类的人）；

明年（乙酉）可结婚（因酉上戌是兄弟火的墓库，酉是辛金正才、与日干相合）；

与你结婚之女苗条（酉上戌临螣蛇主苗条）；

出门要去西南方好（因中末传午、午传未、未传申金财地）。

例十七：

甲申年、未月、乙卯日、午将酉时，甲寅旬，子丑空亡。

```
     空  虎  常  武
     寅  卯  辰  巳
  龙  丑              午 阴
  勾  子              未 后
     亥  戌  酉  申
     合  朱  蛇  贵


     龙  朱  勾  蛇
     丑  戌  子  酉
     乙  丑  卯  子

        才 丑 龙
        才 戌 朱
        才 未 后
```

1971年辛亥女命求测生意能做否？

断曰：

你手中无钱，还得去借（日干上财空，初传财空、传戌土财坐空、干上神与三传皆为财又三刑，年命亥水又坐兄弟寅木、又是日干的羊刃）；

没读好书（三传皆财克印）；

可以借得到钱（年命支上有贵人、太岁，还有辛亥年之年干辛寄宫为戌为财，戌上之未土又为财也发传）；

门面应选择在南方为好（卯为门户，是日干之禄，下坐午火子孙生财。虽上有白虎，白虎主凶、主杀伤、血光，但她告知是杀羊子开羊肉火锅及羊肉粉馆的）；

你应该要注意外表卫生、细节，你有些懒散（因三传及干上土多，土主灰尘主卫生，土多也主静主懒，又是三刑）；

己酉年女命也是此时刻求测：

断曰：

你婚姻不好，还有桃花（年支上子孙午火，天盘年支酉下坐桃花子水）；

你身体不好，有妇科病及肺呼吸之病有关（她告知她吸毒是被人害的）（年命临螣蛇、土多发传克水，子水又空又为桃花，子主下身、主生殖器、水主妇科病，肺病是年命酉金为官鬼主口主肺，加之三传皆土，又是三刑，土多金埋。吸毒先伤肺及呼吸道，要找钱吸毒大都要作贱自己身体，特别是女生！）；

你目前已离家在外（日支冲年支，卯酉之冲为门户道路之冲，年支酉上午火"火逼金行"）；

你是2002年出门来此地的（午上卯冲年支酉，酉为年支上有午克，2002年为壬午）；

你对家庭很灰心，你不要子女（年支临螣蛇，地盘年支酉上临子孙午火与之又克又破，午酉破）；

去年搬过家（干上丑土，丑为房发传冲去年未土太岁）；

房子又高又好（丑在日干又发传临青龙）。

又问丁未年的男人对此女有危害否？

答：

没有，此人坐过牢（丑、未、戌三刑，未上辰为天罡牢狱）；

此人结过婚（年命未土为天后、为财发传）。

又有庚申女命问测：

断曰：

你是想调动工作（申上巳为驿马，申年支又是传送，主道路主走动）；

告知：是想出国，问能去否？

断曰：

不能，主要是手续难办（三传财克父母文书，年支申又入墓于初传丑土，又是土多金埋之象）；

你又有牵挂，主要是男友（由是日干的官鬼）；

此男年龄较大（官鬼申金临太岁，又坐乾亥宫，乾为老头）；

此人应有权势（官鬼临太岁贵人，坐亥宫为"贵登天门大吉格"）；

此人有子、有女，是有妻之夫（申上巳为子孙，三传财生官）；

十月有个机会出国（十月为亥、亥是父母文书，冲巳火马星，巳火马星又在年命支上）。

说明：两个年命支相同时、要结合年干和其寄宫看。

例十八：

申年、未月、丙辰日、午将辰时，甲寅旬、子丑空。

```
        勾  合  朱  蛇
        未  申  酉  戌
龙 午                亥 贵
空 巳                子 后
        辰  卯  寅  丑
        虎  常  武  阴

        勾  朱  龙  合
        未  酉  午  申
        丙  未  辰  午

            才 申 合
            子 戌 蛇
            官 子 后
```

丁未年女命求测：

断曰：

你文化不高（初传太岁、财星发传，申虽为文昌但临财，财旺克父母文书）；

你小时候生长在水边（日干长生在寅，寅木坐于在子水上，子水又发传有太岁初传生，丁未的丁长生在酉，酉上是亥水，也主水边。同时也主此女是排行老大)；

4岁时头部受过伤（4岁在戌位上临螣蛇，从未开始数1岁，申为2岁，酉为3岁，戌为4岁，戌土与年支未刑，戌上子水官鬼发传与年支未土相害，戌又属乾宫也主头部）。

又问丈夫癸卯年命的情况：

断曰：

你丈夫要破财有官司（干上勾陈主官司，子水官鬼在末传与之相刑，子卯刑，青龙午又可看为家庭丈夫，今被末传官鬼子水冲克，年支卯上巳为天空，卯又坐子孙丑土空亡上，用神官星子水又空，主破财。临太岁主大财与卯年命克，又与卯上巳刑，也主破财。申为7数，应破7万元左右，"丙辛寅申7"之数）。

你丈夫爱喝酒（太常主酒临丈夫年支卯上）；

告知：就是因为她丈夫喝酒开车引起车祸撞死了两人！（官鬼子水发传相刑相冲……）

又问女儿戊辰年命的情况：

断曰：

今年学校有变动（年命辰坐驿马、中传戌冲女儿年支辰）；

考不上重点高中（寅木为父为印为学校，今寅木休囚，初传太岁申金财爻冲克寅木学校，末传子水官星又冲克年支辰上之午火）。

例十九：

庚寅年、戊子月、壬寅日、寅将酉时，甲午旬、辰巳空。

刚吃完晚饭为别人做风水生基改运的入棺墓之生机物品，甲辰年命的人打电话："请帮看看最近运气情况如何？因近期我们县的情况较复杂！"

```
龙 空 虎 常
戌 亥 子 丑
勾 酉         寅 武
合 申         卯 阴
  未 午 巳 辰
  朱 蛇 贵 后


  后 勾 朱 虎
  辰 酉 未 子
  壬 辰 寅 未
```

　　庚 **兄** 子 虎（灾煞）
　　乙 **才** 巳 贵（空亡）
　　戊 **官** 戌 龙

　　注：外应是别人葬生基墓改运，正安排入棺墓之物品，将活着的人之生机器物放入棺墓中。

　　断曰：

　　1. 你是当官之人，而且你官运一直很不错，财运也相当好（日干上神、支上神临官星，年命又是官，中传财临贵人，末传官临青龙）。

　　2. 你今年破了大财，之后还要破大财（初传兄弟羊刃子水临白虎发传）。

　　3. 你千万要小心有官灾牢狱，小心工作职务保不住（年命辰为官鬼空亡、又为丧门、天罡凶星，年命地盘辰上又临酉金沐浴败神又加临勾陈，末传戌土河魁又为官星华盖与之相冲，辰戌相见为天罗地网主牢狱）。

　　4. 而且你还应注意婚姻有破，其他兄弟、同事、或下属会牵连（初传子水兄弟临白虎发传又为灾煞、受日上神、末传克）。

　　说到此，此人着急了，急问我在哪里，他马上派人开车来接我。我到他家门口一看，是栋相当漂亮豪华的洋房。可惜风水太差，最明显的是严重犯反弓水，又犯形煞。

　　进入他家，他坦率告之："你是当官的、官运一直走得很好，财运也还可以，目前是二婚，几天前你的同事下属有几个出事已被检察院抓了，今年家里小孩被人绑架，另外又被人骗了近百万。目前担心还有事否！"

5. 你明天、后天（即：星期天和星期一，因当天是星期六，）最好找个地方回避一下，如果星期二你还平安没事能与我见面，我再帮你化解，之后尽早选择个日辰去坦白自首⋯⋯此人当时还持怀疑态度说："我自身的问题应该不大，我自己很清楚。"他打一下顿又说："回避这两天没问题，星期二派车来接你。"又打顿说："一定非要当面才能化解吗？"我肯定地说：是！临走时我还强调：必须要与我见面当面才能化解⋯⋯（不过最终还是应尽早主动去坦白自首为好！）

6. 到了星期二中午打电话没有接，才从别人口中得知：星期一晚上（甲辰日戌时）被检察机关抓走了⋯⋯

到目前已几个月了，还呆在牢里，从目前看工作也不保了，别说官职了，坐牢已成定局，只是长短的问题。婚姻钱财可能也危险⋯⋯其原因请读者详加分析此课局定当会得出更多结论！

例二十：（八字起局）

子年、寅月、戊子日、亥将申时，甲申旬，午未空。（遥克）

```
        龙  勾  合  朱
        申  酉  戌  亥
    空  未          子  蛇
    虎  午          丑  贵
        巳  辰  卯  寅
        常  武  阴  后

        龙  朱  阴  虎
        申  亥  卯  午
        戌  申  子  卯

      辛 官 卯 阴
      甲 父 午 虎（空亡、灾煞）
      乙 子 酉 勾
```

断曰：

1. 小时候有大灾，应带大残疾（初传官鬼卯木发传临年日支子上，子卯相刑，中传父母午火临白虎、灾煞冲年日支子水，申子辰见午为灾煞，末传又与年日支构成子酉破）。

2. 此人有官灾牢狱，因酒色之事会引起很多麻烦是非（初传官鬼卯木发传与年命相刑，末传酉金为桃花，酉为酒、为歌妓……年命临之又破又与初中传冲破刑克。年命又与初中末三传构成子、午、卯、酉之桃花酒色组合。中传白虎灾煞，末传桃花临勾陈，三传与年命又冲又刑又破……）。

3. 此人有文化，但学业不高（日干上乘青龙文昌，初传卯木又为年干之文昌，戊干文昌在申、壬干文昌在卯，主此人好学有文化；学业看父母朱雀，今父母午火逢空被冲破，加之年命子水又为财冲克父母午火学业）。

4. 此人义气聪明，但好酒色而不讲理。此人头面有伤、头发应是细长而卷的，也可能喜欢留长发（干上神临申金青龙，末传又是酉金，金多主义气；好酒色聪明是因：年命子水，水主智，干上又临青龙，末传酉临桃花上乘年命子水螣蛇，螣蛇和水皆主聪明；不讲理是因：年命子与初传官鬼卯木相刑，子卯刑为无礼之刑；头面有伤和头发卷是因：午主头面，午为白虎灾煞主受伤，上乘酉金勾陈，勾陈主卷发，子水年命临螣蛇也主头发细长而卷）。

5. 此人无国家正式工作单位（初传卯木官星与年命子水相刑，又被干上子孙申金克，末传酉金冲克，主一生无官，工作单位看午火而今又逢空亡与年命冲，课传中又无禄）。

6. 此人一生变动多，好动奔波大，离乡背井之命（干上有传送申金，八字里面又有寅申职地之冲，主职业住居多变。三传又有卯酉主门户道路，初传卯木居震卦、年命子水为坎卦、卯加子为震加坎为雷水解卦也主离乡背井之象）。

7. 此人父母兄弟姐妹无靠，父亲应先去逝（父母午火空亡与年命冲，兄姊用神在四课三传中不现，未土兄爻空亡与年命害……戊日干之父看午火、母看巳火，故父亲应先逝）。

8. 此人出生地是个山青水秀之地，周围有山林，水库（年命地盘为出生地，上有寅卯木，又有辰为水库相邻）。

9. 此人的出生地风水、包括水库对其运气有影响（年命上神为卯相刑，辰土水库为年命之华盖墓库又乘玄武凶神，辰土与年命上神卯相害，辰上玄武水又克卯上之螣蛇火神。加之风水可看干支，今干上神为申，戊日干寄宫在巳，巳申相刑，日支为子，上乘卯木，又是子卯刑，故断风水不好）。

10. 此人子女发达，有儿有女（干上临子孙申金带文昌又临青龙……）。

11. 此人一生财运好，但是不守财，爱乱花钱（年命子水为财，日干上神为子孙申金、末传又有子孙酉金，主脱耗大）。

此人特殊，不予再行将预测结果公之！加之此人又造了生基改运法，之后之八字预测结果也不会吻合！

后 记

《释易精解——外应八卦奇门六壬实例剖析》一书在历时一年多,不分昼夜地写作才成稿。因笔者之水平有限,最主要是业务过于繁忙以至时间有限,书中之错误疏漏难免,敬请专家及读者多加指教批评,并能提出宝贵意见和建议,以便今后之完善。

笔者从1990年初开始学易,重点在四柱命理、河洛理数、梅花易数、六爻、奇门、大六壬等学术方面以及各家各派之风水学,特别是对玄空风水、杨公元空大卦风水及峦头方面下了很大功夫,并一直从业于易学风水实践上,在理论和实战方面得到了很好印证,加上近年来一直在办培训班,除为人们预测指导人生事业外,更多的是为人们改造阴阳二宅风水和风水生基改运。所以才有此书《释易精解——外应八卦奇门六壬实例剖析》和《人居环境学——杨公风水应用揭秘》拙著的问世。

在此,特别要感谢梁奕明老师及尹廉开、董友甫益友的大力支持。希望易界同仁和广大读者对拙著能提出批评建议和修改意见深感致谢!

联系电话:15902529281;15519625729。

联系地址:贵州省遵义县南北华诚都汇4栋1-1房。

邮编:563100

网址:www.mmyxfs.com

马　明

2011年5月于贵州省遵义市南北